本书系教育部人文社会科学研究规划基金项目
以来红色文化大众传播基本经验研究"（项目批准号：
19YJA710013）的最终成果

改革开放以来红色文化
大众传播基本经验研究

黄家周 等 著

经济管理出版社
ECONOMY & MANAGEMENT PUBLISHING HOUSE

图书在版编目（CIP）数据

改革开放以来红色文化大众传播基本经验研究 / 黄家周等著. -- 北京：经济管理出版社，2024. -- ISBN 978-7-5096-9825-9

I. D642

中国国家版本馆 CIP 数据核字第 20244J6E09 号

策划编辑：杨　雪
责任编辑：杨　雪
责任印制：许　艳
责任校对：蔡晓臻

出版发行：经济管理出版社
　　　　　（北京市海淀区北蜂窝 8 号中雅大厦 A 座 11 层　100038）
网　　址：www.E-mp.com.cn
电　　话：（010）51915602
印　　刷：北京晨旭印刷厂
经　　销：新华书店
开　　本：720mm×1000mm/16
印　　张：17.25
字　　数：248 千字
版　　次：2024 年 8 月第 1 版　2024 年 8 月第 1 次印刷
书　　号：ISBN 978-7-5096-9825-9
定　　价：88.00 元

前 言
PREFACE

    红色文化作为具有鲜明马克思主义中国化时代化特征的文化样态，是中国共产党领导中国人民在革命、建设和改革的伟大实践中创造积累的宝贵精神财富。推动红色文化大众传播是传承红色基因、赓续红色血脉的重要任务，是建设具有强大凝聚力和引领力的社会主义意识形态的必然要求。中国共产党一贯重视运用各种媒介和渠道推进红色文化大众传播，促使大众了解和认同红色文化的价值和精神，勠力同心完成党在各个时期的中心任务。改革开放新时期，弘扬红色文化、加强社会主义精神文明建设被置于更加重要的地位，邓小平、江泽民、胡锦涛等党和国家领导人曾就发扬革命精神、热爱中国共产党、热爱祖国、热爱社会主义等方面发表过一系列的重要讲话、文章或指示批示，不断推动红色文化大众传播。党的十八大以来，习近平总书记多次在不同场合就传承红色基因发表重要讲话、作出重要指示，强调要"用好红色资源，传承好红色基因　把红色江山世世代代传下去"①。党的二十大报告中提出，要加强全媒体传播体系建设，塑造主流舆论新格局。弘扬以伟大建党精神为源头的中国共产党人精神谱系，用好红色资源，深入开展社会主义核心价值观宣传教育，深化

---

① 习近平. 用好红色资源，传承好红色基因　把红色江山世世代代传下去［J］. 求是，2021（10）：4.

爱国主义、集体主义、社会主义教育，着力培养担当民族复兴大任的时代新人。①

历史是最好的教科书也是最好的营养剂。一部改革开放史同时也是一部推动红色文化大众传播、凝聚建设中国特色社会主义事业的强大精神力量的历史。研究和总结改革开放四十多年来红色文化大众传播的主要特点和基本经验，对于"建设具有强大凝聚力和引领力的社会主义意识形态"②，凝心聚力、团结奋斗，不断推进强国建设、民族复兴历史伟业无疑具有重要意义。

本书主要围绕全面总结改革开放以来红色文化大众传播的基本经验、揭示红色文化传播基本规律、构建具有强大引领力的社会主义意识形态开展研究。首先，深入开展理论探源，运用科学指导思想和方法，全面阐释红色文化大众传播相关范畴的内涵和特点。其次，系统梳理改革开放以来红色文化大众传播的历程，把握红色文化大众传播实践过程和发展脉络。再次，全面探究和总结红色文化大众传播的特点和经验，形成理性认识。最后，分析新时代红色文化大众传播的现状并提出优化传播路径的策略，"以史为鉴"开创红色文化大众传播新局面。

本书主要有三个方面的特色：一是重视运用理论与实践相结合、历史与逻辑相统一的方法以探析改革开放以来红色文化大众传播的特点和经验。一方面，探究和阐析用以指导无产阶级文化建设和红色文化传播实践的相关理论范畴及其渊源，夯实课题研究的科学理论根基并提供科学的理论分析工具。另一方面，深入分析改革开放以来红色文化大众传播的历程、主要特点，总结和凝练其中的基本经验，并由感性认识上升到理性认识，揭示出红色文化大众传播中具有规律性的东西，进一步丰富充实红色

①② 习近平.高举中国特色社会主义伟大旗帜 为全面建设社会主义现代化国家而团结奋斗——在中国共产党第二十次全国代表大会上的报告［M］.北京：人民出版社，2022：43-44.

文化传播理论，用以指导新时代红色文化的传承和发展。

二是坚持问题导向与研究目标引领相统一，提出创新性学术观点。何谓红色文化？改革开放以来红色文化是如何实现大众传播的？形成了哪些有益经验？这些经验对推进新时代红色文化实现卓有成效的大众传播具有怎样的启示意义？……这些都是本书要研究的主要问题。本书正是在解决上述问题、完成相关研究目标任务的过程中提出了一些具有一定创新性的学术观点。红色文化内涵十分丰富，这一文化样态是中国共产党领导人民群众共同创造的结果，具有鲜明的马克思主义意识形态特征，具有与时俱进的精神品格，它往往与某个历史时期党和国家、民族面临的时代课题、历史任务和历史使命紧密相关，时代印记明显。我们应该把红色文化大众传播看作一项系统工程，要在准确把握改革开放以来的时代背景、红色文化传播实践的构成要素、组织和制度保障等的基础上全面阐析红色文化大众传播的历程、特点和经验。我们尤其要总结好、运用好红色文化大众传播形成的宝贵经验：充分发挥党对红色文化大众传播的领导作用，促进红色文化大众传播与思政教育相融合、与红色旅游相结合，重视现代科技手段赋能红色文化大众传播，强化红色文化的人际和代际传播。新时代我们要从树立科学传播理念、创新传播体系和组织机制、加强传播人才队伍建设、善用先进传播手段、建强主流媒体阵地等方面着手不断提升红色文化大众传播的成效。

三是重视典型案例分析，多视角探究改革开放以来红色文化大众传播的基本经验和当代启示。共性寓于个性之中。本书通过运用"解剖麻雀"的方法对红色影视作品传播红色文化典型案例、区域性红色文化旅游传播红色文化的成功案例等进行分析，从个案的特殊性中揭示出其中具有普遍性、规律性的东西。在研究视角和方法上将理论探索、历史思考、问题破解与实践操作等各方面研究相结合，采用文献调研、问卷调查与访谈相结合等方法，综合运用马克思主义理论、传播学、心理学、教育学等相关学科理论，对改革开放以来我党推进红色文化大众传播的经验等进行分析，准确反映大众的价值取向，探究传播志趣与大众认同的双向互动，从而使本书所提出的策略更具针对性、可操作性和前瞻性。

本书的顺利出版得益于各方的大力支持和帮助。感谢课题组成员广西财经学院马克思主义学院唐月芬副教授、卢春妹副教授、潘冬晓副教授、黄茂副教授、生忠军副教授和经济与贸易学院陆春梅博士，广西农业职业技术大学马克思主义学院蒋飞燕教授，南宁师范大学教育科学学院覃洁莹博士，广西中医药大学马克思主义学院刘昊教授，重庆理工大学马克思主义学院刘海鑫博士等同事、同仁在百忙之中承担了本书部分章节的撰写任务，同时为本书相关问题的调查、资料收集、研究分析提供了诸多帮助和支持。感谢经济管理出版社名世文化分社杨雪编辑及其他编辑同志为本书出版付出的辛勤劳动。本书在写作过程中引用了部分国内外有关专家学者的观点或资料，在此一并致谢！

本书是教育部人文社会科学研究规划基金项目（批准号：19YJA710013）的最终成果。全书由黄家周负责课题论证、提纲设计、撰写前言、第一章绪论、第二三四六章的第一节、结束语和统稿，参与撰写其他章节内容的课题组成员分工如下：第二章（生忠军、卢春妹）、第三章（潘冬晓、蒋飞燕）、第四章（卢春妹、陆春梅）、第五章（蒋飞燕、刘昊）、第六章（蒋飞燕、唐月芬、潘冬晓、覃洁莹）、第七章（黄茂）。

由于笔者水平有限，加之写作时间仓促，所以书中出现疏漏、错误或不妥之处在所难免，恳请广大读者批评指正！

黄家周

于南宁市

2024 年 1 月

目　录
CONTENTS

第一章

绪　论

红色文化是由中国共产党领导广大人民群众在革命、建设和改革的各个历史时期所共同创造的、具有鲜明马克思主义意识形态特征的文化样态，是中国共产党革命文化和社会主义先进文化的重要组成部分。中国共产党一贯重视运用各种媒介和渠道推进红色文化大众传播，促使人民群众进一步理解和认同红色文化的价值和精神，凝心聚力完成党在各个不同历史时期的中心任务。毛泽东认为"规律存在于历史发展的过程中。应当从历史发展过程的分析中来发现和证明规律"[①]。红色文化大众传播的历史中必然存在具有规律性的东西，需要我们深入研究和揭示出来。习近平指出，"我们要继续弘扬光荣传统、赓续红色血脉"[②]，让红色基因代代相传，努力创造无愧于历史和人民的新业绩；他还强调指出，在长期实践中，我们党的宣传思想工作积累了十分丰富的经验。这些经验来之不易、弥足珍贵，是做好今后工作的重要遵循，一定要认真总结、长期坚持，并在实践中不断丰富和发展。[③] 全面总结和深入研究改革开放以来红色文化大众传播的基本经验，揭示其中蕴含的基本规律，对于有力推进新时代党的意识形态工作具有十分重要的意义。

---

① 毛泽东文集（第八卷）［M］.北京：人民出版社，1999：106.
② 习近平.在庆祝中国共产党成立100周年大会上的讲话［M］.北京：人民出版社，2021：8.
③ 习近平谈治国理政（第一卷）［M］.北京：人民出版社，2018：155.

第一节　选题背景和研究意义

一、选题背景

推动红色文化大众传播是传承红色基因、赓续红色血脉的重要任务，也是建设具有强大凝聚力和引领力的社会主义意识形态的必然要求。1978年12月，中国共产党召开了具有里程碑意义的十一届三中全会，开启了改革开放和社会主义现代化建设新时期，此后我国经济社会发展迈入了快车道。党领导人民坚持以经济建设为中心，不断解放和发展生产力，在经济、政治、文化、社会、生态等各个领域都取得了一系列重大成就。改革开放过程中，在领导人民建设高度的物质文明的同时，党加强理想信念教育，推进社会主义核心价值体系建设，建设社会主义精神文明，发展社会主义先进文化，推动社会主义文化大发展大繁荣。[1]党的十八大以来，习近平总书记在地方考察调研时多次到访革命纪念地，瞻仰革命历史纪念场所，多次就用好红色资源、传承红色基因发表重要讲话、作出重要指示。他曾在党史学习教育动员大会上的讲话中强调要用好党的红色资源，让干部群众切身感受艰辛历程、巨大变化、辉煌成就……要抓好青少年学习教育，着力讲好党的故事、革命的故事、英雄的故事，厚植爱党、爱国、爱社会主义的情感，让红色基因、革命薪火代代传承。[2]推动红色文化大众传播是新时代党的宣传思想工作的重要任务。

---

① 中共中央关于党的百年奋斗重大成就和历史经验的决议［M］北京：人民出版社，2021：19.
② 习近平. 在党史学习教育动员大会上的讲话［M］.北京：人民出版社，2021：26.

红色文化相关问题研究是近年来学术界、理论界关注度较高、讨论广泛的一大热点，在红色文化内涵、红色文化形成、红色文化价值和传承路径、红色资源开发和利用等方面形成了不少有益的成果。然而，笔者发现，其中围绕系统梳理改革开放以来红色文化大众传播的历史并探究总结其中所蕴含基本经验的研究成果并不多见，更鲜见有分析红色文化大众传播与社会主义意识形态建设之间的关系、借鉴历史经验和吸收现代先进传播理论指导新时代红色文化大众传播新实践相关的研究成果。厘清改革开放以来红色文化大众传播的历程和主要特点、系统研究和总结凝练其中的基本经验，揭示出具有规律性的东西，更好地肩负起传承红色基因、赓续红色血脉的时代使命，是一个具有重大理论价值和实践指导意义的新课题。

历史是最好的教科书，也是最好的营养剂。习近平指出，"改革开放40 年积累的宝贵经验是党和人民弥足珍贵的精神财富，对新时代坚持和发展中国特色社会主义有着极为重要的指导意义，必须倍加珍惜、长期坚持，在实践中不断丰富和发展。"[①] 一部改革开放史同时也是一部推动红色文化大众传播、凝聚磅礴精神力量建设中国特色社会主义事业的历史。树立和坚持正确的历史观，全面总结和运用好改革开放 40 多年来红色文化大众传播的基本经验，对于新时代建设具有强大凝聚力和引领力的社会主义意识形态，坚定"四个自信"，胜利推进社会主义现代化强国建设、实现中华民族伟大复兴，至关重要。

二、研究意义

"以史为鉴，可以知兴替。我们要用历史映照现实、远观未来。"[②] 总结

---

① 习近平谈治国理政（第三卷）[M].北京：外文出版社，2020：181.

② 习近平.在庆祝中国共产党成立 100 周年大会上的讲话 [M].北京：人民出版社，2021：10.

和研究改革开放以来红色文化大众传播的历程和基本经验，从中汲取智慧和力量，对于更好地解决新时代红色文化大众传播面临的问题、积极应对挑战、进一步优化传播成效、加强和改进新时代党的意识形态工作具有十分重要的意义。主要体现在以下四个方面：

第一，有助于深化对红色文化大众传播基本经验和规律的认识，夯实马克思主义文化传播的理论根基，不断丰富红色文化理论。改革开放以来的红色文化大众传播是以往各个历史时期红色文化传播历程的延续，也是马克思主义传播观在改革开放新时期的生动实践。马克思主义经典作家曾经对传播媒体的作用和功能、无产阶级先进文化大众传播的重要性进行过深刻论述。马克思比较早地揭示了传播媒体的阶级属性，他在1843年1月发表的《"莱比锡总汇报"的查封》一文中写道："报纸、期刊只是而且应该是有声的、'人民（确实按人民的方式思想的人民）日常思想和感情的表达者，诚然有时这种表达是热情的、夸大的和荒谬的'……在报纸、期刊上永远也不会有终结的东西。它生活在人民当中，它真诚地和人民共患难、同甘苦、齐爱憎。"①马克思和恩格斯在1850年11月撰写的《国际述评（三）：从5月到10月》中谈到法国所制定的新出版法时指出，"当报纸、期刊是匿名的时候，它是广泛的无名的社会舆论的工具；它是国家中的第三种权力。"②全面梳理和系统阐释此类相关重要论述，可以进一步夯实马克思主义文化传播的理论根基，为推动红色文化的广泛传播提供了理论指导。红色文化大众传播既有文化传播的一般规律又有其特殊规律，它在内容和形式等方面都有着既不同于一般消息传播，也有别于西方国家大众文化传播的特点。红色文化从产生到传播，充分展现了中国共产党人的文化自觉和先进文化的引领作用，这

---

① 马克思恩格斯全集（第一卷）[M].北京：人民出版社，1956：187.
② 马克思恩格斯全集（第七卷）[M].北京：人民出版社，1959：523.

一过程也是人民群众对红色文化精神的理解和认同的过程。人民群众是红色文化传播的对象和受众，同时也是红色文化创造、传播、分享的主体。从文化渊源来看，红色文化是对中华优秀传统文化的继承和创新；从文化传播功能来看，红色文化因其所具有的先进性又起到引领时代发展和塑造共产主义思想品格新人的功能作用。揭示红色文化传播规律、阐释中国共产党和人民群众在红色文化创造传播过程中的角色定位、探究红色文化与中华优秀传统文化的辩证统一关系、分析新时代红色文化大众传播的作用和功能等而形成的理论体系，必将进一步丰富红色文化理论。

第二，为促进红色文化大众传播和提升传播成效的实践提供理论和策略支持。实践是科学理论发展的动力。理论源于实践，科学理论一旦形成，又对新的实践发挥指导作用。一方面，理论工作者对人民群众的实践经验进行全面总结、概括提炼形成规律性的结论和准确判断，必将进一步丰富科学理论；另一方面，在具体社会实践中遇到的难题促使人们深入探究这些问题的成因，并提出解决问题的办法和策略，进而形成科学理论，换句话说，解决实践难题的理论需求必将进一步推动科学理论向前发展。红色文化大众传播理论作为一种理性认识，产生于红色文化大众传播实践。我们通过全面总结改革开放以来红色文化大众传播的基本经验和规律，必将进一步丰富和发展红色文化大众传播理论；同时，科学的红色文化大众传播理论又可以指导新时代红色文化大众传播实践的开展。当前，新时代红色文化大众传播面临的新形势、新任务、新问题，尤其是在现代信息科技迅猛发展、改革开放走向纵深、经济社会发展呈现新态势、人们思想观念发生新的变化等背景下，红色文化大众传播迎来了机遇，也面临着挑战，人们对红色文化的理解和认同感以及红色文化大众传播成效等问题值得我们深入研究。另外，深入探究当代红色文化大众传播存在的问题和解决办法，制定和选择最优传播策略和方案，必将能够为推动红色文化在大众中实现更有效传播、更好地提升传播成效提供理论和策略支持。

第三，为新时代传承与弘扬红色文化提供科学指引，为推进当代中国马克思主义大众化传播提供实践依据和方法借鉴。传承与弘扬红色文化是新时代中国特色社会主义文化建设的重要任务。为完成"传承红色基因、赓续红色血脉"的使命任务，需要各地进一步做好红色文化资源的保护、开发和利用的工作，需要不断加强传播载体建设以推动红色文化宣传教育不断走向深入，需要从主客体实际出发不断提高红色文化传播的针对性和实效性等。我们通过探讨将红色文化价值认同渗透进主流媒体和各种大众文化传播载体建设中去的基本策略，研究如何实现让红色文化在大众认同中传播，在传播中强化认同的新路径，将能够为新时代传承与发展红色文化提供科学指引。另外，红色文化大众传播与当代中国马克思主义大众化传播，在传播内容和方式上具有相当程度的契合性、相似性。例如，坚持从实际出发和坚持以人民为中心的传播原则、重视传播人才的培育和传播手段载体的优化、注重传播过程中话语转换方法的灵活运用等，探究红色文化大众传播的策略，将能够为推进当代中国马克思主义大众化传播提供实践依据和方法借鉴。

第四，对于进一步加强我国社会主义意识形态建设具有重要的应用价值。习近平总书记在党的二十大报告中强调指出：全面建设社会主义现代化国家，必须坚持中国特色社会主义文化发展道路，增强文化自信，建设具有强大凝聚力和引领力的社会主义意识形态。①深入研究改革开放以来红色文化大众传播的基本经验，不仅能让人们对改革开放新时期精神文明建设史、中国特色社会主义理论体系的产生和发展史有更加深刻的

---

① 习近平.高举中国特色社会主义伟大旗帜　为全面建设社会主义现代化国家而团结奋斗——在中国共产党第二十次全国代表大会上的报告［M］.北京：人民出版社，2022：42-43.

理解，而且有助于深化人们对以改革开放精神为代表的中国共产党人精神谱系有更加深刻的理解和认同。改革开放以来，地方各级党委和政府以开发利用红色资源、推动红色文化大众传播为契机，进一步加强和改进地方基层党组织的党建工作，尤其是充分发挥红色文化育人功能，卓有成效地推进基层党组织的政治建设、思想建设、组织建设、作风建设、纪律建设和制度建设，使基层党组织的战斗堡垒作用和党员的先锋模范作用显著增强；同时，宣传和教育部门从完成党的中心任务的需要和人民群众的思想实际出发，向人民群众广泛宣传党的理论创新成果、党的路线方针政策，将推动红色文化大众传播与广泛倡导社会主义核心价值观结合起来，不断深化人民群众对社会主义核心价值观的认同与践行，从而促使社会主义意识形态阵地得到进一步巩固和加强，汇聚起奋进新征程的磅礴伟力。

第二节　研究思路和研究内容

一、研究思路

本书主要围绕全面总结改革开放以来红色文化大众传播的基本经验、建设具有强大引领力的社会主义意识形态这一研究目标，遵循"理论探源（掌握科学指导思想和方法）——梳理红色文化传播历程（把握实践过程和脉络）——总结红色文化传播的特点和经验（形成理性认识）——阐析新时代红色文化大众传播的成就并提出优化传播路径的策略（'以史为鉴'开创更美好未来）"的研究思路（见图1-1），坚持问题导向和系统思维，运用多种研究方法，经过缜密分析和论证，最后得出经得起实践检验的可靠结论。

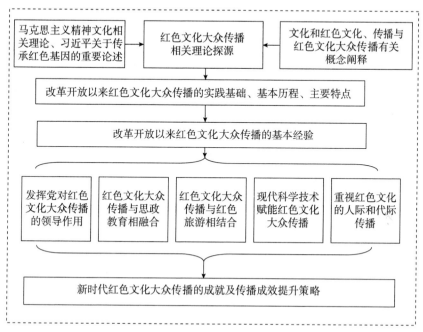

图 1-1　改革开放以来红色文化大众传播基本经验研究思路

二、研究内容

本书主要围绕总结和凝练改革开放以来红色文化大众传播基本经验这一目标展开。研究的主要内容包括探究红色文化传播的理论渊源，阐述改革开放以来红色文化大众传播的社会环境，系统梳理改革开放以来红色文化大众传播实践，全面分析其特点，总结其中蕴含的基本历史经验，同时以史为鉴、映照现实，厘清当代红色文化大众传播过程中存在的问题及其成因，并提出解决对策。为此，我们既要有正确的历史观，以大历史视野准确判断改革开放以来红色文化大众传播的历史进程和当代红色文化传播所处的历史方位，又要有一定的战略眼光，对红色文化大众传播的未来走向进行科学的前瞻性预测，并提出优化路径以及进一步提升当代红色文化大众传播成效的举措和策略。本书主要内容如下：

第一部分（第一章）绪论。本部分主要在介绍本课题"改革开放以来红色文化大众传播基本经验研究"的选题背景和研究意义的基础上，明确本课题的研究思路和研究内容框架、研究方法和主要创新等。

第二部分（第二章）概述红色文化大众传播的相关理论。一是深入阐释文化和红色文化、传播和红色文化大众传播的内涵、特征和功能；二是简要阐述马克思主义精神文化相关理论，包括马克思恩格斯精神交往理论的核心要义、列宁无产阶级文化领导权思想的理论精髓、中国共产党关于宣传思想文化工作理论的丰富内涵；三是习近平关于传承红色基因的重要论述等。全面认识和理解上述红色文化传播相关理论，有利于我们掌握科学的理论分析工具，更好地促进本课题研究。

第三部分（第三、第四章）梳理和分析改革开放以来红色文化大众传播的实践基础和基本历程。文化传播作为一种实践活动，总是基于一定的要素并在特定的时空和环境条件下进行的。为探究改革开放以来红色文化大众传播的经验，我们需要整体把握改革开放以来国内外形势、红色文化传播相关实践要素和保障条件等的变迁情况。

改革开放以来，红色文化大众传播大体经历了以下三个阶段：一是思想大解放和经济社会转型背景下的红色文化大众传播时期（1978~1991年）。这一时期，党和国家将工作重心转移到经济建设上来，宣传思想文化工作承担着新的使命，红色文化教育融入四项基本原则教育和理想信念教育之中。随着国门打开，国际上多元社会思潮给我国社会主义文化建设带来了冲击，人们的思想观念逐步开放、重塑，党和国家坚持物质文明和精神文明建设"两手抓"，社会主义意识形态始终能够处于主流、引领地位，但面临的挑战也不容忽视。二是世纪之交全球化信息化背景下的红色文化大众传播时期（1992~2011年）。这一时期，经济全球化、政治多极化、文化多元化、科技信息迅猛发展等成为时代潮流，国内各领域、各方面改革深入推进，各种文化思潮相互激荡。邓小平"南方谈话"推动人们的思想进一步解放，国家确立了社会主义市场经济体制改革的目标，作为中国共产党人精神谱系之一的改革开放精神逐步形成。党和国家高度重视全球化信息化背景下的意识形态建设，弘扬红色文化成为发展先进文化的应有之义。红色资源的保护、开发和利用，红色旅游及其相关产业的发展得到了地方各级党委和政府的高度重视，一大批优秀的红色影视作品和文艺作品产生了良好的社会影响，红色文化大众传播发挥了加强人民群众爱党爱国爱社会主义教育、集体主义教育、理想信念教育、革命精神教育等方面的重要作用。三是中国特色社会主义进入新时代的红色文化大众传播时期（2012 年至今）。这一时期，中国特色社会主义进入新时代，我国社会主要矛盾已经转化为人民日益增长的美好生活需要和不平衡不充分的发展之间的矛盾。[1]新时代红色文化大众传播的目标和方向，就是要致力于建设具有强大凝聚力和引领力的社会主义意识形态。红色文化大众传播为第一个百年奋斗目标的实现提供了坚强的思想保证、强大的精神力量和有利的文化条件。在新时代新征程上，需要继续推进红色文化大众传播，大力弘扬以伟大建党精神为源头的中国共产党人精神谱系，传承红色基因，赓续红色血脉，守正创新，不断开创新时代宣传思想文化工作新局面，为第二个百年奋斗目标的实现提供不竭的精神动力。

第四部分（第五、第六章）探讨改革开放以来红色文化大众传播的主要特点和基本经验。改革开放以来红色文化大众传播的历史是新时期我国精神文明建设史、社会主义文化发展史的重要组成部分，具有鲜明的时代特点，其中蕴含着值得我们全面总结的历史经验。概括地说，改革开放以来红色文化大众传播的主要特点包括：一是传播对象差异化。在党员和领导干部中利用红色文化开展党性教育，能助推培养造就一支高素质党员和

---

① 习近平谈治国理政（第三卷）［M］.北京：外文出版社，2020：9.

领导干部队伍；在青年学生中利用红色文化资源进行社会主义道德教育和理想信念教育，有利于帮助青少年树立正确的世界观、人生观和价值观；在普通群众中开展的红色文化教育，有助于将满足人民群众精神文化需求与实现好、维护好人民群众的根本利益紧密结合起来。二是随着改革开放的不断深入，国内外环境和条件都产生了新的变化，红色文化大众传播方式和路径也日趋多样化。三是传播载体的灵活运用。红色文化大众传播依据不同受众的特殊性，围绕传播目标，更注重分类多样化传播方式以期提升传播成效，构建不断满足人民群众文化需要的精神家园。

改革开放以来，红色文化大众传播的基本经验可以归结为以下几点：第一，发挥党对红色文化传播的领导作用。在党的统一领导下，确立红色文化资源开发利用的科学制度和政策，围绕党的中心任务和人民群众的精神文化需求传播红色文化。第二，促进红色文化大众传播与思政教育相融合。利用好红色文化资源为思政教育提供的丰富素材，推动红色文化大众传播与思政教育实现良性互动。第三，促进红色文化大众传播与红色旅游相结合，与纪念馆、展览馆、博物馆等场馆陈列展览活动相结合，注重开展参与和体验式宣传教育，促使红色文化及其精神深入人心。第四，重视运用现代科技手段尤其是数字媒体和虚拟仿真技术等促进红色文化实现更加有效的传播。第五，注重红色文化的人际和代际传播。红色文化的良好口碑和积极影响有时往往是通过人际传播扩散开来的，人们对红色文化（如红色文艺和影视作品等）的广泛认同也正是这一文化样态的魅力和生命力所在；同时，红色文化（如红色家书、红色家风家教等）一定意义上代表的是一项项优良传统，红色文化的代际传播使得红色基因得到代代相传。

第五部分（第七章）阐析新时代红色文化大众传播成就，提出红色文化大众传播成效提升的基本策略。准确把握新时代红色文化大众传播现状就要深入开展调查研究。重视调查研究是我们党的优良传统、传家之宝。

毛泽东指出：没有调查，没有发言权。[①] 习近平也指出：调查研究是正确决策的基本功，也是参政议政的基本功。[②] 只有深入调查研究才能为得出正确结论、进行科学决策提供坚实支撑。为了解红色文化大众传播现状，全面概括党的十八大以来红色文化大众传播的成就，课题组通过线上和线下相结合，在华南、西南、华中、华北等地区开展问卷调查和电话访谈等方式，掌握第一手资料，为作出准确判断和评估提供依据。同时，基于新形势、新变化、新要求，分析当代红色文化大众传播面临的新机遇和新挑战。

在新时代新征程上，我们要运用好改革开放以来红色文化大众传播的宝贵经验，探索当代红色文化传播成效提升的基本策略。一方面，要将红色基因传承好、将红色血脉赓续好，做好"守正"这篇文章；另一方面，又要做好"创新"这篇文章，要根据新形势的变化和红色文化大众传播的新要求，牢牢把握红色文化大众传播的新机遇，积极迎接和应对新挑战，坚持系统观念，树立互联网思维，创新传播体系和组织机制，顺应信息化和人工智能发展大潮流，打造主流"智慧融媒体"，丰富传播内容、创新传播方式，实现传播手段移动化、数字化、智能化。同时，还要进一步强化传播人才队伍建设，深化受众研究，跳出"沉默的螺旋"、弥合"数字鸿沟"，不断优化红色文化大众传播路径，促进传播目标的实现。概言之，新时代红色文化大众传播成效提升的基本策略大体包括：树立科学传播理念、创新传播体系和组织机制、强化传播人才队伍建设和深化受众研究、运用先进传播手段和加强主流媒体阵地建设等方面。

最后两个部分为"结束语"和"参考文献"。

---

① 毛泽东选集（第一卷）［M］.北京：人民出版社，1991：109.

② 中共中央党史和文献研究院编.习近平关于调查研究论述摘编［M］.北京：党建读物出版社，中央文献出版社，2023：9.

第三节　研究方法和主要创新

　　"改革开放以来红色文化大众传播基本经验研究"是一项既需要有宏大视野又需要聚焦探索解决微观问题的系统性课题，需要遵循恰当的研究方法，才能确保研究结论的可靠性。同时，本书在学术思想、学术观点等方面都实现了一定的创新。

一、研究方法

　　一是历史与逻辑相统一的研究方法。本书将探究红色文化大众传播的特点、经验和传播成效提升策略等研究逻辑，置于中国共产党领导人民群众实行改革开放战略、推动中国特色社会主义建设事业的历程中去进行系统考察和分析，通过对系列研究资料中有关重要历史事件的发展脉络、典型案例的主要特点进行分析，形成逻辑自洽、富有说服力的结论。

　　二是文献调研与线上问卷调查相结合的方法。充分利用有关部门（图书馆、档案馆、纪念馆、展览馆、文化宣传部门、党史研究机构等）的丰富资源，广泛收集和深入发掘整理、分析梳理改革开放以来红色文化大众传播相关的文献资料，深入调研改革开放以来红色文化的传播史、红色文化资源的保护和利用等情况，最大限度地收集与本书相关的资料和数据。譬如，收集到了陈力丹著《精神交往论：马克思恩格斯的传播观》、李丽等著《中国改革开放始建红色文化纪念馆研究》、全国红色旅游工作协调小组办公室主编《中国红色旅游发展报告》（2005，2006，2007，2008，2009，2014 等），汇总后进行分析研究，总结和凝练改革开放以来红色文化大众传播蕴含的特点和经验。同时，对改革开放以来红色文化大众传播的情况进行广泛线上问卷调查，并向相关领域专家学者请教咨询，寻求相关支持，为本书的分析论证提供充分的论据，增强研究结论的说服力。

三是传播理论和方法的借鉴和运用。特别是吸收借鉴和运用好关于文化大众传播的模式、大众媒介的效果、传播和接受认同的机制等方面的理论工具和分析方法，探究改革开放以来红色文化大众传播的特点、经验和规律。注重剖析地方推动红色文化大众传播的典型案例，全面掌握红色文化大众传播的一般特征和不同地区推动红色文化大众传播的特殊性。

二、主要创新

本书拟系统研究改革开放以来红色文化大众传播的历程和基本经验，深入探讨中国共产党领导人民群众在开辟中国特色社会主义发展道路的40多年来是如何推动红色文化大众传播、不断增进人民群众对红色文化精神和价值的认同的，积累了哪些宝贵经验，这些经验对于新时代进一步传承和弘扬红色文化有何启发意义，以期弥补以往本领域研究的不足。本书的研究创新点主要体现为以下三个方面：

1. 研究视角创新

第一，基于马克思主义发展史的视角，探究马克思主义精神文化相关理论和红色文化大众传播的理论渊源，明确马克思主义传播、党的意识形态建设与红色文化大众传播本质上的一致性、契合性，进一步夯实本书的科学理论根基并提供了科学的理论分析工具。第二，基于40多年的改革开放史，将其中的红色文化大众传播史分为三个阶段：思想大解放和经济社会发展转型背景下的红色文化大众传播（1978~1991年）、世纪之交全球化信息化背景下的红色文化大众传播（1992~2011年）、中国特色社会主义进入新时代的红色文化大众传播（2012 年至今），在此基础上深入分析改革开放以来红色文化大众传播的"三大特点"，总结和凝练其中蕴含的"五条经验"，从感性认识上升到理性认识，揭示出红色文化大众传播中具有一定规律性的东西。

2. 学术观点创新

本书中我们提出了一些具有一定创新性的学术观点：譬如，在对红色文化的内涵和特征的阐释中指出，红色文化是中国共产党领导人民群众在革命、建设和改革的各个历史时期所共同创造的具有鲜明马克思主义意识形态特征的文化样态，是中国共产党革命文化和社会主义先进文化的重要组成部分，它具有与时俱进的精神品格，往往与某个历史时期党和国家、民族面临的时代课题、历史任务和历史使命紧密相关，有着明显的时代印记。同时，我们认为，改革开放以来红色文化大众传播的历程也是不断深化人民群众对中国特色社会主义道路、理论、制度、文化的理解和认同的过程。改革开放 40 多年来，红色文化大众传播的成就和经验表明，只有始终坚持党对红色文化大众传播的领导，才能保证红色文化大众传播的正确方向和红色资源开发利用的更大效益。红色文化是红色旅游的核心和灵魂，红色旅游守护的是红色文化精神高地，实现以红色文化育人是红色旅游的价值旨归。将数字媒体技术应用于红色文化传播，充分体现了红色文化的现代性转化，让人们在满足数字化生存需要的同时，能够在红色文化的浸润中有更多的收获。新时代我们只有不断深化红色文化大众传播的受众研究，准确把握受众心理，了解不同人群的心理需求和特点，才能更好地制定传播策略，实现红色文化的有效传播和传承。

3. 研究方法创新

本书在研究方法上坚持历史与逻辑相统一、采用文献调研与问卷调查相协同、共性分析与个案剖析相结合等方法，综合运用马克思主义理论、传播学、心理学、教育学等相关学科理论，对改革开放以来我们党推进红色文化大众传播的历程、特点和经验等进行深入阐析，对新时代红色文化大众传播面临的机遇和挑战进行全面研判，尽可能准确反映红色文化大众传播的历史脉络、现实状况和未来走向。通过探究文化传播志趣与大众认同的双向互动特点和规律，使本书所提出的红色文化大众传播成效提升策略更具针对性、科学性、现实性和前瞻性。

第二章

红色文化大众传播
相关理论概述

　　红色文化大众传播是一种特殊的文化传播现象。普遍性寓于特殊性之中。红色文化大众传播规律既遵循文化传播的一般规律，又具有自身特殊规律。为深入探究红色文化大众传播的历程、经验和规律，我们先要对文化和红色文化、传播和红色文化传播等相关概念，马克思主义精神交往理论、无产阶级文化建设理论、中国共产党宣传思想文化工作相关理论，尤其是习近平总书记关于传承红色基因的重要论述等，有一个全面的理解和把握。

第一节　有关概念阐释

概念是理论展开及构建的基本元素和基石。全面深入地阐释清楚"文化""红色文化""传播""大众传播""红色文化大众传播"等概念，是分析和总结改革开放以来红色文化大众传播历程和基本经验的基础，是丰富和发展红色文化大众传播理论的基本条件。

一、文化和红色文化

（一）文化

我们每个人每天都会接触到一定的文化事项，或参与某些文化活动，文化似乎是我们日常生活中司空见惯的东西。然而，人们一旦被问及究竟什么是文化、能不能给它下一个定义，答案却又似是而非。一直以来人们对文化定义的表述可谓五花八门，难成共识，当然其中也有一些高见。譬如，1871 年英国著名文化学家爱德华·泰勒在《原始文化》中指出：文化乃是包括知识、信仰、艺术、道德、法律、习俗和任何人作为一名社会成员而获得的能力和习惯在内的复杂整体。[1] 这个定义的可贵之处在于第一次将文化作为一个整体性的东西来看待，并为人们后来研究文化现象确定了一个基本范围，即精神领域。另外，不少哲学家、人类学家、文化学家、心理学家和社会学家等都曾从不同角度对文化进行界定，但这些定义

---

[1]　教育部高教司，张岱年，方克立.中国文化概论（修订）[M].北京：北京师范大学出版社，2004：5.

都没有超出泰勒把文化看成一个复合的整体的基本观念[①]。克莱德·克鲁克洪和凯利（1945）在《文化的概念》一书中指出，文化是历史上所创造的生存式样的系统，既包含显型式样又包含隐型式样；它具有为整个群体所共享的倾向，或是在一定时期中为群体的特定部分所共享。[②] 两人在这里特别提出了显型（性）文化与隐型（性）文化的问题。显性文化包括行为模式、规范模式、倾向性、文化范畴以及文化公设[③]，比较易于为人们所理解；而隐性文化作为一种背景，一种理想典型的式样，要靠人们运用抽象思维和想象能力才能把握。

在古代中国，最初"文"和"化"两字是分别被赋予不同的内涵的。"文"在古代典籍中指文采、纹理以及包括文字在内的各种符号，后来进一步引申为礼乐制度、人文修养、道德情操等。"化"指一个人从孕育、出生到不断成长，并且在遗传因素和社会各方面因素影响下逐渐成为一个有教养的人的全部过程。汉语中"文化"一词最早可以上溯到《易·象传》之贲卦：小利而攸往，天文也；文明以止，人文也。观乎天文，以察时变，观乎人文，以化成天下。[④] 这里从字面上看，文化即人文化成。汉代刘向所著的《说苑·指武》中指出：圣人之治天下也，先文德而后武力。凡武之兴为不服也。文化不改，然后加诛。在这里，"文化"是与"武力"相对而言，意指文德教化。近现代中国的学者将西方"文化"概念的内涵逐步中国化。例如，梁漱溟指出，"文化，就是吾人生活所依靠之一切[⑤]，是人类生

---

① 司马云杰.文化社会学［M］.北京：中国社会科学出版社，2001：8.

② C.克鲁克洪，W.H.凯利.文化的概念［M］//拉尔夫·林顿.世界危机中人的科学.纽约：哥伦比亚大学出版社，1945：78–107.

③ ［美］克莱德·克鲁克洪等.文化与个人［M］.高佳，等译，杭州：浙江人民出版社，1986：20.

④ 陆扬，王毅.文化研究导论［M］.上海：复旦大学出版社，2006：2.

⑤ 梁漱溟.中国文化要义［M］.上海：学林出版社，2000：1.

活的样法。"①胡适将文化看作一个民族的生活方式和对环境的适应方式，是文明所形成的生活方式。冯友兰则认为文化是一个"总合体"，中国文化就是中国之历史、艺术、哲学……之总合体②。毛泽东基于辩证唯物主义和历史唯物主义对文化作了一个科学的界定，指出"一定的文化是一定的社会的政治和经济在观念形态上的反映"③。

在当代，人们一般从广义和狭义两个视角理解文化。广义的文化主要是指人们在认识世界和改造世界的活动中所形成的全部物质成果和精神成果的总和。而狭义的文化则体现为人类社会特有的精神现象或人们在创造活动中形成的精神成果的总称，它囊括一切与精神生产直接有关的东西，如政治法律、道德、艺术、哲学、宗教等活动及其产品。文化有时又专指人类在科学、教育、文学、卫生和体育等方面活动中所产生的知识和设施（物质形态），体现了与世界观、人生观、价值观、政治思想、伦理道德、法律观念等观念形态相区别④。在日常生活中，人们所说的文化一般指狭义的文化。

我们认为，可以从文化所具有的特征来理解什么是文化。概括地说，文化至少有以下五个特征：①文化是人类有目的的创造性活动的成果，包括物质成果，也包括精神成果。②文化是人类社会发展进步的重要推动力。文化作为人类所创造的成果反过来对人类社会的发展产生重大影响，能够促进人类社会的发展进步。③文化既具有客观性又具有主观性。文化作为一种客观存在，体现了人类进化并走向文明的历程，是人类文明进步的灵魂，发挥着其娱乐、教化、育人等功能；同时，文化的传承和发展又是人们主观努力的结果，体现了文化的主观性。④文化具有可以交流、传

---

① 梁漱溟. 东西方文化及其哲学［M］. 上海：上海商务印书馆，1929：53.

② 辛文斌. 新民主主义论与中国文化现代化［M］. 北京：中央编译出版社，2007：6-7.

③ 毛泽东选集（第二卷）［M］. 北京：人民出版社，1991：694.

④ 李淮春. 马克思主义哲学全书［M］. 北京：中国人民大学出版社，1996：703-704.

播和传承等特点。文化产生后，其交流、传播、传承就成为必然。否则，没有文化交流、传播、传承，文化就难以发展。文化的传承使得后人可以充分利用前人所创造的一切优秀文化成果，并在此基础上开始新的文化创造活动。⑤文化的实质即人化。人创造了文化，文化又在塑造人，文化与人类心智的发展相辅相成（黄家周，2018）。①

（二）红色文化

我国不少专家学者曾对"红色文化"的内涵进行过较为广泛的研究，对"红色文化"概念进行过诸多界定。根据施佳慧（2020）的考证："红色文化"这一概念最早出现在学术期刊上的例子是 1965 年《草原上的红色文化工作队——记内蒙古"乌兰牧骑"》一文②。然而，此后人们对"红色文化"的研究仍然是比较零散的，直至进入 21 世纪，学者才逐渐对"红色文化"相关问题进行比较系统而深入的研究。一些学者从广义和狭义两个层面对"红色文化"进行了界定。例如，何克祥（2007）认为，从广义上讲，新民主主义文化和社会主义文化都是红色文化，是红色文化在新民主主义时期和社会主义建设时期的发展；从狭义上讲，红色文化主要指大革命失败后中国共产党独立领导中国革命创建革命根据地（红色根据地）时期的革命文化。③渠长根（2017）指出，广义的红色文化是指世界社会主义和共产主义运动整个历史过程中形成的人类进步文明的总和，包括物质、精神和制度三方面；狭义的红色文化是指在马克思主义的指导下，中国共产党领导人民在新民主主义革命、社会主义革

---

① 黄家周.民族地区马克思主义大众化路径研究：基于中共领导广西文化建设史的考察［M］.北京：中国社会科学出版社，2018：31-33.

② 施佳慧.红色文化概念研究综述［M］//渠长根.红色文化研究与实践.北京：红旗出版社，2020：25。

③ 何克祥.红色文化与马克思主义中国化要论［J］.中共南昌市委党校学报，2007（1）：10.

命及建设、改革的实践中共同创造出来的各种物质和精神财富的总和。[①]
张文等（2019）则强调，"红色文化"体现为红色与文化相结合，即中国
传统文化中的红色所体现的吉祥、喜庆、欢乐寓意与中国革命、社会建
设、改革发展的进程中的历史、经济、思想的有机结合，是时代历史发
展进程中的主流文化反映；并进一步指出，红色文化是在马克思主义中
国化进程中，中国人民在中国共产党的领导和影响下，在民族文化基础
上创造的崭新文化形态。[②] 上述各学者从不同角度对"红色文化"的内涵
进行了界定，在一定程度上揭示了红色文化的本质和特征，这无疑有助
于我们深化对"什么是红色文化"的理解。改革开放以来，尽管学术界
对红色文化的研究不断深入，对"红色文化"的内涵进行了林林总总的
界定，但是至今尚未形成统一的具有广泛共识的说法，表明这一概念内
涵的表述仍然存在进一步凝练的空间。我们认为，红色文化主要是指中
国共产党领导广大人民群众在革命、建设和改革的各个历史时期所共同
创造的具有鲜明马克思主义意识形态特征的文化样态，是中国共产党革
命文化和社会主义先进文化的重要组成部分。红色文化彰显着中国共产
党的性质和宗旨，体现了人民和时代的要求，发挥着凝聚各方力量的作
用。推进红色文化大众传播是传承红色基因、赓续红色血脉的重要任务，
是加强社会主义意识形态建设的必然要求。全面理解和把握红色文化的
丰富内涵，将有助于我们更好地总结改革开放以来红色文化大众传播基
本经验并揭示其传播规律。

1. 红色文化是中国共产党领导人民群众共同创造的结果

红色文化不是自然而然产生的，它是中国共产党和人民群众在推进中
华民族从站起来、富起来到强起来的伟大飞跃过程中所共同创造的具有无

[①]　渠长根.红色文化概论［M］.北京：红旗出版社，2017：1.

[②]　张文等.媒介融合背景下的红色文化大众化研究［M］.北京：中国社会科学出版社，2019：
53-56.

产阶级特征的文化。红色文化所具有的无产阶级属性源于中国共产党的性质，即以马克思主义作为根本指导思想的无产阶级政党。具体地说，中国共产党作为中国工人阶级的先锋队、中国人民和中华民族的先锋队，她没有自己的特殊利益，而是始终代表中国最广大人民的根本利益。中国共产党与中国人民存在着密不可分的血肉联系。中国共产党的根基在人民、血脉在人民、力量在人民。中国共产党自诞生之日起就明确了自己的初心和使命：为中国人民谋幸福、为中华民族谋复兴。红色文化的物质形态、精神形态、制度形态和活动形态等都是中国共产党和人民群众共同创造的结果。

中国共产党领导人民共同创造了物质形态的红色文化。物质形态的红色文化（物化形态的红色文化资源）种类繁多，主要为两大类：一是遗址类，主要包括革命事件或活动的遗址、名人故居、革命老区和革命根据地遗址等。二是纪念场所类，主要包括烈士陵园、革命纪念馆或博物馆、墓祠等。各类物化形态的红色文化资源，记载了近百年来中国共产党领导人民抵御外辱、顽强不屈的抗争史，发愤图强、敢教日月换新天的辉煌奋斗史，折射出革命先辈崇高的革命理想和坚定的共产主义信念，反映了中国共产党领导各族人民众志成城、奋力追求民族复兴和国家富强的历史进程。而从功能上来看，红色物质文化资源具有重要的史学、科研与教育的多重价值，能够为中国革命历史研究提供鲜活的史料资源，是我们进行爱国主义教育的生动教材、思想政治教育的全新载体。

中国共产党领导人民共同创造了精神形态的红色文化。精神形态的红色文化是中国共产党人在长期的革命、建设和改革实践中创造出的具有红色特征的各种精神文化样态。纵观中国共产党一百多年的发展历程，她领导人民在为各个历史时期伟大事业而奋斗的过程中共同创造了内涵丰富的、弥足珍贵的红色精神财富。例如，新民主主义革命时期，产生了以红船精神、井冈山精神、苏区精神、长征精神、延安精神、红岩精神、抗战精神、西柏坡精神等为主要内容的革命精神；在社会主义革命和建设时期，有以抗美援朝精神、"两弹一星"精神、雷锋精神、焦裕禄精神、大庆精神等为主要内容的奋斗精神；在改革开放时期，有以改革开放精神、女排精神、抗洪精神、抗震救灾精神、载人航天精神等为主要内容的时代精神；中国特色社会主义新时代，有以新时代北斗精神、探月精神、脱贫攻坚精神、"三牛"精神、抗疫精神、丝路精神等为主要内容的新时代精神[①]。从一定意义上说，红色文化的精神形态蕴藏和体现在红色物质文化和红色制度文化之中。纵观不同历史阶段精神形态的红色文化有着一脉相承的内核，集中体现了中国共产党人的理想信念、无产阶级价值观、爱国情怀和共产主义道德传统。

中国共产党领导人民共同创造了制度形态的红色文化。制度形态的红色文化一方面体现为我们党所确立起的蕴含着红色基因的制度，另一方面体现为发展红色文化的相关制度。概括地说，制度形态的红色文化是中国共产党领导人民在长期的革命、建设和改革实践中所创建的具有红色特征的有关原则、制度规范体系和行为模式等文化样态。新民主主义革命时期，中国共产党在革命根据地就积极地探索有无产阶级性质的党和国家的制度化建设，如"苏维埃"形式的领导制度、"民主集中制"的议事决策制度、"支部建在连上"的建军原则、"三三制"政权组织模式、边区普选民主制度等，这些探索为新中国成立后社会主义政治制度的建立提供了有益启发和借鉴。值得关注的是，延安时期中国共产党就积极开展法制建设而制定和实施了《陕甘宁边区宪法原则》《陕甘宁边区政府组织条例》《陕甘宁边区选举条例》《陕甘宁边区婚姻条例》《陕甘

---

① 上官酒瑞.中国共产党精神谱系构建：历史传承与适应性变迁——基于系列精神的图谱分析[J].理论与改革，2021（6）：11.

宁边区禁止妇女缠足条例》《陕甘宁边区土地条例》《中国土地法大纲》等①，为革命根据地的生产和各方面建设提供了坚强的制度保障。制度形态的红色文化是社会主义制度文化的源头。改革开放以来，制度形态的红色文化得到了进一步的丰富和发展。例如，《2004—2010 年全国红色旅游发展规划纲要》《2016—2020 年全国红色旅游发展规划纲要》《中华人民共和国文物保护法》《中华人民共和国英雄烈士保护法》《国家发展改革委关于做好红色旅游景点门票价格管理工作的通知》，为传承和弘扬英雄烈士精神、爱国主义精神提供了制度保障。还有一些地方性的红色文化资源保护条例，如《甘肃省红色资源保护传承条例》《四川省红色资源保护传承条例》《广东省革命遗址保护条例》《赣州市革命遗址保护条例》等。制度形态的红色文化还可通过碑刻、纸质、电子等介质保存和传播。

中国共产党还领导人民共同创造了活动和行为形态的红色文化。主要体现在以下两个方面：一是设立红色纪念日并开展相关活动。例如，2014年 2 月 27 日，党的十二届全国人大常委会第七次会议通过决定，以立法形式将 12 月 13 日设立为南京大屠杀死难者国家公祭日；同年 8 月 31 日，党的第十二届全国人民代表大会常务委员会第十次会议通过《全国人民代表大会常务委员会关于设立烈士纪念日的决定》，以法律形式将 9 月 30日设立为烈士纪念日，并规定每年 9 月 30 日国家举行纪念烈士活动。又如，通过在具有特殊意义的日期试鸣防空警报让人民做到居安思危，增强国防观念和防空意识，警钟长鸣，时刻保持警惕，共同守护我们的家园安全。为纪念"九一八"、铭记历史、勿忘国耻，2006 年 9 月 18 日，辽宁省的 14 个城市首次响起防空警报，后来越来越多的城市加入了这一纪念活

---

① 延安革命纪念地管理局. 走进陕甘宁边区高等法院［M］. 西安：陕西人民出版社，2018：38–42.

动序列，至今，每年9月18日全国都会有100多个城市进行防空警报试鸣。二是面向青少年学生开展红色文化教育活动。例如，为深切缅怀革命先烈的丰功伟绩，加强青少年爱国主义教育，组织青年学生到革命烈士纪念馆、烈士陵园等开展"清明祭英烈"活动，参观革命陈列馆、展览馆等活动，红色人物故事、红色歌曲进校园活动等。

2.红色文化具有鲜明的马克思主义意识形态特征

意识形态就是为一定的政治和政党服务的思想话语体系。马克思主义意识形态与我们党的前途命运、国家的长治久安、民族的凝聚力和向心力休戚相关。红色文化是以马克思主义作为根本指导思想的中国共产党领导下创立起来的具有无产阶级性质的文化形态。红色文化的马克思主义意识形态特征主要体现在它的目的和发展目标、功能和价值等方面。

从红色文化的目的和发展目标来看，它是为无产阶级和人民大众实现自由解放、为实现中华民族伟大复兴服务的文化形态。在新民主主义革命时期，我们提出要建设的是新民主主义的文化即"无产阶级领导的人民大众的反帝反封建的文化"[1]；在社会主义革命和建设时期、改革开放新时期、中国特色社会主义新时代，我们提出要发展的是"面向现代化、面向世界、面向未来的，民族的科学的大众的社会主义文化"[2]。

从红色文化的功能来看，红色文化具有文化传承、文化创新、文化引领等方面的功能[3]，同时还发挥着印证历史、传播话语、价值认同和经

---

[1] 毛泽东选集（第二卷）[M].北京：人民出版社，1991：698.

[2] 习近平.高举中国特色社会主义伟大旗帜 为全面建设社会主义现代化国家而团结奋斗——在中国共产党第二十次全国代表大会上的报告（2022年10月16日）[M].北京：人民出版社，2022：43.

[3] 韩延明.红色文化与社会主义核心价值体系建设研究[M].北京：人民出版社，2013：48-50.

济开发等多种功能①，以及教化育人、感召和凝聚人心等功能。深入探究红色文化所具有的上述多方面功能，全都彰显了红色文化鲜明的马克思主义意识形态特征。一是红色文化的功能中体现了革命性和创新性特点。红色文化作为一种具有无产阶级性质的先进文化形态，可以说是"两个结合"的产物：即马克思主义基本原理同中国具体实际相结合、同中华优秀传统文化相结合②。"两个结合"实质上就是一种革命和创新。二是红色文化的功能中体现了人民性特点。红色文化一方面给予人民充满正能量的精神熏陶，另一方面其中所蕴含的红色精神为人民战胜前进路上的一切艰难险阻提供不竭的精神力量。这种精神力量根源于红色文化作为一种先进的文化形态始终以实现和维护人民的根本利益作为出发点和落脚点。因此，这一文化得到人民的充分认同。三是红色文化的功能中体现了发展性特点。红色文化的内容不仅随着时代的发展而发展，红色文化也是时代精神的精华；红色文化在推动党和国家事业发展过程中还发挥着重要作用。尤其是新时代，红色文化的大众传播必将进一步增强人民对中国特色社会主义的道路自信、理论自信、制度自信和文化自信。

从红色文化的价值和作用来看，一是红色文化承载着中国共产党人的初心和使命，体现了中国共产党的宗旨和性质。红色文化所蕴含的根本主题，就是努力实现民族独立和人民解放、追求国家富强和人民幸福，这与中国共产党人的初心和使命，即为中国人民谋幸福、为中华民族谋复兴③是一致性的，同时与中国共产党"全心全意为人民服务"的宗旨和马克思主义政党性质相契合。二是红色文化彰显着中国共产党人的思想品格和精

---

① 渠长根.红色文化概论［M］.北京：红旗出版社，2017：26-31.

② 习近平.在庆祝中国共产党成立100周年大会上的讲话［M］.北京：人民出版社，2021：13.

③ 习近平.决胜全面建成小康社会　夺取新时代中国特色社会主义伟大胜利——在中国共产党第十九次全国代表大会上的报告［M］.北京：人民出版社，2017：1.

神气质。红色文化彰显着中国共产党人对真理的执着追求、对马克思主义的坚定信仰，彰显着中国共产党实事求是的思想路线，以及理论联系实际、密切联系群众、批评和自我批评①等优良作风；彰显着中国共产党人不畏艰辛、不怕牺牲、无私奉献、奋发图强、开拓创新、勇于担当，富有革命乐观主义、爱国主义和集体主义等精神气质。三是红色文化充分反映了中国共产党人的实践本色。红色文化作为一种意识形态，是中国共产党领导人民群众进行革命、建设和改革等实践活动的反映，并随着实践的变化发展而形成丰富多彩的文化内容；同时，红色文化作为一种精神力量，在其形成后又对新的实践活动产生反作用。中国共产党从弱小到强大的发展过程中，之所以拥有强大凝聚力和感召力，原因之一就是一大批先进的中国共产党人身先士卒带领人民群众积极投身中国革命、建设和改革的伟大实践中，取得了举世瞩目的伟大成就。正是在各个历史时期的伟大实践中，孕育和形成了特色鲜明的红色文化，尤其是形成了以伟大建党精神为代表的精神谱系，已成为党和人民迎接新时代新任务、应对新挑战、解决新问题的精神动力之源。

3. 红色文化具有与时俱进的精神品格

红色文化作为社会意识，是社会存在的反映，是由社会存在所决定的，又反作用于社会存在。党领导人民在不同的历史时期所创造的红色文化具有不同的内容和特点，都具有明显的时代印记，往往与某个历史时期面临的时代课题、历史任务和使命紧密相关。在新民主主义革命时期，党面临的主要任务是，反对帝国主义、封建主义、官僚资本主义，争取民族独立、人民解放，为实现中华民族伟大复兴创造根本社会条件。②

---

① 中共中央文献研究室.三中全会以来重要文献选编（上）[M].北京：人民出版社，1982：576.

② 中共中央关于党的百年奋斗重大成就和历史经验的决议[M].北京：人民出版社，2021：3.

这一时期所形成的建党精神①、遵义会议精神②、西柏坡精神③等红色文化都与要完成的党在新民主主义革命历史阶段的主要任务息息相关。在社会主义革命和建设时期，党面临的主要任务是，实现从新民主主义到社会主义的转变，进行社会主义革命，推进社会主义建设，为实现中华民族伟大复兴奠定根本政治前提和制度基础。④这一时期所形成的"两弹一星"精神⑤、红旗渠精神⑥、焦裕禄精神⑦等红色文化都与要完成的党在社会主义革命和建设时期的主要任务息息相关。在改革开放和社会主义现代化建设新时期，党面临的主要任务是，继续探索中国建设社会主义的正确道路，解放和发展社会生产力，使人民摆脱贫困、尽快富裕起来，为实现中华民族伟大复兴提供充满新的活力的体制保证和快速发展的物质条件。⑧这一时期所形成的改革开放精神⑨、抗震救灾精神⑩、劳模精神（劳动精神、工匠精神）⑪等红色文化都与要完成的改革开放和社会主义现代化建设新时期的主要任务息息相关。党的十八大以来，中国特色社会主义进入新时代。党面临的主要任务是，实现第一个百年奋斗目标，开启实

① 建党精神：坚持真理、坚守理想，践行初心、担当使命，不怕牺牲、英勇斗争，对党忠诚、不负人民。

② 遵义会议精神：坚定信念、实事求是、独立自主、敢闯新路、民主团结。

③ 西柏坡精神：谦虚谨慎、艰苦奋斗的精神；敢于斗争、敢于胜利的精神；依靠群众、团结统一的精神。

④ 中共中央关于党的百年奋斗重大成就和历史经验的决议［M］北京：人民出版社,2021：9.

⑤ "两弹一星"精神：热爱祖国、无私奉献，自力更生、艰苦奋斗，大力协同、勇于登攀。

⑥ 红旗渠精神：自力更生、艰苦创业、团结协作、无私奉献。

⑦ 焦裕禄精神：亲民爱民、艰苦奋斗、科学求实、迎难而上、无私奉献。

⑧ 中共中央关于党的百年奋斗重大成就和历史经验的决议［M］.北京：人民出版社,2021：14–15.

⑨ 改革开放精神：开拓创新、勇于担当、开放包容、兼容并蓄。

⑩ 抗震救灾精神：万众一心、众志成城，不畏艰险、百折不挠，以人为本、尊重科学。

⑪ 劳模精神（劳动精神、工匠精神）：爱岗敬业、争创一流、艰苦奋斗、勇于创新、淡泊名利、甘于奉献。

现第二个百年奋斗目标新征程，朝着实现中华民族伟大复兴的宏伟目标继续前进。①这一时期所形成的脱贫攻坚精神②、企业家精神③、新时代北斗精神④等红色文化都与要完成的新时代中国特色社会主义的主要任务息息相关。

红色文化在不同历史时期创造的精神成果及其不断实现大众化传播的历史过程，也是红色文化作为一种精神伟力对新民主主义革命、社会主义革命和建设、改革开放和社会主义现代化强国建设的伟大实践发挥巨大推动作用的过程。

二、传播和红色文化大众传播

（一）传播和大众传播

"传播"一词的英文为 communication，是一个名词，原意为"通信、通知、信息、书信；传达、传授、传染；交通、联络；共同、共享"等意思。汉语中"传播"则往往作动词用："传"指"递、送、交、运、给、表达"等动作，"播"意为传递、散布。"传播"体现为一种动态的行为。根据《现代汉语词典》的解释，"传播"意为"广泛散布"⑤。学术界对"传播"下过诸多不同的定义。有的认为，传播是信息共享或者是"有意图地施加影响"，而有的则指出，传播是信息交流互动的过程，是（人类社

① 中共中央关于党的百年奋斗重大成就和历史经验的决议［M］.北京：人民出版社，2021：23.

② 脱贫攻坚精神：上下同心、尽锐出战、精准务实、开拓创新、攻坚克难、不负人民。

③ 企业家精神：厚植爱国情怀、弘扬创新精神、坚持诚信守法、积极承担社会责任、不断拓展国际视野。

④ 新时代北斗精神：自主创新、开放融合、万众一心、追求卓越。

⑤ 商务国际辞书编辑部.现代汉语词典（实用版）［M］.北京：商务印书馆国际有限公司，2019：120.

会）信息运动现象；有的强调，传播是社会关系的体现，是社会信息系统的运行；等等。据 1976 年美国传播学者丹斯在其《人类传播功能》一书中统计，人们给"传播"所下的定义达 126 种之多①。综合起来看，传播就是主体根据一定的目的采用一定的方式和手段将信息广泛传送或散布给接受对象的过程。传播的根本目的是传递信息，体现为人与人之间、社会成员之间通过一些有特定意义的符号基于某种目标信息传递、信息接受或反馈活动的总称。其中"传播"的一个重要目标就是"与他人建立共同的意识"，形成共同的价值观。传播研究的最初动机是要检验并提高教育、宣传、电信、广告、公共关系和人际关系等领域的传播效率和传播效果。②后来，随着心理学和社会学的发展，又进一步推动了传播研究的发展。

一般认为，传播的构成主要有两个方面的要素：一是显性要素，其中包括信源、信息、信宿、信道、媒介和反馈等；二是隐性要素，包括时空环境、心理因素、文化背景和信息质量等。公共传播具有双向性、共享性、快速性、广泛性等特点。显性要素与隐性要素往往交织在一起发挥相应的作用。还有的学者基于传播过程提出传播的构成要素：发送者、传递渠道、信息、接收者、发送者与接收者之间的关系、效果、传播发生的场合以及"信息"涉及的一系列事件③。概括地说，传播的构成要素包括主体、客体和中介等要素。

大众传播是当代传播学研究中最为重要的领域之一。关于"大众传播"，过去被人们所广泛引用的是由杰诺维茨于 1968 年所作的定义：大众传播由一些机构和技术所构成，专业化群体凭借这些机构和技术，通过技

---

① 黄星民.从传播哲学角度谈"传播"的定义——传播哲学初探［J］.新闻与传播研究，2006（1）：24.

②③［英］丹尼斯·麦奎尔，［瑞典］斯文·温德尔.大众传播模式论［M］祝建华，武伟译，上海：上海译文出版社，1987：5-6+8.

术手段（如报纸、期刊、广播、电影等）向为数众多、各不相同而又分布广泛的受众传播符号的内容。[①] 大众传播的"发送者"是一个有组织的群体，"接收者"是某些个人，传递渠道包括社会关系、表达工具、感受器官、以先进技术为基础的分发设备和分发系统，所传播信息是可以大量生产并不断复制的、复杂的符号结构物。大众传播的重要特点是：一切传播的公众性与开放性；接近"发送"设施的有限性与有控性；发送者与接收者之间关系的非人格性；发送者与接收者之间关系的不平衡性；发送者与接收者之间制度化安排的介入[②]。

采用图像模式对大众传播现象进行描述和解释，是传播研究的一大特色。传播模式就是对现实传播现象的内在机制以及传播要素之间关系的直观和简洁的描述。大众传播的特点和功能可以通过多样性的图像模式呈现出来。丹尼斯·麦奎尔和斯文·温德尔两人合著的《大众传播模式论》（1981年出版）一书中简要回顾了20世纪中叶后几十年传播学的发展历程，着重根据大众传播研究成果的大量文献绘制出了几十种大众传播图像模式，并论述了这些模式在研究运用中的利弊和各种传播模式的优劣，倡导人们在研究运用现有模式过程中对其不断进行改造、完善和更新。例如，1948年，美国政治学家哈罗德·拉斯韦尔曾就传播研究提出过一个著名命题（又称"拉斯韦尔公式"）：描述传播行为的一个方便的方法，即回答五个问题——"谁""说了什么""通过什么渠道""对谁""取得什么效果？"[③]在此基础上，丹尼斯·麦奎尔和斯文·温德尔将其转变为图像模式（见图2-1）：

---

① ② ［英］丹尼斯·麦奎尔，［瑞典］斯文·温德尔.大众传播模式论［M］.祝建华，武伟译，上海：上海译文出版社，1987：7.

③ 拉斯韦尔公式又被称为"五W模式"。

图2-1　拉斯韦尔公式及其相应的传播过程诸基本要素

有研究者指出拉斯韦尔公式（模式）虽然很有用，但是毕竟过于简单。布雷多克（1958）认为，应在拉斯韦尔公式的基础上考虑更多的大众传播因素，因此他在自己提出的模式中增加了传递信息的具体环境和传播者发送信息的意图（见图2-2）。

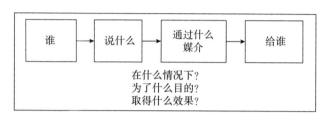

图2-2　布雷多克对拉斯韦尔公式的扩充

丹尼斯·麦奎尔和斯文·温德尔（1987）认为，拉斯韦尔公式显示了早期传播模式的典型特性：他们或多或少想当然地认为传播者具有某种影响接收者的意图，应该把传播主要看作一种劝服性过程，这一模式还假定任何信息总是有效果的，同时忽略了反馈要素。拉斯韦尔模式存在不足的原因之一是拉斯韦尔更关注的是政治传播与宣传。尽管拉斯韦尔模式受到人们的一些批评，但是"甚至时至今日，拉斯韦尔模式仍然是引导人们研究传播过程的一种方便的综合性方法"。[①]

此外，丹尼斯·麦奎尔和斯文·温德尔两人还对香农—韦弗模式、奥斯古德—施拉姆模式与丹斯模式、格伯纳的传播总模式、纽科姆的 ABX 模式及其他"平衡"模式和互向模式、卡茨—拉查斯费尔德的大众传播模

---

① ［英］丹尼斯·麦奎尔，［瑞典］斯文·温德尔.大众传播模式论［M］.祝建华，武伟译，上海：上海译文出版社，1987：18.

式和个人影响的两级传播模式、罗杰斯—休梅克的创新扩散模式、鲍尔—克罗希与德福勒的大众传播效果依赖模式、沉默的螺旋模式等大众传播模式进行了深入分析、全面评价，进而引导人们选择适合自己使用的正确模式。

国内外学者关于传播和大众传播模式的相关理论尽管存在一定的时代局限性或阶级局限性，但是其中所揭示出的有关传播的本质和规律的某些理论、观点，有关如何正确选择传播模式以增强大众传播效果的有益探讨，是值得我们在研究和阐释红色文化大众传播问题时进行吸收和借鉴的。

（二）红色文化大众传播

1. 马克思主义经典作家关于媒体传播的理论与实践

马克思主义经典作家曾经对媒体传播的作用和功能，无产阶级文化建设和先进文化大众传播的重要性进行过深刻论述，为红色文化传播提供了理论指导。马克思、恩格斯和列宁等马克思主义经典作家不仅从理论层面重视研究媒体传播的作用，而且亲身参与宣传科学理论的实践。1847 年春，马克思和恩格斯一同加入定名为共产主义者同盟的秘密宣传团体，出类拔萃地参加过该同盟第二次代表大会（1847 年 11 月在伦敦举行），并受此次大会委托拟定了 1848 年 2 月公布的著名"共产党宣言"。[①] 1865 年 1 月底至 2 月 23 日，马克思和恩格斯给德文报《社会民主党人报》撰稿，希望利用它在德国工人中宣传"国际"的革命原理，并揭露拉萨尔的普鲁士国王政府的社会主义的真面目[②]。列宁指出"哲学的重大任务之一就是保

---

① 中国人民大学马克思列宁主义教研室．"马克思列宁主义基础"经典著作摘录（导言）［M］．北京：中国人民大学出版，1955：39.

② 中国人民大学新闻系．马克思恩格斯论报纸、期刊［M］．北京：中国人民大学出版社，1958：237.

持那种为发展科学，为正常地保持和传播科学精神所必需的共同气氛"①，他同时强调：在无产阶级专政时期，即为使共产主义的完全实现成为可能而准备条件的时期，学校不仅应当传播一般共产主义原则，而且应当对劳动群众中的半无产者和非无产者阶层传播无产阶级在思想、组织、教育等方面的影响，以培养能够最终实现共产主义的一代人。②

红色文化大众传播是具有鲜明马克思主义意识形态特征的文化传播活动，是对马克思主义经典作家传播理论和实践的传承和发展。红色文化大众传播从内容到形式都有着既不同于一般消息传播，也有别于大众文化传播的特点。一般消息传播以受众获得消息内容为主要目标，人人都可以是消息的传递者，人人也都可以是消息的接收者。红色文化大众传播则有推动马克思主义理论传播、用党的创新理论铸魂育人、广泛宣传和弘扬中国共产党人精神谱系、建设具有强大引领力的社会主义意识形态等功能，这就离不开中国共产党对红色文化大众传播的全面领导。总的来看，推动红色文化大众传播充分体现了中国共产党人的文化自觉，发挥着传承和创新中华民族文化、引领时代发展、塑造具有共产主义思想品格新人的作用。

2. 红色文化大众传播的基本内涵

所谓红色文化大众传播，就是在中国共产党领导下宣传、文旅和教育等相关部门基于既定目标组织力量推动红色文化通过一定的中介和途径向大众广泛传播的过程。主要体现在以下三个方面：

第一，红色文化大众传播是一个通过特定载体促进红色文化所蕴含正确价值观和崇高精神广为人知、为人们所认同和接受的过程。特定载体可以是显性的载体或隐性的载体，可以是红色遗址或场馆、图书报纸、期刊画作、影视作品、文艺作品、网络、活动等，其中承载着的红色基因或红

---

① 列宁全集（第五十五卷）[M]. 北京：人民出版社，2017：512.
② 列宁全集（第三十六卷）[M]. 北京：人民出版社，2017：87.

色元素是进行爱国主义、集体主义、社会主义教育的重要载体或资源。红色文化之所以具有旺盛的生命力、历久弥新、广泛流传、生生不息，为人们所接受和认同，其中所蕴含正确价值观和崇高精神就是一个重要原因。例如，中国共产党人精神谱系的各项精神具体内容中多次提到的实事求是、人民至上、忠诚担当、不怕牺牲、艰苦奋斗、百折不挠、开拓创新、独立自主、团结互助、无私奉献、开放包容、命运与共等蕴含着科学价值观或体现着崇高的精神品格。

第二，红色文化大众传播是党的宣传思想工作、社会主义意识形态建设的重要任务。包括一系列红色资源在内的红色文化是我们党带领人民奋发图强历程的见证，是党和人民最宝贵的精神财富。我们党的宣传思想工作历来重视推动红色文化大众传播。《中共中央关于党的百年奋斗重大成就和历史经验的决议》中强调指出"意识形态工作是为国家立心、为民族立魂的工作"①"改革开放以后，党坚持物质文明和精神文明两手抓、两手硬，推动社会主义文化繁荣发展，振奋了民族精神，凝聚了民族力量。"②要"赓续党的红色血脉，弘扬党的优良传统"③。习近平总书记就传承红色基因、用好红色资源、弘扬红色文化进行过一系列重要论述，他在2021年6月25日中共中央政治局就用好红色资源、赓续红色血脉进行第三十一次集体学习时的讲话中指出："红色血脉是中国共产党政治本色的集中体现，是新时代中国共产党人的精神力量源泉。"在新的赶考路上，我们要把推动红色文化大众传播作为做好党的宣传思想文化工作、建设具有强大凝聚力和引领力社会主义意识形态的重要任务，坚持政治性、思想性与艺术性相统一的原则着力打造红色文化品牌，红色文化大众传播过程中要重视增强表现力、传播力和影响力，不断提升传播效果。积极教育引导广大

①②③　中共中央关于党的百年奋斗重大成就和历史经验的决议［M］.北京：人民出版社，2021：43–44+74.

党员干部和群众大力弘扬红色文化，"深刻认识红色政权来之不易、新中国来之不易、中国特色社会主义来之不易"[①]，要用红色文化中所蕴含的伟大精神滋养自己、激励自己，以昂扬的精神状态做好党和国家的各项工作。

第三，红色文化大众传播具有思想统领、政治教育、价值观塑造、品德认同、使命激励、精神驱动、力量凝聚、组织引导、历史印证、经济效益等多方面的功能，在推动我国革命、建设和改革事业不断从胜利走向胜利的过程中发挥着重大作用。在全面建设社会主义现代化国家新征程上，我们要继续推动红色文化大众传播，充分发挥红色文化所具有的各种独特作用，促使红色血脉代代相传，守护和建设好红色江山，凝心聚力以中国式现代化全面推进中华民族伟大复兴，努力创造无愧于历史和人民的新业绩。

 ## 第二节　马克思主义精神文化相关理论述要

马克思主义精神文化相关思想是博大精深的马克思主义理论体系的重要组成部分。全面了解马克思主义文化思想的发展脉络、核心要义、理论精髓和丰富内涵，必将有助于我们深化对马克思主义传播观的理解，进而更好地把握红色文化大众传播的内涵和机理。

一、马克思恩格斯精神交往理论的核心要义

"交往"是人类社会发展过程中存在的一种普遍而又极其重要的实践

---

① 习近平.在党史学习教育动员大会上的讲话（2021年2月20日）[M].北京：人民出版社，2021：9.

活动。"交往"一词本义上是分享之意，但是其含义随着时代的发展而不断扩宽。在现代汉语词典中被定义为"互相往来"。在当代，社会"交往"的含义主要包括信息传播、交流通信和沟通联络等。

"交往"也是唯物史观中的一个重要范畴。马克思、恩格斯在《1844年经济学哲学手稿》《德意志意识形态》《资本论》等著作中全面深刻地阐述了他们的交往理论。在马克思主义看来，交往有物质交往和精神交往之分。其中精神交往理论奠定了马克思主义传播观的重要基础。马克思主义的精神交往理论，为我们考察传播现象、揭示传播规律提供了科学的指南，对于我们从哲学层面深化传播学研究有着十分重要的意义。从马克思的交往理论来看，语言符号、实物资料、交往工具及其操作的方式方法都是人类交往的媒介，它们是连接主体之间交往的中介客体。[①]马克思恩格斯精神交往理论是马克思主义哲学的重要组成部分，深入把握马克思主义交往理论能够为我们理解、把握、运用马克思主义传播观提供有益启示，能够为文化传播问题研究提供科学理论和方法。

（一）马克思恩格斯交往理论的产生

马克思恩格斯交往理论是基于对资本主义社会的本质和运行规律深刻分析的基础上提出来的。早在14~15世纪，资本主义生产关系就开始在西欧国家萌芽、产生。同时，人们交往的范围甚至突破了国家的界限，随着哥伦布发现新大陆、开辟了新航线而进一步扩大，英国、荷兰、葡萄牙、法国等新兴资本主义国家的发展空间得到拓展。18世纪，西欧国家资本主义得到快速发展，资本主义的生产方式占据了主导地位。英国工业革命始于18世纪60年代，到19世纪中期英国率先完成了工业革命，对周围国家产生积极而又深刻的影响。人们交往广度和深度的变化是生产力

---

① 李欣人. 再论精神交往：马克思主义传播观与传播学的重构［J］. 现代传播,2016(8): 20.

和生产关系发展的必然结果，反过来又对生产力和生产关系的改变产生影响。

马克思在《1844 年经济学哲学手稿》中揭示了资本主义条件下交往异化的问题，认为人与人之间交往关系的异化是劳动异化的结果，另外，人和人之间的异化是人和自己生产出的劳动产品、主体的生命活动和类本质相异化造成的[①]。马克思、恩格斯对交往问题的全面深入阐释更多地体现于两人所合著的《德意志意识形态》一书中，该书总共有 70 多处使用了交往、交往形式和交往关系等类似概念，并系统地论述了物质交往、精神交往等范畴的丰富内涵[②]。马克思、恩格斯指出：私有财产是生产力发展一定阶段上必然的交往形式，这种交往形式在私有财产成为新出现的生产力的桎梏以前是不会消灭的，并且是直接的物质生活的生产所必不可少的条件。[③] 交往概念在马克思恩格斯著作中出现的频率越来越多。

（二）交往的分类与交往的作用

1. 交往的分类

马克思恩格斯交往理论是唯物史观的重要组成部分，交往是马克思主义哲学中内涵非常丰富的一个整体性范畴，与实践、分工、生产方式、生产力和生产关系等范畴有着深刻的联系。按照不同的划分方法，交往可以分为以下三个不同的类型：

（1）按照交往所处的领域看，有经济交往、政治交往、文化交往等。马克思恩格斯认为，随着资本主义在全球范围内建立广泛的经济联系，"过去那种地方的和民族的自给自足和闭关自守状态，被各民族的各方面的互

---

① 张楠.马克思恩格斯的交往理论及其当代价值 [J].文化创新比较研究，2018（18）：9.

② 贾真.马克思恩格斯交往理论的含义界定及学理渊源 [J].传承，2011（25）：32.

③ 马克思恩格斯全集（第三卷）[M].北京：人民出版社，1960：410-411.

相往来和各方面的互相依赖所代替了。物质的生产是如此，精神的生产也是如此"①。同时，随着生产力的发展，生产关系和阶级关系也会发生变化。当每一民族的资产阶级还保持着它的特殊的民族利益的时候，大工业却创造了这样一个阶级，这个阶级在所有的民族中都具有同样的利益，在它那里民族独特性已经消灭，这是一个真正同整个旧世界脱离而同时又与之对立的阶级。② 大工业的发展造就了与资产阶级对立的无产阶级。马克思恩格斯还揭示了精神文化交往在促进人的自由和解放中的作用：火药把骑士阶层炸得粉碎，指南针打开了世界市场并建立了殖民地，而印刷术则变成新教的工具，总的来说变成科学复兴的手段，变成对精神发展创造必要前提的最强大的杠杆。③

（2）按照交往的内容和属性来看，可划分为物质交往和精神交往两个部分。物质交往是人们在物质生产过程中必然形成一定的交往关系。这种物质交往关系可以说是政治活动、精神文化活动和宗教活动等其他活动的基础。与物质生产相对应的是精神生产（精神交往），它往往通过国家政治、法律、道德、艺术和宗教等活动中体现出来。精神生产活动中产生的交往关系就是精神交往。根据辩证唯物主义，精神交往由物质交往所决定、受物质交往所制约。然而，精神交往一旦形成又有其相对独立性。从社会的需要考察精神交往，正是由于精神交往的需要，促使了交往的媒介——语言的产生，而从传播学的角度上来说，精神交往活动推动了现代交往媒介——大众媒介的发明、适用和推广。④ 物质交往与精神交往共同推动人类交往行为的发展。

（3）按照交往的范围和程度，可以划分为内部交往、外部交往和世界

①② 马克思恩格斯选集（第一卷）［M］.北京：人民出版社，2012：404+195.

③ 马克思恩格斯全集（第三十七卷）［M］.北京：人民出版社，2019：50.

④ 白苡凡.马克思恩格斯交往理论及其当代价值［J］.现代商贸工业，2022（21）：21.

交往①。马克思和恩格斯在《德意志意识形态》中指出"受到迄今为止一切历史阶段的生产力制约同时又反过来制约生产力的交往形式，就是市民社会"②。资本主义社会中的交往形式可以说是市民社会历史发展的一个缩影。内部交往就是一个国家或民族内部的物质交往和精神交往；外部交往是随着生产力的进步和社会分工的发展、人口增长和需求的扩大而出现的国家与国家之间、民族与民族之间的交往形式。处于现实历史中的个人是交往的主体，而"全部人类历史的第一个前提无疑是有生命的个人的存在"③。内部交往决定着外部交往。"各民族之间的相互关系取决于每一个民族的生产力、分工和内部交往的发展程度""不仅一个民族与其他民族的关系，而且这个民族本身的整个内部结构也取决于自己的生产以及自己内部和外部交往的发展程度"④。马克思和恩格斯在《德意志意识形态》中还从生产力和分工的角度来说明世界市场的形成，并阐析了世界交往的发展对世界历史形成的作用。世界交往是随着内部交往向外部交往发展，世界贸易往来不断增强，世界市场逐步形成而出现的。马克思和恩格斯认为，世界交往是在新的历史条件和新的生产力条件下的产物，人们根据自身需求的发展和生产力的进步，不断变革旧的生产关系和交往形式。到了未来的共产主义社会，交往形式的异化将被消除，人们才能实现自由而全面的发展。

2. 交往的作用

《德意志意识形态》中多处论及了交往的作用。交往既有积极作用，也有因不当的交往方式和交往手段而产生消极作用⑤。例如，工人在资本主义条件下深受资本家剥削而不堪重负，更没有自由发展的权利；在资本主义制度条件下，与生产力发展相随的是资本家剥削工人的程度加大、社

---

① 白苣凡.马克思恩格斯交往理论及其当代价值［J］.现代商贸工业，2022（21）：22.

②③④ 马克思恩格斯选集（第一卷）［M］.北京：人民出版社，2012：167+146+147.

⑤ 李秋梅.马克思、恩格斯《德意志意识形态》交往理论探究［J］.南方论刊，2017（6）：7-8.

会贫富差距现象加剧。交往的积极作用主要体现在以下三个方面：一是交往能够发展和保存生产力。各个人的力量"只有在这些个人的交往和相互联系中才是真正的力量"①，"某一个地域创造出来的生产力，特别是发明，在往后的发展中是否会失传，完全取决于交往扩展的情况"②。二是交往能够促进文化的发展和传播。建立贸易联系的可能性"取决于交往所及地区内相应的文化水平所决定的比较粗陋或比较发达的需求"③交往能够促使语言文化的产生，能够保存文明成果，使多种文明可以共生共长、进一步创新传播。三是交往促进世界历史的形成。随着人们交往和联系日益频繁，个体之间的相互作用和交往逐渐打破地区、民族和国家的界限，形成世界性交往，促进世界历史的形成。国家之间、民族之间相互依存度大大提高。马克思和恩格斯指出："各个相互影响的活动范围在这个发展进程中越是扩大，各民族的原始封闭状态由于日益完善的生产方式、交往以及因交往而自然形成的不同民族之间的分工消灭得越是彻底，历史也就越是成为世界历史。"④四是促使共产主义社会的实现。共产主义运动是在破除旧的生产关系和交往关系的基础上建立新的生产关系和交往关系的运动。"共产主义和所有过去的运动不同的地方在于，它推翻一切旧的生产关系和交往关系的基础"⑤世界交往成为实现共产主义的重要条件。

（三）交往与需要、交往与自由的关系

1. 马克思和恩格斯深刻阐释了交往与需要的关系

需要理论是马克思主义唯物史观的重要内容，马克思和恩格斯也深刻阐释了交往与需要之间的内在统一关系。何为需要？马克思和恩格斯从人类社会历史进程对这一问题进行了阐释。马克思和恩格斯在《德

---

① ② ③ ⑤　马克思恩格斯文集（第一卷）［M］. 北京：人民出版社，2009：580+559+574.

④　马克思恩格斯选集（第一卷）［M］. 北京：人民出版社，2012：168.

意志意识形态》一书强调指出："第一个历史活动就是生产满足这些需要的资料，即生产物质生活本身。"① 这表明，从社会历史发展的角度来看，人类社会发展的基本前提就是物质生活资料的生成，这就是社会发展的需要。而生产的活动是建立在广泛的交往基础上，在劳动基础上也产生了社会意识。意识也是社会历史发展的产物。社会生产实践为社会意识的产生和发展提供了客观的需要，在人们的劳动和交往中形成的语言促进了意识的发展。在政治经济学实践中，马克思进一步阐释了需要与交往的关系，指出"而它（单个的直接劳动）的共同的、社会的性质——劳动作为一般劳动的对象化和作为满足一般需要的（手段的）性质——只有通过交换才被肯定"② 。这表明，在商品经济中，只有交换才能满足彼此的需要，解决好商品经济基本矛盾。社会经济发展便是建立在交换价值基础上，这是社会劳动生产的关键所在。人的社会关系实质就是一种交往关系，是在需要不断得到满足的基础上形成的交往关系。

2. 马克思和恩格斯深刻阐释了交往与自由的关系

马克思和恩格斯深刻阐释了交往与自由之间的内在关系，特别是论述了交往与世界历史形成的内在统一关系。在马克思和恩格斯来看，交往不仅发生在一个国家、一个民族范围内，也在世界范围内发挥作用，促进着世界历史的形成和发展。世界历史的形成又反过来促进了生产力的普遍发展和人类的普遍交往，推动了社会发展，为人的自由而全面的发展创造了条件。马克思和恩格斯通过对资本主义社会的批判，进一步揭示了共产主义社会制度下，人的自由而全面的发展问题。马克思和恩格斯强调：我们的目的是要建立社会主义制度，这种制度将给所有的人提供健康而有益的

---

① 马克思恩格斯选集（第一卷）[M].北京：人民出版社，2012：158.
② 马克思恩格斯文集（第八卷）[M].北京：人民出版社，2009：201.

工作，给所有的人提供充裕的物质生活和闲暇时间，给所有的人提供真正的充分的自由。[①]在世界历史进程中，人与人之间的交往不断扩大，这种交往构建起了"真正共同体"。真正共同体超越了"自然共同体""虚假共同体"的局限，以人的自由而全面的发展为标识，实现人类社会从必然王国向自由王国的转变。

（四）精神交往的重要意义

精神交往是人类交往的高级形式。它在一定的历史条件下，人们在精神生产过程中的相互往来，是由物质交往所决定的。马克思和恩格斯强调历史条件对精神交往的演变和变迁的重要性，他们认为，随着物质生产方式以及社会交往方式的变化，精神生产和精神交往也会发生相应的变革。人们的交往观念反映了一个时代的社会意识。[②]在阶级社会。精神交往是由统治阶级所创造和控制的意识形态谱系，通过教育、媒体、文化等途径对个体进行塑造和控制，使个体的思想和行为受到了特定的社会利益和社会权力结构的影响。

马克思和恩格斯的精神交往理论强调精神交往的阶级性、社会性和历史性。精神交往是人类社会发展的必然要求，是社会形态变革的重要推动力，更是话语传播的重要前提。精神交往形成的精神产品，成为推动社会历史进步的重要力量，必将助推社会历史变革和人类社会进步。

二、列宁无产阶级文化领导权思想的理论精髓

列宁作为无产阶级革命导师，不仅在理论上坚持和发展了马克思主

---

① 马克思恩格斯全集（第二十八卷）［M］．北京：人民出版社，2018：652.
② 陈立丹．精神交往论——马克思恩格斯的传播观［M］．北京：开明出版社，1993：51.

义，而且领导建立了世界上第一个社会主义国家。关于无产阶级文化建设方面，列宁提出了不少新思想新论断，其中的理论精髓值得我们吸收和借鉴。

（一）无产阶级政权的建立是无产阶级文化建设的前提和基础

一般来说，无产阶级在夺取政治领导权之后才开始文化建设，同时无产阶级文化建设是为无产阶级政权的巩固服务的。也就是说"政治领导权的夺取是文化领导权获取的前提和基础，文化领导权的建设是巩固政治领导权的有效途径"①。无产阶级文化领导权的取得又是在与资产阶级的不懈斗争中实现的，这种斗争甚至在无产阶级取得政治政权后依然存在。因此，无产阶级文化建设是一项长期的复杂的系统工程。

（二）坚持无产阶级对文化的绝对领导

列宁高度重视社会主义意识形态的权威地位，强调指出"对社会主义意识形态的任何轻视和任何脱离，都意味着资产阶级意识形态的加强"②。对于无产阶级政党而言，在获得政治上的领导权的同时，也要取得对文化的领导权。要不断加强意识形态建设，维护好意识形态安全。列宁认为，无产阶级政党作为执政党，肩负着文化领导的使命任务。将革命的理论传播到广大群众中，要通过"灌输"的方式加以传播。无产阶级政党通过采用"灌输"的方式，有效引导工人阶级运动从自发走向自觉。列宁同时十分重视把马克思主义的原则与实际革命斗争相结合，推动无产阶级革命事业和社会主义建设事业的发展，重视通过宣传和教育来普及马克思主义思

---

① 潘西华，赵军.从"政治领导权"到"文化领导权"——列宁与葛兰西无产阶级领导权思想的比较［J］.科学社会主义，2009（6）：148.

② 列宁选集（第一卷）［M］.北京：人民出版社，2012：327.

想。他倡导利用各种媒介、场合和机会，对马克思主义进行广泛宣传和教育，以扩大其影响力。

（三）培育广大民众树立共产主义理想信念

列宁非常重视培育广大民众的共产主义理想信念，要求民众树立和"坚持自己的社会主义信念"①。列宁首先强调共产主义理想信念的重要性，提出要通过教育和社会环境的塑造，培养人们乐于助人、互相合作、公平正义、奉献精神等共产主义道德。列宁指出："青年团和所有想走向共产主义的青年都应该学习共产主义。"②他提倡教育系统从幼儿园到高等教育都应该注重共产主义理想信念教育，培养学生具备共产主义道德观念和行为习惯。其次，列宁认为共产主义道德教育需要以典范的力量来引导，强调党员干部和革命先锋队应该成为道德榜样，通过自身的言行和实践，激发广大民众对共产主义理想和道德价值的认同与追求。再次，列宁开创了"共产主义星期六义务劳动"，着力加强集体主义意识的培养。他认为要依靠无产阶级和劳动人民的团结和协作，引上建立新的社会联系、新的劳动纪律、新的劳动组织的道路③。列宁尤其强调要通过共享劳动、合作社、集体决策等方式，增强人们对集体利益的认同，并克服个人主义与竞争心态，把共产主义理解为自己的事业④。最后，列宁指出可以通过广泛宣传普及马克思主义基本原理和纲领，教育和引导广大民众树立共产主义理想信念，着力增强广大民众对共产主义的信心，激发人们投身社会主义和共产主义事业。

---

① 列宁选集（第二卷）[M]. 北京：人民出版社，2012：405.

②③ 列宁选集（第四卷）[M]. 北京：人民出版社，2012：282+13.

④ 列宁全集（第三十九卷）[M]. 北京：人民出版社，1986：407.

三、中国共产党关于宣传思想文化工作理论的丰富内涵

（一）新民主主义革命时期中国共产党的文化建设相关理论

在新民主主义革命时期，以毛泽东为代表的中国共产党人坚持实事求是的原则，把马克思主义与中国的具体实际相结合，积极探索适合中国国情的文化建设理论，提出了建设新民主主义文化的任务，并在革命根据地进行了初步实践。毛泽东强调指出，建设一个中华民族的新社会和新国家"不但有新政治、新经济，而且有新文化"①。他在 1940 年初发表的《新民主主义论》一文，对"新文化"进行了更为深刻的阐释。毛泽东首先对旧民主主义时期的文化进行了概述，指出旧社会政治是殖民地、半殖民地、半封建的政治，其经济是殖民地、半殖民地、半封建的经济，而为这种政治和经济之反映的占统治地位的文化，则是殖民地、半殖民地、半封建的文化。②而建设中华民族新的政治要有新的文化，即"中华民族的新文化""所谓中华民族的新文化，就是新民主主义的文化"③。

1. 建设新民主主义文化

新民主主义文化是一种具有无产阶级性质并具有远大发展前途的意识形态。毛泽东曾指出：在帝国主义和无产阶级革命的时代，各国在政治上、经济上和文化上的互相影响和互相激动，是极其巨大的。④新民主主义文化要充分保障广大人民群众的利益，满足广大人民群众的精神文化需要。"一定的文化是一定社会的政治和经济在观念形态上的反映。"⑤这就从哲学的角度定义了文化的本质，也就是说文化是经济基础的反映，是属于上层建筑的部分。这就意味着，新民主主义文化要为新的政治和经济服务，满足无产阶级的文化需要。一是新文化要反对旧文化。

---

①②③⑤　毛泽东选集（第二卷）［M］.北京：人民出版社，1991：663+665+694.

④　毛泽东选集（第一卷）［M］.北京：人民出版社，1991：303.

毛泽东强调指出，新的文化是在反对旧的文化，也就是在反对封建文化的基础上发展而来，这旧文化一个便是半殖民地半封建社会文化，另一个是帝国主义的政治经济文化，新的文化要在同旧文化的较量中发展而来。二是从历史发展的前途和命运来看，新文化必将取代旧文化。无产阶级作为新文化的生力军，向帝国主义文化和封建文化展开了英勇的进攻①。最终，新文化也必将战胜旧文化，实现文化的繁荣和复兴。

新民主主义文化是民族的科学的大众的文化。毛泽东曾强调指出："这种新民主主义的文化是民族的。"②主要体现在以下三个方面：一是新民主主义文化具有鲜明的民族特性，是在充分吸收中华民族文化基础上发展而来的。"中国文化应有自己的形式，这就是民族形式。"③这表明，中国文化要深深植根于中华民族之中，要与中华优秀传统文化有机统一，只有这样才能使文明焕发新的生机与活力。同时，它还充分吸收其他民族的优秀文化。对此，毛泽东强调，要采取辩证分析态度，要看到，外国文化既有优点，也有缺点，要一分为二地看问题，要排泄其糟粕，吸收其精华，才能对我们的身体有益，决不能生吞活剥地毫无批判地吸收。④要结合民族特色进行优化和创新。毛泽东强调各种文化特别是外来的文化要与本民族有机统一和结合起来，只有这样才能进一步推动民族文化的复兴和繁荣。二是新民主主义文化是科学的。它是反对一切封建思想和迷信思想，主张实事求是，主张客观真理，主张理论和实践一致的。⑤它始终坚持科学的、批判的精神，反对错误的和糟粕的东西。三是新民主主义文化是大众的、民主的文化。"须知民众就是革命文化的无限丰富的源泉。"⑥新民主主义文化是为工农劳苦大众服务的，是民族的思想武器。新民主主义文化着眼于反对帝国主义和封建主义的目标要求，为劳苦大众创造美好的生活。

---

①②③④⑤⑥　毛泽东选集（第二卷）[M].北京：人民出版社，1991：697+706-708.

2. 开展无产阶级文化教育

以毛泽东为代表的中国共产党人特别重视提高广大民众的文化水平。早在苏区时期，特别是中华苏维埃共和国临时中央政府成立后，党的中心任务和中心工作转化为既要重视军事斗争，又要重视经济发展和文化建设，做好文化教育工作。1931 年 11 月发布的《中华苏维埃共和国第一次全国工农兵代表宣言》提出："工农劳苦群众，不论男子和女子，在社会、经济、政治和教育上，完全享有同等的权利和义务"，"一切工农劳苦群众及其子弟，有享受国家免费教育之权。教育事业之权归苏维埃掌管"，主张"取消一切麻醉人民的封建的、宗教的和国民党的三民主义的教育"。大会通过的《中华苏维埃共和国宪法大纲》规定："中国苏维埃政权以保证工农劳苦民众有受教育的权利为目的，在进行阶级战争许可的范围内，应开始施行完全免费的普及教育，首先应在青年劳动群众中施行，并保障青年劳动群众的一切权利，积极地引导他们参加政治的和文化的革命生活，以发展新的社会力量。"① 在这一时期"中国共产党人开始将马克思主义基本原理与中国革命具体实际相结合。如张闻天、毛泽东等结合当时党的群众运动和武装斗争的中心任务，提出将文化教育与革命战争和阶级斗争相结合，使文化教育为革命战争与阶级斗争服务，这成为以中国化马克思主义指导文化教育工作方针制定的重要标志。"②

在抗日战争期间，根据地文化教育工作发挥了配合动员民众参与抗战和促进全民族抗战的作用。1937 年 8 月，中国共产党发表的《抗日救国十大纲领——为动员一切力量争取抗战胜利而斗争》中提出要"改变教育的

① 中共中央文献研究室，中央档案馆.建党以来重要文献选编（一九二一——一九四九）（第八册）［M］.北京：中央文献出版社，2011：652.

② 李斌，张应强.新民主主义革命时期中国共产党文化教育工作方针的形成与发展［J］.清华大学教育研究，2023（6）：152–153.

旧制度、旧课程，实行以抗日救国为目的的新制度、新课程"①。1940 年，毛泽东在《关于文化教育政策》中指出："应以提高和普及人民大众的抗日的知识技能和民族自尊心为中心。应容许资产阶级自由主义的教育家、文化人、记者、学者、技术家来根据地和我们合作，办学、办报、做事。"② 在根据地建设方面，要进一步明确我们的文化是"人民大众反帝反封建的文化"③，"文化教育方面的工作，肃反工作，通讯社报纸广播电台的工作，都是围绕着生产建设这一个中心工作并为这个中心工作服务的"④。

在解放战争时期，中国共产党在领导全国民众同国民党反动派的军事斗争中取得节节胜利的同时，在解放区开展了土地改革运动，并进一步提升群众的文化教育水平。可以说，"土地改革也大大地促进了农村文化的发展"⑤。另外，在解放区不断扩大的形势下，迫切需要大量掌握新社会建设知识的革命干部，各级各类学校承担了培养革命干部的重任。当时，新民主主义文化教育面临的一项重要任务就是扫除文盲。小学教师是扫除文盲、传播新民主主义思想的主力军。因此，中国共产党高度重视小学教师培养，通过使他们参与土地革命、深入了解农村和农民，以提升他们的新民主主义意识。⑥

（二）社会主义革命和建设时期中国共产党文化建设的理论

新中国成立初期，百业待兴。以毛泽东为代表的中国共产党人较早地提出了建设社会主义文化的任务。毛泽东强调指出：中国现在经济上文化

---

① ③　毛泽东选集（第二卷）[M].北京：人民出版社，1991：356+785.

②　中华人民共和国教育部，中共中央文献研究室.毛泽东　邓小平　江泽民论教育[M].北京：中央文献出版社等，2002：32.

④　毛泽东选集（第四卷）[M].北京：人民出版社，1991：1428.

⑤　廖鲁言.三年来土地改革运动的伟大胜利[J].新华月报，1952（10）：14.

⑥　李斌，张应强.新民主主义革命时期中国共产党文化教育工作方针的形成与发展[J].清华大学教育研究，2023（6）：158.

上还很落后，要取得真正的独立，实现国家的富强和工业现代化，还需要很长的时间。① 因此，如何发展好现代文化，便成了毛泽东思考的关键所在。

1. 建设现代文化

毛泽东指出：拿工人农民来说，工人比较有文化，他们有技术，但还不能当工程师，比较资产阶级和知识分子就差。农民不能说没有文化，精耕细作，唱民歌、跳舞也是文化。但是他们大多数不识字，没有现代的文化技术，能用锄头、木犁，不能用拖拉机。② 因此，进行社会主义现代化建设，必须进行现代化文化建设。要充分发挥好资产阶级在文化方面的创造，团结他们，改造他们。建设现代化文化，就要创设群众欢迎的"标新立异"。文化作为上层建筑中的重要组成部分，文化的现代化将促进经济现代化发展。在建设现代化进程中，文化现代化要着力改变广大民众旧有的、落后的思想观念，学习先进的技术和文化，不断推动经济和社会发展。

2. 坚持"百花齐放、百家争鸣""古为今用、洋为中用"的方针

经过社会主义三大改造，社会主义制度正式建立起来了。社会主义各方面建设大力推进。对于社会主义文化建设，毛泽东创造性地提出了"百花齐放、百家争鸣""古为今用、洋为中用"的基本方针。他强调指出："艺术问题上的百花齐放，学术问题上的百家争鸣，我看应该成为我们的方针。"③ 并强调讲学术，要"这种学术也可以讲，那种学术也可以讲，不要拿一种学术压倒一切"④。毛泽东指出，就是要提倡"艺术上的不同形式和风格可以自由发展，科学上的不同学派可以自由争论"⑤。毛泽东运用对立统一的辩证法分析指出，"正确的东西总是在同错误的东西作斗争

①②③④　毛泽东文集（第七卷）[M].北京：人民出版社，1999：64+79+54+55.

⑤　毛泽东著作选读（下册）[M].北京：人民出版社，1986：783–784.

的过程中发展起来的。真的、善的、美的东西总是在同假的、恶的、丑的东西相比较而存在，相斗争而发展的"①。特别是在谈到我们国家文化的时候，毛泽东特别强调要坚持辩证思维认识中西方文化，"文化上对外国的东西一概排斥，或者全盘吸收，都是错误的，向古人学习是为了现在的活人，向外国人学习是为了今天的中国人"②。毛泽东这些论述深刻阐释了我们在面对西方文化时，应坚持的正确态度，"应该学习外国的长处，来整理中国的，创造出中国自己的、有独特的民族风格的东西。这样道理才能讲得通，也才不会丧失民族信心"③。

（三）改革开放新时期中国共产党提出了加强社会主义精神文明建设的理论

改革开放新时期，以邓小平为代表的中国共产党人对社会主义文化建设也进行了深刻的思考和实践探索，特别是在面对 20 世纪 80 年代，在国内一些领域出现资产阶级自由化思潮的新形势下，制定了坚持物质文明和精神文明"两手抓，两手都要硬"的方针，提出了加强社会主义精神文明建设的任务要求。

1. 坚持马克思主义在意识形态领域的指导地位，反对资产阶级自由化思潮

资产阶级自由化思潮在改革开放之初曾一度出现蔓延之势，这是我们必须坚决反对和抵制的社会思潮。它们将矛头直接指向中国共产党的领导和社会主义制度，企图通过制造混乱、混淆视听、散播谣言等威胁国家文化安全。有鉴于此，邓小平一针见血地指出，所谓资产阶级自由化，就是要中国全盘西化，走资本主义道路。④ 为反对资产阶级自由化思潮，就要旗

---

① 毛泽东著作选读（下册）[M].北京：人民出版社，1986：785.

②③ 毛泽东文集（第七卷）[M].北京：人民出版社，1999：82+83.

④ 邓小平文选（第三卷）[M].北京：人民出版社，1993：207.

帜鲜明地坚持和发展马克思主义。应采取以下两项措施：一要始终坚持马克思主义的指导地位不动摇。"我们搞改革开放，把工作重心放在经济建设上，没有丢马克思，没有丢列宁，也没有丢毛泽东。老祖宗不能丢啊！"[①]否则，将会从根本上丢掉社会主义的根基，就容易走上改旗易帜的邪路、歪路。二要坚持推动马克思主义中国化，促进马克思主义与中国具体实际相结合。马克思主义理论从来不是教条，而是行动的指南。[②]马克思主义作为科学真理，正确反映了人类社会历史发展的基本规律，同时揭示了人类的前途与命运，为世界社会主义运动提供了理论武器。马克思主义还蕴含着深刻的人民情怀，着眼于实现人的自由而全面的发展的目标。但是马克思主义的运用必须与各国具体实际相结合。邓小平指出：我们历来主张世界各国共产党根据自己的特点去继承和发展马克思主义，离开自己国家的实际谈马克思主义，没有意义。[③]坚持和发展马克思主义是密不可分的两个方面，坚持是为了更好地发展，发展才能更好地坚持，两者是辩证统一的。

2. 坚持物质文明与精神文明"两手抓，两手都要硬"

邓小平曾在总结社会主义文化建设的经验时强调：今天回头来看，出现了明显的不足，一手比较硬，一手比较软。一硬一软不相称，配合得不好[④]。精神文明建设对物质文明建设具有能动的反作用，若不能重视精神文明建设，那么物质文明建设也将受到影响。因此，进行社会主义建设，必须要做好精神文明建设。一是充分肯定了社会主义精神文明建设的重要地位。邓小平从中国特色社会主义事业发展出发，深刻阐释了社会主义精神文明建设的重要意义，深刻指出"创造更高的精神文明"[⑤]是社会主义优于资本主义的重要方面。二是深刻指出精神文明建设对物质文明建设的保障作用。在社会主义现代化建设中，精神文明为物质文化和社会经济发展

①②③④　邓小平文选（第三卷）[M]．北京：人民出版社，1993：369+146+191+306．

⑤　侯树栋，许志功．世纪伟人邓小平[M]．北京：人民出版社，2004：260．

提供方向指引，提供思想动力，并渗透于社会生活的方方面面。所以，邓小平深刻指出：所谓精神文明，不但是指教育、科学、文化（这是完全必要的），而且是指共产主义的思想、理想、信念、道德、纪律，革命的立场和原则，人与人的同志式关系，等等。"……没有这种精神文明，没有共产主义思想，没有共产主义道德，怎么能建设社会主义？"[①]"没有这样的信念，就没有凝聚力"。[②]

3. 坚持百花齐放、推陈出新、洋为中用、古为今用的文化发展方针，确立文艺发展的"二为"方向

如何对待传统文化，如何对待外来文化。这些始终都是社会主义文化建设要探讨的问题，邓小平提出要结合社会主义现代化建设的实际推动社会文化发展。1979 年 10 月，邓小平的《在中国文学艺术工作者第四次代表大会上的祝辞》中指出，要继续坚持毛泽东同志提出的文艺为最广大的人民群众、首先为工农服务方向，坚持百花齐放、推陈出新、洋为中用、古为今用的方针。[③]对待中华传统文化，要树立正确的态度，取其精华去其糟粕，将传统文化中的精华部分作为基础，并能够推陈出新。针对传统文化中的不足之处，邓小平提出要采取批判继承的方针。对于西方文化，邓小平提出要坚持"以我为主，为我所用"的原则，充分借鉴国外文化中的优秀文化成果，并将其与中国特色社会主义文化事业有机融合，将社会主义文化建设推向更高阶段。在文化建设方面，要充分发挥好文艺的作用，文艺创造要深深植根于人民的现实生活需要，确立"文艺为人民服务、为社会主义服务"的方向（简称文艺发展的"二为"方向）。1980 年 7 月 26 日《人民日报》发表的题为《文艺为人民服务，为社会主义服务》的社论指出，这个口号是文艺界贯彻党的十一届三中全会方针，解放思想，

① 邓小平论党的建设［M］.北京：人民出版社，1990：174–175.

② 邓小平文选（第三卷）［M］. 北京：人民出版社，1993：190.

③ 邓小平文选（第二卷）［M］. 北京：人民出版社，1994：210.

拨乱反正，在总结历史经验的基础上提出的，它概括了工艺工作的总任务和根本目的，反映了社会主义时代对文艺的历史要求，而且更符合文艺规律①。

（四）世纪之交中国共产党繁荣社会主义文化的相关理论

1.中国共产党要始终代表先进文化的前进方向

20世纪80年代末至90年代初，面对波诡云谲的国际形势，江泽民深刻总结文化建设的新形势和新特点，提出了建设"有中国特色社会主义的文化"。后来，又创造性地提出了"三个代表"重要思想，把"始终代表中国先进文化的前进方向"作为党的先进性要求之一。

第一，发展先进文化，不断巩固马克思主义在意识形态领域的指导地位。坚持什么样的文化，走什么样的文化道路，是一个国家、一个政党的鲜明标识。江泽民曾指出：当今世界，文化与经济和政治相互交融，在综合国力竞争中的地位和作用越来越突出。文化的力量，深深熔铸在民族的生命力、创造力和凝聚力之中。②中国共产党历来重视文化建设，并提出要大力发展先进文化。先进文化是社会主义建设中凝心聚力的重要力量，是社会进步的精神支柱，是"综合国力的重要标志"③。因此要充分发挥好先进文化的作用，推动我国经济社会各项工作的发展。在加强社会主义先进文化建设方面，中国共产党坚持以马克思主义为指导，保持先进文化的前进方向，在意识形态领域不断巩固马克思主义的指导地位，推动社会主义文化繁荣和中华民族文化的长远发展。

第二，大力弘扬和培育伟大的民族精神。民族精神是一个民族赖以生

---

① 文艺为人民服务 为社会主义服务［N］.人民日报，1980-07-26，（1）。

② 江泽民文选（第三卷）［M］.北京：人民出版社，2006：558.

③ 中共中央文献研究室.十五大以来重要文献选编（上）［M］.北京：人民出版社，2000：35.

存和发展的精神纽带和精神支撑。在中华民族五千多年的历史进程中，我们孕育了优秀的民族文化。在五千多年的发展中，中华民族形成了以爱国主义为核心的团结统一、爱好和平、勤劳勇敢、自强不息的伟大民族精神[①]。中华民族精神，博大精深，源远流长，是中华民族基因中最重要组成部分。中华民族精神穿越时空，与时代精神相互交织。中华民族精神与新民主主义革命、社会主义革命和建设的伟大实践相互结合，又形成了井冈山精神、长征精神、延安精神、西柏坡精神、"两弹一星"精神、抗洪精神等，赋予民族精神以新的时代内涵。面对世界范围各种思想文化的相互激荡，要大力宣传和弘扬解放思想、实事求是的精神，紧跟时代、勇于创新的精神，知难而进、一往无前的精神，艰苦奋斗、务求实效的精神，淡泊名利、无私奉献的精神。[②] 在弘扬民族精神中，我们党还对"繁荣哲学社会科学""实施科教兴国""积极进行文化创新"等方面进行了部署，进一步丰富了我们党的文化思想。

第三，积极发展文化事业和文化产业。要加强文化体制改革，大力发展文化事业和文化产业。文化现代化发展，要通过产业化发展加以推进和革新。积极鼓励广大民众参与和推动文化产业和文化事业的发展，在坚持社会效益优先的基础上，通过文化体制改革，为文化事业和文化产业的发展提供良好环境。在实践中，积极鼓励创作者创作出具有时代特色、民族风格、人民情怀的优秀作品，推动国家文化产业的蓬勃发展，为人民群众提供多种多样的文化产品，进而提升国家的文化软实力。强调必须结合新的实践和时代的要求，结合人民群众精神文化生活的需要，积极进行文化创新，努力繁荣先进文化，把亿万人民紧紧吸引在有中国

---

① 江泽民文选（第三卷）[M].北京：人民出版社，2006：559.

② 中共中央文献研究室.江泽民论有中国特色社会主义（专题摘编）[M].北京：中央文献出版社，2002：398-399.

特色社会主义文化的伟大旗帜下。①江泽民特别重视文化的社会效益，提出了发展各类文化事业和文化产业都要贯彻发展先进文化的要求，始终把社会效益放在首位。②加强社会主义文化产业和文化事业的发展，不断扩展人民群众的文化生活空间，不断满足广大人民群众对文化生活的需要，切实有效地提高广大民众的文化生活水平；不断优化文化产业政策，支持文化产业发展，不断增强我国文化产业的整体实力和竞争力，不断增强我国文化发展的生机和活力。促进全民族思想道德素质和科学文化素质的不断提高，为我国经济发展和社会进步提供精神动力和智力支持。③大力发展好社会主义先进文化，不断推进社会主义文化强国建设，不断丰富和发展马克思主义，推动党的事业向更好的方向发展。

2. 努力建设社会主义文化强国

进入 21 世纪，面对新的国内外形势，以胡锦涛为代表的中国共产党人坚持以马克思主义为指导，遵循人民精神文化生活需要的现实情况，提出文化建设要"牢牢把握先进文化的前进方向""积极发展文化事业和文化产业""文化强国建设"，中华文化"走出去"等重要内容。胡锦涛提出："当今时代，文化在综合国力竞争中的地位日益重要。谁占据了文化发展的制高点，谁就能够更好地在激烈的国际竞争中掌握主动权。"④2011 年 10月，党的十七届六中全会通过《关于深化文化体制改革推动社会主义文化大发展大繁荣若干重大问题的决定》，其中提出了建设社会主义文化强国的战略目标。主要体现在以下四个方面：

第一，要深刻认识建设文化强国的重大意义。文化是民族的血脉，同时也是人民的精神家园。加强国家文化软实力建设，对内增强民族凝聚力和向心力，对外增强国家亲和力和影响力，是全面增强我国综合国力的必

---

①② 江泽民. 江泽民文选（第三卷）[M]. 北京：人民出版社，2006：278-279+561.

③ 江泽民. 论"三个代表"[M]. 北京：中央文献出版社，2001：157.

④ 十六大以来重要文献选编（下）[M]. 北京：中央文献出版社，2008：752.

然要求，也是实现我国和平发展的战略之举。①建设社会主义文化强国，就要激发全民族文化创造活力，增强全民族的文化创造力，努力让一切文化创造源泉充分涌流，坚持走中国特色社会主义的文化发展之路。着力发展社会主义文化生产力，促进文化产业转型升级。建设文化强国离不开文化产业化发展。针对文化产业发展不平衡，规模化效益较弱的情况，要推动文化产业协调发展，推动文化产业创新性发展。建设文化强国需要推动文化现代化发展，文化现代化发展要注重现代技术的运用，特别是现代信息技术的广泛运用，注重产业项目的建设，发挥其辐射和带动作用。胡锦涛曾强调指出：要实施重大文化产业项目带动战略，加快文化产业基地和区域性特色文化产业群建设，发展新的文化业态。②

第二，要加强社会主义核心价值体系建设。面对西方社会在世界范围内推行"普世价值论"、散播"中国威胁论"等错误论调，我们从中国实际出发，提出了"社会主义核心价值体系"这一重要命题，党的十八大报告中进一步提出"倡导富强、民主、文明、和谐，倡导自由、平等、公正、法治，倡导爱国、敬业、诚信、友善，积极培育和践行社会主义核心价值观"③。社会主义核心价值观作为社会主义核心价值体系的精神内核，有利于整合全社会的价值认同，提升社会凝聚力与向心力，进而集中各方面智慧和力量助力社会主义事业的发展。与此同时，坚持社会主义核心价值体系也有效地防止了西方错误思潮的干扰，维护国家文化安全。

第三，要着力建设和谐文化。党的十六届四中全会提出了构建"社会主义和谐社会"的重大战略，并在文化建设方面提出了繁荣社会主义先进文化，建设和谐文化，为构建社会主义和谐社会作出贡献，是现阶段我国文

---

① 王员.十七大以来科学发展观在中国经济社会实践中的新发展［M］.北京：人民出版社，2014：188.

②③ 胡锦涛文选（第三卷）［M］.北京：人民出版社，2016：67+638.

化工作的主题。①构建和谐文化既是对中华传统文化"和为贵"思想的坚持，也是对中国共产党和平共处思想的继承和发展。倡导建设和谐文化，要积极创设文明和谐的文化环境，提升民族的文化素养和文化情怀；倡导建设和谐文化，还要坚持依法治国与以德治国相结合，切实加强社会公德、职业道德、家庭美德和个人品德建设。着力推进公民道德建设工程，践行"社会主义荣辱观"，在全社会形成弘扬真善美、贬斥假恶丑的氛围，培育广大民众知荣辱、讲正气、作奉献、促和谐的良好社会风尚。

第四，要丰富人民精神文化生活。社会主义文化事业的发展离不开人民的参与，也是为了人民群众利益而服务。加强社会主义文化建设，要充分调动广大人民群众的积极性，不断增强文化的凝聚力和向心力，促进文化的发展与繁荣。一是要加大优秀作品的创作力度，不断丰富人民群众的精神世界。胡锦涛曾指出：一切进步文艺，都源于人民、为了人民、属于人民。②因此，文化的创作要始终服务于人民，不断满足人民的精神生活需要，为人民提供更好更多的精神食粮。二是要深化文化体制改革。党的十七届六中全会提出：促进文化产品和要素在全国范围内合理流动，必须构建统一开放竞争有序的现代文化市场体系。③通过创建竞争有序的文化市场，实现文化要素的有序流动，为文化建设创设美好的环境，不断激发广大群众的创作热情，助力实现文化的现代化转化。三是要提高广大民众的思想道德文化素质和科学文化水平。文化建设要着眼于社会道德水平的不断提升，着眼于人民精神世界的丰盈与充沛。四是要注意民族文化发展。胡锦涛十分重视民族文化的创新发展，注重传统文化的转化。他指出一个没有文化底蕴的民族，一个不能不断进行文化创新的民族，是很难发展起

①② 胡锦涛文选（第二卷）[M].北京：人民出版社，2016：540+541.

③ 中共中央关于深化文化体制改革推动社会主义文化大发展大繁荣若干重大问题的决定[M].北京：人民出版社，2011：33.

来的，也是很难自立于世界民族之林的。①

（五）习近平文化思想的提出及其核心要义

党的十八大以来，党中央基于全局和战略高度，对宣传思想文化工作作出系统谋划和部署，推动新时代宣传思想文化事业取得历史性成就。2023 年 10 月在北京召开的全国宣传思想文化工作会议的一大贡献就是提出了习近平文化思想。习近平文化思想是新时代党领导文化建设实践经验的理论总结，丰富和发展了马克思主义文化理论，构成了习近平新时代中国特色社会主义思想的文化篇。②习近平文化思想"明体达用、体用贯通"，明确了新时代文化建设的路线图和任务书，标志着我们党对中国特色社会主义文化建设规律的认识达到了新高度。习近平文化思想为我们做好新时代新征程宣传思想文化工作、担负起新的文化使命提供了强大思想武器和科学行动指南。

1. 关于宣传思想文化工作"三个事关"的重要地位和"七个着力"的重大要求

习近平总书记强调：要"坚定文化自信秉持开放包容坚持守正创新，为全面建设社会主义现代化国家、全面推进中华民族伟大复兴提供坚强思想保证、强大精神力量、有利文化条件"③。宣传思想文化工作事关党的前途命运，事关国家长治久安，事关民族凝聚力和向心力，是一项极其重要的工作。这"三个事关"表明了党的宣传思想文化工作在党、国家和民族的发展中处于极其重要的地位。"三个事关"是我们用系统思维分析和总结历史经验得出的科学结论，也是我们应对世界百年未有之大变局，以

---

① 胡锦涛文选（第二卷）［M］.北京：人民出版社，2016：44.

②③ 习近平对宣传思想文化工作作出重要指示强调：坚定文化自信秉持开放包容坚持守正创新为全面建设社会主义现代化国家 全面推进中华民族伟大复兴提供坚强思想保证强大精神力量有利文化条件［N］.人民日报，2023-10-09（1）.

及实现中华民族伟大复兴战略全局应有的清醒认识。"三个事关"要求我们无论国内外风云如何变幻，都要始终把党的宣传思想文化工作放在重要位置。

新时代新征程，我们要坚持以习近平新时代中国特色社会主义思想为指导，全面深入贯彻党的二十大精神，聚焦用党的创新理论武装全党、教育人民这个首要政治任务，着力加强党对宣传思想文化工作的领导，着力建设具有强大凝聚力和引领力的社会主义意识形态，着力培育和践行社会主义核心价值观，着力提升新闻舆论传播力引导力影响力公信力，着力赓续中华文脉、推动中华优秀传统文化创造性转化和创新性发展，着力推动文化事业和文化产业繁荣发展，着力加强国际传播能力建设、促进文明交流互鉴，充分激发全民族文化创新创造活力，不断巩固全党全国各族人民团结奋斗的共同思想基础，不断提升国家文化软实力和中华文化影响力。①"七个着力"的重大要求从领导力量、目标任务、核心内容、国内和国际意义等方面为未来进一步推动党的宣传思想文化工作提供了根本遵循和行动指南。能否做到"七个着力"的重大要求也是衡量宣传思想文化工作好坏得失的主要标准。

2. 坚定文化自信

习近平指出："我们说要坚定中国特色社会主义道路自信、理论自信、制度自信，说到底是要坚定文化自信。"②"文化自信，是更基础、更广泛、更深厚的自信，是更基本、更深沉、更持久的力量。坚定文化自信，是事关国运兴衰、事关文化安全、事关民族精神独立性的大问题。"③中华民族

---

① 习近平对宣传思想文化工作作出重要指示强调：坚定文化自信秉持开放包容坚持守正创新 为全面建设社会主义现代化国家 全面推进中华民族伟大复兴提供坚强思想保证强大精神力量有利文化条件［N］.人民日报，2023-10-09（1）.

② 习近平.在哲学社会科学工作座谈会上的讲话（2016年5月17日）［M］.北京：人民出版社，2016：17.

③ 习近平.在中国文联十大、中国作协九大开幕式上的讲话（2016年11月30日）［M］.北京：人民出版社，2016：6.

拥有悠久灿烂的历史文化传统，建设现代文明有助于增强民族自信心和文化认同感。通过传承和创新中华传统文化，保持文化的活力与独特性，可以使中华民族在全球化时代更好地展示自己的魅力，增强国际影响力。没有中华文化繁荣兴盛，就没有中华民族伟大复兴。一个民族的复兴需要强大的物质力量，也需要强大的精神力量。[①]中华现代文明凝聚着中华民族优秀的传统文化，强调对中华传统价值观念、道德规范和文化传统的继承和传承。它提倡文化自信，鼓励民众对自己的文化特色保持自豪感，推动传统文化在当代社会的创造性转化和创新性发展。习近平强调指出，要立足中华民族伟大历史实践和当代实践，积极用中国道理总结好中国经验，努力把中国经验提升为中国理论，实现精神上的独立自主。人无精神则不立，国无精神则不强。精神文化是一个民族的重要标识，也是这个民族赖以长久生存的灵魂。只有紧紧依靠文化的积极引领，一个国家、一个民族才能屹立于世界民族之林；只有始终坚持以文化自信、文化繁荣发展为支撑，一个国家、一个民族才能实现振兴强盛。

3. 努力推动"两个结合"

马克思主义是立党立国的根本指导思想，是中国共产党的灵魂和旗帜。习近平在庆祝中国共产党成立 100 周年大会上指出，以史为鉴、开创未来，必须继续推进马克思主义中国化。[②]在新时代新征程上，我们要坚持把马克思主义基本原理同中国具体实际相结合、同中华优秀传统文化相结合，用马克思主义观察时代、把握时代、引领时代。[③]"两个结合"是中国共产党推动理论创新、促进党和国家事业顺利发展的宝贵经验，也是新时代接续推动马克思主义中国化时代化的根本遵循。党的二十大报告中进一

---

①　习近平. 在文艺工作座谈会上的讲话（2014 年 10 月 15 日）［M］. 北京：人民出版社，2015：5.

②③　习近平. 在庆祝中国共产党成立 100 周年大会上的讲话（2021 年 7 月 1 日）［M］. 北京：人民出版社，2021：12-13.

步强调"两个结合"具有重大理论意义和实践价值。只有坚持"两个结合"，坚持运用辩证唯物主义和历史唯物主义，才能正确回答时代和实践提出的重大问题，才能始终保持马克思主义的蓬勃生机和旺盛活力。[①] 2023 年 6 月 2 日，习近平在文化传承发展座谈会上指出，"两个结合"是我们在探索中国特色社会主义道路中得出的规律性的认识，是我们取得成功的最大法宝。[②] 我们要深刻认识和准确把握"两个结合"的丰富内涵，习近平强调指出，"结合"的前提是彼此契合、结果是互相成就，"结合"的重大意义在于筑牢了道路根基、打开了创新空间、巩固了文化主体性。"第二个结合"（马克思主义基本原理同中华优秀传统文化相结合）可以说是又一次的思想解放，是我们党对马克思主义中国化时代化历史经验的深刻总结，是对中华文明发展规律的深刻把握，表明我们党对中国道路、理论、制度的认识达到了新高度，表明我们党的历史自信、文化自信达到了新高度，表明我们党在传承中华优秀传统文化中推进文化创新的自觉性达到了新高度。[③] 源远流长的优秀传统文化是中华民族的瑰宝，应该得到尊重和传承。在马克思主义与中华优秀传统文化的交融激荡中，中国式现代化赋予中华文明以现代力量，中华文明赋予中国式现代化以深厚底蕴。

4. 加强不同文明间的交流互鉴

全球化使各国之间的联系更加紧密，不同文明之间的交流和碰撞也更加频繁。中华民族现代文明的建设要与世界潮流相适应，积极参与到国际合作中去，保持文化自信和开放包容的态度。在这个过程中，中华民族的特色文化将能够发挥更大的影响力，推动世界文明的多样化和共同繁荣。

---

① 习近平. 高举中国特色社会主义伟大旗帜 为全面建设社会主义现代化国家而团结奋斗：在中国共产党第二十次全国代表大会上的报告（2022 年 10 月 16 日）[M]. 北京：人民出版社，2022：17.

②③ 习近平在文化传承发展座谈会上强调：担负起新的文化使命 努力建设中华民族现代文明 [N]. 人民日报，2023-06-03（1）.

建设现代文明不仅是国内的任务，还需要与国际社会进行交流与合作。与其他国家分享经验，学习借鉴国外先进文明成果，加强国际文化交流与合作。

习近平文化思想可以说是一个不断展开的、开放式的思想体系，以后必将随着实践深入不断丰富发展。我们要不断深化对习近平文化思想的学习和研究，并着力推动文化强国建设的伟大实践。

 ### 第三节　习近平总书记关于传承红色基因的重要论述

"基因"（gene）原本是一个生物学的概念，后来被人们引申沿用到社会科学领域。文化作为一种人类社会的精神活动及其产品，也是有基因的。一般来说，生物遗传基因和文化基因在本质上具有相似性，都是遗传信息，都遵守特定的法则，有自我复制功能，有类似的结构和功能，有突变和进化的能力。[①]中国共产党在百年发展历程中始终重视红色基因的传承。党的十八大以来，习近平总书记从"两个大局"出发，围绕新时代中国共产党的使命任务，反复强调要用好红色资源，传承好红色基因，把红色江山世世代代传下去，形成了"为什么要传承红色基因""传承什么红色基因""如何传承红色基因"的系列重要论述。当前，中国正踏上全面建设社会主义现代化国家新征程，深刻领会习近平总书记关于传承红色基因的重要论述，对新时代建设长期执政的马克思主义政党，育时代新人，坚定文化自信，汇聚磅礴伟力具有十分重要的意义。

---

①　闵家胤.社会—文化遗传基因（S—cDNA）学说［M］.桂林：漓江出版社，2012：140.

一、传承红色基因的重要意义

（一）传承红色基因是中国共产党坚守初心使命的需要

1840 年鸦片战争西方列强用坚船利炮打开中国国门，中华民族此后遭受"国家蒙辱、人民蒙难、文明蒙尘"①的苦难，为了挽救民族危亡，无数仁人志士尝试各种救国方案，但都以失败告终。受苦受难的中国呼唤新的革命思想、革命组织领导中国革命。1921 年 7 月，以马克思主义为指导思想的中国共产党成立，"中国共产党一经诞生，就把为中国人民谋幸福、为中华民族谋复兴确立为自己的初心使命"②。一百多年来，中国共产党团结带领中国人民创造了新民主主义革命的伟大成就、社会主义革命和建设的伟大成就、改革开放和社会主义现代化建设的伟大成就、新时代中国特色社会主义的伟大成就，中华民族迎来了从站起来、富起来到强起来的伟大飞跃，实现中华民族伟大复兴进入了不可逆转的历史进程。③这些伟大成就的取得，源于党在百年奋斗中始终不忘初心、牢记使命。但是，初心易得，始终难守。正如习近平总书记指出，不忘初心、牢记使命不是一阵子的事，而是一辈子的事④，我们不能躺在功劳簿上自我满足、沾沾自喜，而是要清醒认识到党依然面临的执政考验、改革开放考验、市场经济考验、外部环境考验，以及精神懈怠危险、能力不足危险、脱离群众危险、消极腐败危险将长期存在。如果忘记初心和使命，我们党就会改变性质、改变颜色，就会失去人民、失去未来。⑤守初心、担使命，要求我们党传承红色基因，弘扬"坚持真理、坚守理想，践行初心、担当使命，不怕牺牲、英勇斗争，对党忠诚、不负人民"的伟大建党精神，赓续红色血脉，为全面建设社会主义现代化国家、推进中华民族伟大复兴而团结奋斗。

---

① 中共中央关于党的百年奋斗重大成就和历史经验的决议［M］.北京：人民出版社，2021：3.
②③④⑤ 习近平著作选读（第二卷）［M］.北京：人民出版社，2023：477+479-480+299+298.

（二）传承红色基因是为推进中华民族伟大复兴提供不竭精神动力的需要

红色基因蕴含着中国共产党人的政治信仰、价值立场、顽强意志、光荣传统、优良作风等精神品格。红色基因的灵魂就是对马克思主义的信仰、对共产主义的追求、对全心全意为人民服务宗旨的坚守，这也是中国共产党的性质、宗旨、理想、信念的生动体现。[①]一代代传承的红色基因，是激励人们为实现中华民族伟大复兴而接续奋斗的强大精神动力。党的二十大报告提出：在当代中国共产党的中心任务就是团结带领全国各族人民全面建成社会主义现代化强国、实现第二个百年奋斗目标，以中国式现代化全面推进中华民族伟大复兴。[②]以中国式现代化推进中华民族伟大复兴，是一项需要付出艰辛努力探索的伟大而艰巨的事业。在前进道路上我们面临的风险考验只会越来越复杂，甚至会遇到难以想象的惊涛骇浪。我们面临的各种斗争不是短期的而是长期的，至少要伴随我们实现第二个百年奋斗目标全过程。[③]当前，从国际上来看，世界百年未有之大变局加速演进，国际力量对比继续调整，西方发达国家逆全球化思潮抬头、竖起贸易保护主义的壁垒，局部战争和冲突频发，世界并不太平。西方发达资本主义国家加紧对我国进行渗透，妄图阻挠中华民族伟大复兴的历史进程，今后相当长的一段时期，两种制度、两种意识形态的较量将长期存在。在国内，中华民族伟大复兴进入到关键期，改革发展进入深水区，推进党的

---

① 王易，田雨晴.论红色基因的生成条件、核心内容及时代价值［J］.南开大学学报（哲学社会科学版），2022（1）：9-10.

② 习近平.高举中国特色社会主义伟大旗帜 为全面建设社会主义现代化国家而团结奋斗——在中国共产党第二十次全国代表大会上的报告（2022年10月16日）［M］.北京：人民出版社，2022：21.

③ 习近平谈治国理政（第三卷）［M］.北京：外文出版社，2020：225-226.

建设伟大工程依然任务艰巨。在这种形势下，"没有坚定的理想信念，就会在乱云飞渡的复杂环境中迷失方向、在泰山压顶的巨大压力下退缩逃避、在糖衣炮弹的轮番轰炸下缴械投降"①。因此，我们要从红色基因中汲取强大的信仰力量，传承红色基因，坚定马克思主义信仰，发扬艰苦奋斗和敢于斗争、善于斗争的精神，逢山开路、遇河架桥，战胜一切艰难险阻，为实现中国梦提供不竭的精神动力。

（三）传承红色基因是培育时代新人的需要

青年强则国家强。青年是整个社会中最朝气蓬勃的力量，青年是实现中华民族伟大复兴的中坚力量。一百多年来，是一批批有志新青年高举马克思主义思想火炬，用青春之我创青春之中国，把有限的青春投入革命、建设、改革的时代洪流中，谱写壮丽的青春之歌。培养一代代德智体美劳全面发展的社会主义建设者和接班人是实现伟大中国梦的内在要求。我国是社会主义制度的国家，这就决定了我们培养的人才必须是立志为中国特色社会主义、为中华民族伟大复兴、为共产主义奋斗一生的人。青年是社会的有生力量，但是他们正处在世界观、人生观、价值观"拔节孕穗"期，容易受到外界因素的影响。长期以来，西方对我国实施的西化、渗透，主要是从我国的青少年着手。毛泽东同志说过：帝国主义说，对于我们的第一代、第二代没有希望，第三代、第四代怎么样，有希望。帝国主义的话讲得灵不灵？我不希望它灵，但也可能灵。②因此，为了不让敌对势力的阴谋得逞，我们要明确教育的根本任务首先就是要培养拥护中国共产党、拥护社会主义制度的建设者和接班人。习近平总书记在 2018 年 9 月 10 召开的全国教育大会上提出从六个方面下功夫培养社会主义建设者

---

① 习近平.总结党的历史经验　加强党的政治建设［J］.求是，2021（16）：8.
② 十九大以来重要文献选编（上）［M］北京.中央文献出版社，2019：648.

和接班人，首要一条就是要树立坚定的理想信念。现在的青少年长期生活在和平环境之下，没有体验过民族生死存亡的苦难，没有经历过血与火的考验，少了些艰难困苦的奋斗，人生阅历相对有限。[①] 如果不加以正确引导和长期教育，难以树立正确理想信念，甚至可能走偏。红色基因作为中国共产党领导人民在百年奋斗中形成的精神财富，具有天然的育人功能。传承红色基因，有利于帮助新时代青少年坚定马克思主义信仰，厚植家国情怀，勇于担负时代重任，砥砺奋斗，苦练本领，涵养德行，做一个"有理想、敢担当、能吃苦、肯奋斗的新时代好青年"[②]。

二、传承红色基因的重要举措

习近平总书记关于红色基因的重要论述，不仅回答了"红色基因是什么""为什么要传承红色基因"，而且就"如何传承红色基因"等问题进行了一系列重要指示。他从建好用好红色基因库、搞好军队"红色基因代代传"工程、抓好革命传统教育工作等方面提出了新时代传承红色基因的重要举措。

（一）建好用好红色基因库

2019年9月，习近平总书记在河南考察时指出：革命博物馆、纪念馆、党史馆、烈士陵园等是党和国家红色基因库。[③] 红色基因承载着中国共产

---

① 习近平著作选读（第二卷）[M].北京：人民出版社，2023：196-197.

② 习近平.高举中国特色社会主义伟大旗帜　为全面建设社会主义现代化国家而团结奋斗——在中国共产党第二十次全国代表大会上的报告（2022年10月16日）[M].北京：人民出版社，2022：71.

③ 习近平在河南考察时强调　坚定信心埋头苦干奋勇争先 谱写新时代中原更加出彩的绚丽篇章[EB/OL].https：//www.gov.cn/xinwen/2019-09/18/content_5431062.htm.

党团结带领全国人民英勇奋斗的历程，记载着中国革命、建设和改革不同时期党的感人事迹，蕴含着党和国家的精神内核，是党和国家的宝贵财富。党的十八大以来，习近平总书记在参观革命遗址时，常常满怀深情地谈到我国丰富的红色资源是党和国家的精神财富，是生动的教科书，要充分发掘好、运用好我国的红色资源。2013年7月，习近平总书记在河北调研指导党的群众路线教育实践活动时曾强调指出：每到井冈山、延安、西柏坡等革命圣地，都是一次精神上、思想上的洗礼。每来一次，都能受到一次党的性质和宗旨的生动教育，就更加坚定了我们的公仆意识和为民情怀。[①] 2019年2月，习近平总书记春节前夕赴江西看望慰问广大干部群众时再次指出：井冈山是革命的山、战斗的山，也是英雄的山、光荣的山，每次来缅怀革命先烈，思想都受到洗礼，心灵都产生触动。回想过去那段峥嵘岁月，我们要向革命先烈表示崇高的敬意，我们永远怀念他们、牢记他们，传承好他们的红色基因。[②] 建设好基因库，传承好革命先辈的精神，是传承红色基因的基础。

（二）搞好军队"红色基因代代传"工程

人民军队为人民。人民军队从创建之日起，就把自己的命运同中国人民和中华民族的命运紧紧连在一起，在党的领导下投身到为人民求解放、求幸福，为民族独立、谋复兴的时代洪流中。九十多年来，在党的领导下，人民军队不怕牺牲、战胜千难万险，形成了具有崇高的理想信念、坚持党对军队的绝对领导、全心全意为人民服务的光荣传统和优良作风。这是人民军队从胜利走向胜利的传家法宝，是人民军队必须永志不忘的红色血脉。[③] 新时代人民军队要传承红色基因，就要搞好"红色基

①② 习近平. 用好红色资源 传承好红色基因 把红色江山世世代代传下去 [J]. 求是，2021（10）：4+8.

③ 习近平. 论中国共产党历史 [M]. 北京：中央文献出版社，2021：168.

因代代传"工程。首先，不断丰富"红色基因代代传"工程的内涵，发掘和运用好军队中的红色资源。建好用好军史场馆、开发红色革命文化，打造官兵接受传统熏陶的红色殿堂；长期坚持在军中开展党史军史宣传教育，弘扬主旋律；加强党史军史研究，丰富"红色家谱"；充分利用党、国家和军队重要节庆日、纪念日，开展纪念活动，帮助广大官兵从红色基因中汲取前进力量，让红色基因在传承中永葆生机。其次，铸牢人民军队的军魂。"崇高的理想，坚定的信念，是中国共产党人的政治灵魂，是人民军队的精神支柱。"[①] 2016 年 1 月，习近平总书记在视察原十三集团军时就对长征途中发生在红三十一军九十三师二七四团"半截皮带"的故事感触很深。习近平总书记强调，"这就是信仰的力量，就是'铁心跟党走'的生动写照。"[②] 新时代的人民军队要传承"铁心跟党走"的红色基因，坚持党对军队的绝对领导，增强"四个意识"，坚定"四个自信"，自觉做到"两个维护"。最后，培养"四有"军人，锻造"四铁"军队。习近平总书记强调，要通过培养有灵魂、有本事、有血性、有品德的新一代革命军人，……把理想信念的火种、红色传统的基因一代代传下去[③]，这为新时代人民军队如何传承红色基因指明了方向。"四有"军人的核心是做一个有灵魂的军人。"有灵魂"就是听党指挥、信念坚定，就是高度认同党的理想、始终秉承党的信仰、坚决恪守党的要求。[④] 传承红色基因，从中汲取精神养分，才能在新时代新征程面对各种风险挑战进行伟大斗争中始终坚持对党忠诚，保持战略定力，坚定必胜信念。

---

① 习近平.论中国共产党历史［M］.北京：中央文献出版社，2021：169.

② 习近平.用好红色资源，传承好红色基因 把红色江山世代代传下去［J］.求是,2021(10)：7.

③ 习近平著作选读（第一卷）［M］.北京：人民出版社，2023：312.

④ 王易，田雨晴.论红色基因的生成条件、核心内容及时代价值［J］.南开学报（哲学社会科学版），2022（1）：9–10.

（三）抓好革命传统教育工作

传承红色基因，教育是重要手段。习近平总书记指出，要针对不同主体，抓好革命传统教育工作，使红色基因能够世世代代传下去。首先，党员干部带头接受教育。现在虽然我们党是一个拥有九千九百多万名党员的大党（截至 2023 年底），但相对于 14 亿多的中国人口来说，仍然是少数。广大党员特别是党员领导干部是人民群众中的先进分子，起先锋模范作用，在传承红色基因上应该起到先锋模范带头作用。习近平总书记指出，党员、干部要多学党史、新中国史，自觉接受红色传统教育，常学常新，不断感悟，巩固和升华理想信念。[①] 习近平总书记常常身先士卒，亲身垂范。党的十八大以来，多次到革命纪念地、历史遗址参观瞻仰，更是在党的十八大、党的十九大、党的二十大胜利闭幕后不久，亲自带领中央政治局常委同志到北京国家历史博物馆、上海中共一大会址、嘉兴南湖红船、延安参观瞻仰，接受革命传统教育，传承红色基因，不忘初心、牢记使命。其次，做好青少年这一社会主义建设"后备军"的革命传统教育工作。青少年是国家和民族的未来。习近平总书记在党的十九大报告中强调指出：青年一代有理想、有本领、有担当，国家就有前途，民族就有希望。中国梦是历史的、现实的，也是未来的；是我们这一代的，更是青年一代的。中华民族伟大复兴的中国梦终将在一代代青年的接力奋斗中变为现实。[②] 传承红色基因、开展革命传统教育要从娃娃抓起，帮助他们扣好人生第一颗扣子。从革命传统教育中，传承坚定的马克思主义信仰，厚植家国情怀、自觉爱党爱国爱社

---

① 习近平.用好红色资源，传承好红色基因 把红色江山世世代代传下去 [J].求是，2021（10）：7.

② 决胜全面建成小康社会 夺取新时代中国特色社会主义伟大胜利——在中国共产党第十九次全国代表大会上的报告（2017 年 10 月 18 日）[M].北京：人民出版社，2017：70.

会主义，脚踏实地、艰苦奋斗，把以伟大建党精神为源头的红色基因融入血脉之中，以高度的历史自觉担当起时代重任。最后，做好人民军队的革命传统教育工作。党创建的人民军队在革命、建设和改革时期形成革命理想高于天，听党指挥，不怕苦、不怕死，全心全意为人民服务的精神，是党的红色基因的具体呈现。新时代要加强党史军史和光荣传统教育，确保官兵永远听党话、跟党走。[①] 要认真开展好"坚定信念、铸牢军魂""传承红色基因、担当强军重任"等系列主题教育，确保红色基因流淌在每一位新时代革命军人的身体里，培养具有当代革命军人核心价值观的"四有"军人，为建设世界一流军队的强军目标，为实现中华民族伟大复兴而不懈奋斗。

---

① 习近平.用好红色资源，传承好红色基因　把红色江山世世代代传下去［J］.求是，2021（10）：7.

第三章

改革开放以来红色文化
大众传播的实践基础

红色文化作为一种重要的文化事象，其大众传播总是基于一定的实践要素在特定的时空和环境条件下进行的。为探究改革开放以来红色文化大众传播历程和经验，我们需要整体把握和全面分析改革开放以来国内外形势、红色文化传播相关实践要素和保障条件等的变化及其特点。

第一节　改革开放以来红色文化大众传播的时代背景

每个时代有每个时代的特征和任务，也有引领每个时代的先进理论即时代精神的精华。时代背景是时代精神产生的土壤。时代精神一方面反映了某个时代客观存在的形势、社会生产生活状况和生活在其中的人们的精神面貌；另一方面又能够引领这个时代的社会思潮。改革开放以来，国内外形势发生了深刻的变化，社会存在的变化必然引发社会意识的变化。红色文化的大众传播就是在新时期新形势新思潮的激荡中开展的。

一、国内背景

（一）实施改革开放战略，协调推进"两个文明"建设

中国社会在"文化大革命"结束后，正处于向何处去的紧要关头。1978 年 12 月，党召开十一届三中全会，果断结束"以阶级斗争为纲"，实现党和国家工作中心战略转移，开启了改革开放和社会主义现代化建设新时期，实现了新中国成立以来党的历史上具有深远意义的伟大转折。①习近平在庆祝改革开放 40 周年大会上的讲话中强调指出：我们党作出实行改革开放的历史性决策，是基于对党和国家前途命运的深刻把握，是基于对社会主义革命和建设实践的深刻总结，是基于对时代潮流的深刻洞

---

① 中共中央关于党的百年奋斗重大成就和历史经验的决议［M］.北京：人民出版社，2021：15.

察，是基于对人民群众期盼和需要的深刻体悟。① 大力推进改革开放和中国特色社会主义事业，被认为是近代以来实现中华民族伟大复兴的里程碑之一。"改革开放铸就的伟大改革开放精神，极大丰富了民族精神内涵，成为当代中国人民最鲜明的精神标识。"②

1. 建设物质文明和精神文明相协调的"高度文明"

改革开放和发展商品经济的新任务新环境，迫切需要加强精神文明建设。邓小平在中国共产党第十二次全国代表大会上的开幕词中明确提出"建设有中国特色的社会主义"的重大命题，深刻回答了改革开放新时期我国要走什么样的道路的问题。同时，党的十二大报告中提出了党在新时期的总任务是：团结全国各族人民，自力更生，艰苦奋斗，逐步实现工业、农业、国防和科学技术现代化，把我国建设成为高度文明、高度民主的社会主义国家。③ 此次大会的一个显著特点是：提出经济建设目标、建设高度物质文明的同时，还提出了建设高度社会主义精神文明和高度社会主义民主的战略方针；同时指出社会主义精神文明是社会主义的重要特征，是社会主义制度优越性的重要表现。

为了进一步加强精神文明建设，1986 年 9 月，党的十二届六中全会通过了《中共中央关于社会主义精神文明建设指导方针的决议》，明确了社会主义精神文明建设的战略地位和根本任务，并强调要着力培育有理想、有道德、有文化、有纪律的社会主义公民，要用建设有中国特色的社会主义的共同理想动员和团结全国各族人民，提高整个中华民族的思想道德素质和科学文化素质。

1987 年 10 月，党的十三大报告中提出了党在社会主义初级阶段建设有中国特色的社会主义的基本路线：领导和团结全国各族人民，以经济建

---

①② 习近平.在庆祝改革开放 40 周年大会上的讲话［N］.人民日报，2018-12-19（2）.

③ 中国共产党第十二次全国代表大会文件汇编［M］.北京：人民出版社，1982：94.

设为中心，坚持四项基本原则，坚持改革开放，自力更生，艰苦创业，为把我国建设成为富强、民主、文明的社会主义现代化国家而奋斗。[①] 即后来人们所概括的"一个中心、两个基本点"的基本路线。为此，我们在努力建设社会主义物质文明的同时，又要建设高度的精神文明，激发全国各族人民投身于社会主义现代化建设事业的巨大热情和创造精神。

2. 邓小平"南方谈话"进一步推动改革开放和社会主义现代化建设事业

1992 年初，在党和国家事业发展面临国内外严峻挑战、改革开放向何处去的重大历史关头，88 岁高龄的邓小平先后赴武昌、深圳、珠海、上海等地视察，他从坚持党在社会主义初级阶段的基本路线、加快改革开放步伐的战略高度出发，沿途发表了一系列重要谈话，即邓小平"南方谈话"。邓小平"南方谈话"，及时深刻地回答了曾经困扰人们的一系列重大理论和实践问题，为我国改革开放进一步指明了方向。邓小平"南方谈话"紧密围绕党在社会主义初级阶段"一个中心、两个基本点"的基本路线，阐释了一系列重大理论和实践问题，指明了深化改革开放、坚持中国特色社会主义的前进方向，提出要实现社会主义基本制度与市场经济的创造性结合，突破了传统观念的思想束缚，为社会主义市场经济的提出铺平了道路。邓小平"南方谈话"着重突出了"如何抓住机遇加快发展"这个主题，他旗帜鲜明地指出要靠改革开放促进经济发展，坚持党的基本路线不动摇，抓住时机、发展自己，大胆试验、闯出新路，掀起了改革开放和社会主义现代化建设事业的新高潮。

正是在"南方谈话"的基础上，党的十四大提出要用建设有中国特色社会主义的理论武装全党的战略任务，将建立社会主义市场经济体制确定为我国经济体制改革的目标，强调要使市场在社会主义国家宏观调控下对

---

① 中国共产党第十三次全国代表大会文件汇编［M］.北京：人民出版社，1987：79.

资源配置起基础性作用，使经济活动遵循价值规律的要求；指出社会主义市场经济体制是同社会主义基本制度结合在一起的，要更好地发挥计划和市场两种手段的长处。党的十四大作出的这些决策，是中国共产党人在当时国内外新形势下，尤其是在东欧剧变、苏联解体、国际共产主义运动陷入低潮的时刻做出的坚持改革开放、坚持中国特色社会主义不动摇的关键抉择。

党的十五大提出把邓小平理论确立为党的指导思想，明确规定：中国共产党以马克思列宁主义、毛泽东思想、邓小平理论作为自己的行动指南，强调作为毛泽东思想的继承和发展的邓小平理论，是指导中国人民在改革开放中胜利实现社会主义现代化的正确理论。在当代中国，只有把马克思主义同当代中国实践和时代特征结合起来的邓小平理论，而没有别的理论能够解决社会主义的前途和命运问题。[1]党的十五大报告还对建设有中国特色社会主义文化的必要性、重要性、艰巨性进行了深刻的阐述："有中国特色社会主义的文化，就其主要内容来说，同改革开放以来我们一贯倡导的社会主义精神文明是一致的。""社会主义现代化应该有繁荣的经济，也应该有繁荣的文化。""有中国特色社会主义的文化，是凝聚和激励全国各族人民的重要力量，是综合国力的重要标志。"建设有中国特色社会主义，必须着力提高全民族的思想道德素质和科学文化素质，为经济发展和社会全面进步提供强大的精神动力和智力支持，培育适应社会主义现代化要求的一代又一代有理想、有道德、有文化、有纪律的公民。这是我国文化建设长期而艰巨的任务。[2]

（二）始终坚持中国先进文化的前进方向

先进文化作为一种积极的、进步的社会意识，对社会发展发挥引领思

---

[1][2] 江泽民.高举邓小平理论伟大旗帜，把建设有中国特色社会主义事业全面推向二十一世纪 [M].北京：人民出版社，1997：39-40+10-11.

想、凝聚人心、提供精神动力和智力支持等重要作用。在改革开放和中国特色社会主义事业建设进程中，只有做到始终坚持中国先进文化的前进方向，才能使我们的事业立于不败之地。在当代，文化在综合国力竞争中的地位和作用越来越突出，已成为一个国家软实力的重要组成部分。党的十六大报告中提出要大力发展社会主义文化，建设社会主义精神文明，为实现全面建设小康社会的目标奠定基础。主要体现在以下五个方面：

第一，明确先进文化前进方向的要求。发展先进文化，就是大力发展面向现代化、面向世界、面向未来的，民族的科学的大众的社会主义文化。发展先进文化的目的在于不断丰富人们的精神世界，增强人们的精神力量。发展先进文化就要坚持以科学的理论武装人，以正确的舆论引导人，以高尚的精神塑造人，以优秀的作品鼓舞人，全面繁荣社会主义文化[①]；就要支持健康有益文化，努力改造落后文化，坚决抵制腐朽文化。要立足于改革开放和现代化建设的实践，兼收并蓄，在发扬民族文化优秀传统的同时，积极汲取世界各民族文化的长处，开拓创新，增强中国特色社会主义文化的影响力、吸引力和感召力。

第二，弘扬和培育民族精神。一个民族的生存和发展离不开民族精神的支撑；一个民族屹立于世界民族之林，必须具有振奋的精神和高尚的品格。中华民族在五千多年的发展中形成了以爱国主义为核心的团结统一、爱好和平、勤劳勇敢、自强不息的伟大民族精神，是中华民族生生不息、富有凝聚力和向心力的精神之源。在新的历史时期，面对世界范围各种思想文化的相互激荡，各种文化思潮风起云涌。为提升中华民族精神文化的影响力、凝聚力、向心力，赢得历史主动，我们就要把弘扬和培育民族精神作为文化建设极为重要的任务，将其纳入国民教育和精神文明建设全过

---

① 中共中央文献研究室.十四大以来重要文献选编（中）［M］.北京：人民出版社，1997：1885.

程，用伟大的民族精神激励和团结全体人民。

第三，加强思想道德建设。将依法治国与以德治国结合起来、相辅相成。要建立与中华民族传统美德相承接、与社会主义法律规范相协调、与社会主义市场经济相适应的社会主义思想道德体系。在广大人民群众中深入开展党的创新理论、基本路线和基本纲领的宣传教育，积极引导人们树立中国特色社会主义共同理想，掌握马克思主义立场、观点和方法。

第四，大力发展教育和科学事业。教育是发展科学技术和培养人才的基础，要摆在优先发展的战略地位。全面贯彻党的教育方针，坚持教育"二为"方向，即教育要为社会主义现代化建设服务，为人民服务，与生产劳动和社会实践相结合，培养德智体美劳全面发展的社会主义建设者和接班人。

第五，深化文化体制改革，积极发展文化事业和文化产业。推进文化体制改革既要根据社会主义精神文明建设的特点和规律，又要适应社会主义市场经济发展的要求，健全文化市场体系，完善文化市场管理机制，为繁荣社会主义文化创造良好的社会环境。要贯彻发展先进文化的要求，发展各类文化事业和文化产业，始终把社会效益放在首位。坚持和完善支持文化公益事业发展的政策措施，加强文化基础设施建设，发展各类群众文化，积极推进卫生体育事业的改革和发展，完善文化产业政策，支持文化产业发展。

总之，改革开放40多年来，"我们始终坚持发展社会主义先进文化，加强社会主义精神文明建设，培育和践行社会主义核心价值观，传承和弘扬中华优秀传统文化""全民族理想信念和文化自信不断增强，国家文化软实力和中华文化影响力大幅提升""改革开放铸就的伟大改革开放精神，极大丰富了民族精神内涵，成为当代中国人民最鲜明的精神标识"①。

_____

① 习近平.在庆祝改革开放40周年大会上的讲话［M］.北京：人民出版社，2018：13-14.

（三）建设社会主义文化强国，铸就社会主义文化新辉煌

21 世纪初，经济全球化加速发展，科技进步日新月异，世界范围内各种思想文化交流交融交锋更加频繁，文化在综合国力竞争中的地位和作用越来越突出。党的十六大以后，我们对中国特色社会主义文化发展规律的认识越来越深刻，提出了建设社会主义核心价值体系、全面推进文化体制改革、激发全民族文化创造力、提高国家文化软实力、推动文化大发展大繁荣等文化建设任务。党的十七届六中全会则第一次阐明了中国特色社会主义文化发展道路，提出了建设社会主义文化强国的目标。

党的十八大以来，以习近平同志为核心的党中央把文化建设摆在治国理政的突出位置，坚持与时俱进、守正创新原则，不断推进社会主义文化强国建设迈出坚实步伐。习近平指出：兴文化，就是要坚持中国特色社会主义文化发展道路，推动中华优秀传统文化创造性转化、创新性发展，继承革命文化，发展社会主义先进文化，激发全民族文化创新创造活力，建设社会主义文化强国。[①]

中华优秀传统文化是中华文明的智慧结晶和精华所在，是中华民族的根和魂，是我们在世界文化激荡中站稳脚跟的根基。我们要推动中华优秀传统文化在创造性转化、创新性发展中"活"起来，实现了传统文化与现代生产生活的有机融合。

革命文化是我们党领导中国人民在艰苦卓绝的革命斗争中形成的精神文化结晶。传承和弘扬中华优秀传统文化、革命文化，既是我们坚定历史自信、增强文化自信、建设社会主义文化强国的应有之义，也是推动实现中国梦的精神力量。

2023 年 6 月，习近平总书记在文化传承发展座谈会上的讲话中指出，

---

① 习近平著作选读（第二卷）［M］.北京：人民出版社，2023：194.

中华文明具有突出的连续性、创新性、统一性、包容性、和平性五个突出特性，我们要站在中华民族伟大复兴的战略高度，坚持"两个结合"，在继承和弘扬中华优秀传统文化和革命文化基础上，坚持走自己的路，秉持开放包容，以守正创新的正气和锐气，更好地构筑中国精神、中国价值、中国力量[①]。

（四）生产力和科技迅猛发展，助推红色文化大众传播

改革开放 40 多年来，我国社会生产力得到了大解放、大发展，科技进步日新月异，物质文明和精神文明"两个文明"建设成就斐然，综合国力显著增强，国际影响力日益扩大，人民群众的生活水平显著提高。

理论成果引领着改革开放和社会主义现代化建设事业的不断发展。改革开放以来，我们党坚持和发展马克思列宁主义、毛泽东思想，创立了邓小平理论，形成了"三个代表"重要思想、科学发展观，形成中国特色社会主义理论体系。党的十八大以来，以习近平同志为主要代表的中国共产党人，坚持把马克思主义基本原理同中国具体实际相结合、同中华优秀传统文化相结合，科学回答了新时代坚持和发展什么样的中国特色社会主义、怎样坚持和发展中国特色社会主义等重大时代课题，创立了习近平新时代中国特色社会主义思想。[②]党的创新理论成果的形成、丰富和发展是马克思主义中国化时代化新的飞跃的体现，同时指导着社会主义现代化建设的各个领域不断向前推进、取得新成就。

制度成果提升了国家治理体系和治理能力现代化水平。我国所进行的改革是全方位的、全面的、整体的改革，是社会主义制度的不断完善和发

---

① 【每日一习话】建设社会主义文化强国［EB/OL］.人民网［2023-06-12］.http：//politics.people.com.cn/n1/2023/0612/c1001-40011772.html.

② 国家发展改革委体制改革综合司.改革开放的伟大成就与深刻启示［N］.人民日报，2023-12-18（第 09 版）.

展。党领导人民坚决推进经济、政治、文化、社会、生态等各领域的体制和机制改革，并推进党的建设制度改革，逐步建立了与当代中国国情相适应的、充满生机活力的体制和机制。党的十八大以来，"全面深化改革"被作为"四个全面"战略布局之一进行部署，中国特色社会主义制度不断完善和发展、国家治理体系和治理能力现代化不断推进。经过40多年改革开放的伟大实践，我国各方面制度更加成熟和定型，同时制度优势更好地转化为治理效能。

实践成果奠定了全面建成社会主义现代化强国的坚实基础。改革开放40多年来，我国的经济实力、科技实力、军事实力等构成的综合国力和国际影响力持续增强，社会主义民主制度不断健全，社会主义文化不断发展繁荣，人民生活水平显著提升，创造了经济持续快速发展和社会长期和谐稳定"两大奇迹"。我国国内生产总值从改革开放之初的3679亿元增长到2022年的121.02万亿元，稳居世界第二位；打赢了人类历史上规模最大的脱贫攻坚战，历史性地解决了绝对贫困问题，提前10年实现《联合国2030年可持续发展议程》减贫目标，如期全面建成小康社会；建立起世界最完整的产业体系，制造业规模连续10多年位居世界第一，居民收入持续增加，全国居民人均年可支配收入从1978年的171元增加到2022年的36883元；人均预期寿命提高到78.2岁，主要健康指标居于中高收入国家前列①。

在当代，随着生产力的日益发达，科技发展日新月异，科技传播、互联网和人工智能相互融合、相互影响，已经成为社会发展的重要驱动力。数字经济成为了一种新的经济增长方式和经济形态，对人类社会发展产生了重要影响。人类社会已经进入一个更加智能、高效、便捷的时代。媒

---

① 中央党史和文献研究院第四研究部.深刻认识改革开放的伟大成就和重要启示［N］.人民日报，2023-12-28（9）.

体、社交网络、数字技术等要素在信息化、网络化、智能化社会的发展中发挥着越来越重要的作用。各种媒体不仅是科技信息和文化传播的重要渠道，还通过广泛而深入的报道和评论引导公众对科技问题、文化问题的认识和理解。当代社交网络则使得科技信息和文化大众传播更加迅速和广泛，而且用户之间还可以进行创作、互动和分享。数字技术则为科技信息和文化大众传播提供了更加高效和精准的手段[①]，例如，大数据分析、人工智能等将有助于建立更加智能化、高效化的科技和文化传播体系。

改革开放以来，随着科技的迅猛发展、传播媒介现代化水平的提升和文化传播体系的日益完善，红色文化大众传播的效率得到了进一步的提高。改革开放之前，由于受科学技术和生产力发展水平较低的限制，红色文化的传播媒介往往局限于人际传播、文字出版物传播、歌舞戏剧、电影广播等形式，在一定程度上限制了红色文化传播的效果。在改革开放新时期，随着生产力的发展和科学技术的进步，现代电子信息技术极大地促进了传播媒介的变革，电视、电脑、智能手机等广泛普及，尤其是进入 21世纪，互联网和人工智能的发展推动新型传播媒体技术突飞猛进，QQ、微博、微信、抖音等媒体软件的广泛应用，AI、VR、AR、大数据、云计算等技术的涌现，使红色文化大众传播方式也出现了重大变革，促使红色文化大众传播更加广泛、快捷和高效。当前，高新技术和现代化信息化技术手段为红色文化资源的发掘、保护、开发和利用提供了强有力的技术支持，国内各类红色文化纪念馆、展览馆、博物馆、爱国主义教育基地等都在积极运用现代科技手段，建立数字化、网络化、虚拟仿真传播平台，通过还原革命历史场景等方式，给参观学习者带来全新的沉浸式体验，进一步提升了红色文化传播的效果。

---

① 科技传播、互联网与人工智能的融合与发展［EB/OL］. 世科网［2023-08-20］. https：// baijiahao.baidu.com/s？id=1774759462730360941&wfr=spider&for=pc.

二、国际背景

习近平指出，"改革开放 40 年的实践启示我们：开放带来进步，封闭必然落后。中国的发展离不开世界，世界的繁荣也需要中国。我们统筹国内国际两个大局，坚持对外开放的基本国策，实行积极主动的开放政策，形成全方位、多层次、宽领域的全面开放新格局，为我国创造了良好国际环境、开拓了广阔发展空间。"^①改革开放取得举世瞩目的成就，是基于我们对国际发展形势和时代发展潮流的准确判断，是对我国发展所面临的重要战略机遇期的深刻把握，顺势而为、主动作为的结果。

1. 和平与发展是时代的主题

早在 1985 年 3 月，邓小平在会见日本商工会议所访华团时的谈话中就提出"和平和发展是当代世界的两大问题"，从经济角度来说：现在世界上真正大的问题，带全球性的战略问题，一个是和平问题，另一个是经济问题或者说发展问题。和平问题是东西问题，发展问题是南北问题。概括起来，就是东西南北四个字。南北问题是核心问题。^②邓小平对和平与发展时代主题的推断，为我们抓住重大战略机遇期解放和发展生产力、推动经济和社会发展提供了正确参考和指引。党的十八大对世界形势作出判断：和平与发展仍然是时代主题。习近平在 2014 年外事工作会议上讲话指出：要充分估计国际矛盾和斗争的尖锐性，更要看到和平与发展的时代主题不会改变。^③党的十九大报告中指出，"世界正处于大发展大变革大调整时期，和平与发展仍然是时代主题。世界多极化、经济全球化、社会信息化、文化多样化深入发展，全球治理体系和国际秩序变革加速推进，各国相互联系和依存日益加深，国际力量对比更趋平衡，和平发展大势不可逆转。同时，世界面临的不

---

① 习近平 . 在庆祝改革开放 40 周年大会上的讲话［M］. 北京：人民出版社，2018：33.

② 邓小平文选（第三卷）［M］. 北京：人民出版社，1993：105.

③ 习近平谈治国理政（第二卷）［M］. 北京：外文出版社，2017：442.

稳定性不确定性突出"①。党的二十大报告中再次提到：当前，世界之变、时代之变、历史之变正以前所未有的方式展开。一方面，和平、发展、合作、共赢的历史潮流不可阻挡，人心所向、大势所趋决定了人类前途终归光明。另一方面，恃强凌弱、巧取豪夺、零和博弈等霸权霸道霸凌行径危害深重，和平赤字、发展赤字、安全赤字、治理赤字加重，人类社会面临前所未有的挑战。强调"中国始终坚持维护世界和平、促进共同发展的外交政策宗旨，致力于推动构建人类命运共同体"②。

2. 经济全球化和政治多极化的新变化

"冷战"结束后经济全球化和政治多极化（以下简称"两化"）趋势不断加强，世界主要大国纷纷调整其对外战略，大国关系随之发生一系列深刻变化。冷战结束后大国之间关系的调整主要有以下几个方面的特点：一是以构筑伙伴关系为标志的国家间相互合作进一步加深，但是西方大国的冷战思维依然存在；二是大国之间关系中的经济因素比重逐步上升，同时综合国力的竞争进一步加剧；三是大国之间的互动和制衡态势使大国之间的关系更加错综复杂③。"两化"预示着人类将在 20 世纪百年激荡的基础上，经历一场全球范围内的大转折、大调整和大较量，逐步构筑起规范 21 世纪国际关系行为准则的政治新秩序和经济新秩序。世界上各种力量都将参与这场世纪较量，相互磨合、碰撞甚至对抗。……中国作为正在迅速崛起的发展中大国，不仅应当积极参与"两化"的历史进程，还应当以马克思主义为指导……更为能动地抓住机遇，化解挑战，并推动"两化"朝着

---

① 习近平 . 习近平谈治国理政（第三卷）[M] . 北京：外文出版社，2020：45.

② 习近平 . 高举中国特色社会主义伟大旗帜 为全面建设社会主义现代化国家而团结奋斗——在中国共产党第二十次全国代表大会上的报告（2022 年 10 月 16 日）[M] . 北京：人民出版社，2022：60.

③ 房乐宪 . 从政治多极化和经济全球化看冷战后大国关系的调整特点 [J] . 教学与研究，2001（6）：65.

有利于人类和平与发展的方向前进。①

3. 世界百年未有之大变局加速演进与构建人类命运共同体倡议的提出

"百年未有之大变局"是在党的十八大之后以习近平同志为核心的党中央科学认识全球发展大势、深刻洞察世界格局变化的基础上而作出的重大判断。"所谓大变局，指的是某事物经历变化力度之大，有破有立，内部格局全方位、多角度、深层次的变革。"②当今世界面临的"大变局"是近百年来未曾出现过的。2017 年 12 月，习近平总书记在接见回国参加 2017 年度驻外使节工作会议的全体使节时发表的重要讲话中明确提出了"百年未有之大变局"这一论断，他指出：放眼世界，我们面对的是百年未有之大变局。新世纪以来，一大批新兴市场国家和发展中国家快速发展，世界多极化加速发展，国际格局日趋均衡，国际潮流大势不可逆转。③党的十九大以来，习近平总书记又多次提到"当今世界正经历百年未有之大变局"。2022 年 10 月，党的二十大报告再次强调：当前，世界百年未有之大变局加速演进，新一轮科技革命和产业变革深入发展，国际力量对比深刻调整，我国发展面临新的战略机遇。同时，世纪疫情影响深远，逆全球化思潮抬头，单边主义、保护主义明显上升，世界经济复苏乏力，局部冲突和动荡频发，全球性问题加剧，世界进入新的动荡变革期。……我们必须增强忧患意识，坚持底线思维，做到居安思危、未雨绸缪，准备经受风高浪急甚至惊涛骇浪的重大考验。④

---

① 王毅.全球化背景下的多极化进程——试论政治多极化与经济全球化的相互联系［J］.国际问题研究，2000（6）：1.

② 章成，康婧.百年未有之大变局下世界经济格局变迁与中国之表现及应对［J］广西经济，2023（4）：8.

③ 习近平谈治国理政（第三卷）［M］.北京：外文出版社，2020：421.

④ 习近平.高举中国特色社会主义伟大旗帜 为全面建设社会主义现代化国家而团结奋斗：在中国共产党第二十次全国代表大会上的报告（2022 年 10 月 16 日）［M］.北京：人民出版社，2022：26.

世界百年未有之大变局对于中国来说，既是历史性的战略机遇，也将面临巨大的挑战。

在中国特色社会主义进入新时代的背景下，以习近平同志为核心的党中央审时度势提出了构建人类命运共同体倡议。习近平总书记深刻把握人类社会历史经验和发展规律，汲取中华优秀传统文化的思想智慧，从统筹中华民族伟大复兴战略全局和世界百年未有之大变局的战略高度，创造性地提出推动构建人类命运共同体重大倡议。……为人类社会实现共同发展、长治久安、持续繁荣指明了方向、绘制了蓝图。[1]党的二十大报告中指出，中国致力于推动构建人类命运共同体，构建人类命运共同体是世界各国人民前途所在。……中国坚持对话协商，推动建设一个持久和平的世界；坚持共建共享，推动建设一个普遍安全的世界；坚持合作共赢，推动建设一个共同繁荣的世界；坚持交流互鉴，推动建设一个开放包容的世界；坚持绿色低碳，推动建设一个清洁美丽的世界。[2]构建人类命运共同体倡议的提出，为人类谋和平和进步提供了中国方案、贡献了中国智慧。

 第二节　改革开放以来红色文化大众传播的主体、客体和中介

红色文化大众传播是一个复杂综合的系统性实践活动，这一实践活动包括传播主体、传播客体、传播中介三个重要因素。红色文化大众传播的

---

① 杨洁篪.推动构建人类命运共同体［N］.人民日报，2021–11–26（6）.

② 习近平.高举中国特色社会主义伟大旗帜 为全面建设社会主义现代化国家而团结奋斗——在中国共产党第二十次全国代表大会上的报告（2022 年 10 月 16 日）［M］.北京：人民出版社，2022：62–63.

过程就是传播主体运用适当的中介将所要传播的内容传达给传播客体的过程。深入分析和准确认识改革开放以来红色文化大众传播的主体、客体和中介，将有助于更好地把握红色文化大众传播的经验和规律。

一、红色文化大众传播的主体

红色文化大众传播主体是在红色文化大众传播活动中运用特定的手段向传播客体传递红色文化信息的行为主体。改革开放以来，随着人们对美好生活的向往，人们的需求从物质层面逐渐转化为精神层面。红色文化传播从被动式接受到主动探寻，传播途径发生了改变，红色文化传播的主体也发生了变化。红色文化大众传播的主体主要有政府机构、社会组织、主流媒体、自媒体和个人。中国共产党一直是红色文化传播中的主体，从传播主体角度来看，他们自觉地维护红色文化的正统地位，突出红色文化作为官方文化的重要性。中国共产党作为红色文化的创造者和管理者，需要激发民众参与红色文化大众传播的兴趣和热情，把红色文化的传播深入融入大众生活。

红色文化是一种意识形态和政治性较强的文化形态，一直以来，党政机关和主流传统媒体一直担当着传播红色文化的重任，建构了以艰苦奋斗、自强不息等革命话语和精神内涵为核心的话语体系，彰显了叙事主体的精英意识，呈现出传播主体精英化的特点。在改革开放前，政府和主流传统媒体传播的信息被认为比较正统、单向，比较缺乏趣味性和互动性，同时带有较重的说教色彩。改革开放尤其是新媒体的出现，打破了传播主体精英化的局面。政府与媒介主导的红色文化传播活动的局面被各种新媒体的出现打破，人人都可以成为传播者，多元传播主体开始出现在红色文化大众传播中，传播主体扩大化。多元传播主体的参与使信息传播模式变得网络化和立体化，传统意义上的传播客体借助新媒体传播工具和平台成为信息传播主体，实现了主客体两者之间身份的融合与转换。信息传播模式由过去"我传""你收"传播主体和传播客体泾渭分明的旧传播模式，进入主客体交互、传授界限模糊的新传播模式。在红色文化大众传播实践中，政府、公众都是红色文化传播的主体，同时，它们之间互为主体、互为客体，在相互沟通、相互影响间有效地促进红色文化的传播力和影响力。在红色文化大众化传播活动中，传播媒介的更新带来了传播主客体关系的更新，原本的主客体关系开始往主体间性转变，也就是"主体—媒介—主体"的新传播模式。在互联网和新媒体时代，由于网络信息技术具有开放性、交互性的特点，传播主体与传播客体甚至在一定条件下可以实现角色互换。例如，传播客体可借助新媒体平台，通过与传播主体间的互动，形成交互型传播主体。

作为社会主义主流文化重要组成部分的红色文化离不开政府的大力宣传、倡导，也离不开专业媒介的大众化传播。成功的红色文化传播需要权威的传播主体主导内容文本的生产，也需要专业传播主体的大众化传播和推广，更需要民众个体的文化自觉和自主传承。推动新媒体时代红色文化的大众传播，在政府和媒介努力的同时，还需要汇聚广大民众的传播力量。广大民众的众口相传、身体力行，是红色文化大众传播和红色精神传承的落脚点。如果红色文化想要影响更多的民众，融进他们的生活、行为和道德情感之中，那么最根本的是广大民众自身要产生红色文化价值认同，并对红色文化进行接纳和传播。因此，积极打造"媒介—政府—公众"交互型的红色文化传播模式，实现由过去以政府为主的传统传播模式，转变为以政府为主导、广大民众自觉参与和专业媒介辅助的多元传播主体多方共同参与的红色文化大众传播新模式，将有助于提高红色文化大众传播的广度和深度，实现红色文化在新媒体语境下的传承和发展。推动政府、广大民众和专业媒介的聚合传播是新时代红色文化传播大众化、时代化的需要。应采取以下两项措施：一是政府加强"顶层设计"。在红色文化大众传播过程中，政府加强红色文化大众传播的"顶层设计"，大力推动红色文化自上而下的传播，推动红色文化传播的大众化、时代化。在政府红色文化大众传播实践中，制定"顶层"的红色文化大众传播政策，大力整合全国红色文化资源。红色旅游的兴起和发展就需要政府进行顶层设计，媒介主动挖掘红色资源，广大民众身体力行，一起推动红色文化创新传播。二是媒介助力红色文化大众传播。新时期的红色文化大众传播不仅是政府传播主体的职责，也是社会主义媒体的职责之一，传播离不开大众媒介渠道的宣传与推广。红色文化大众传播主体建设的关键是政府、民众与专业媒介的通力合作，政府"顶层设计"红色文化大众传播规划，媒介充分发挥自身传播的主动性，积极深入挖掘红色文化资源并进行传播，共同推动红色文化及社会主义主流文化的传播。

二、红色文化大众传播的客体

在新时代，我国社会主要矛盾已经转变为"人民日益增长的美好生活需要和不平衡不充分的发展之间的矛盾"。作为红色文化大众传播客体的人民群众对美好生活（包括精神文化）的需要日益增长、日益个性化。研究表明，传播客体在信息传播过程中不是被动地、消极地接受，相反却是积极地、能动地、有选择地去接受信息。传播客体之所以要去接触信息传播，是因为客体有自己的需求，没有接受信息的需要就没有传播的产生。马克思认为，"任何人如果不同时为了自己的某种需要和为了这种需要的器官而做事，他就什么也不能做"[①]。客体的需要说到底是一种精神或者信息的需要。不同的传播客体自会有不同的需求，不同的传播客体因其自身的价值观、受教育程度、个人爱好、生活环境、年龄等因素不同会产生不同的需求，而且对红

---

① 马克思恩格斯全集（第三卷）[M].北京：人民出版社，1960：286.

色文化的认同程度和接受程度也不尽相同。若红色文化在大众传播中没有进行传播客体分类分析，就比较难了解传播客体对红色文化信息的需求。

在媒介技术高度发达的今天，红色文化传播必须把握传播客体的选择性行为，即传播客体在接受信息时的主动性选择行为和消费偏好。可以说，传播客体对红色文化信息的需求已经由过去对信息数量的需求转向对信息质量和双向互动学习的需求。网络和信息技术的发展使得传播客体对红色文化信息有更大的选择权、发言权，其主动参与性逐渐增强。在这样的新形势下，传播主体需要具备更高的专业素养与传播能力，有效引导客体在海量信息中精准选择正确的、有益的内容，这将有助于进一步改善和提升广大民众对红色文化精神和价值的认同。

总体来说，传播客体的需求还是存在共同性的方面，红色文化大众传播需要把握好这些共同性。应采取以下三项措施：①结合传播客体的文化需求，红色文化大众传播要把握好传播客体的求知心理。红色文化传播实际上肩负了中国特色社会主义理论大众化的任务，在回答好传播客体对红色文化的好奇或疑惑的同时，满足他们对中国特色社会主义理论认知的需求，帮助传播客体在接受红色文化的过程中使心灵得以触动，赓续红色血脉，坚定文化信仰。②红色文化大众传播要把握传播客体的求真心理。生活在社会中的人们在不同的社会发展阶段，基于自身发展的需求，都会渴望进步，需要有精神力量鼓舞激励自己去攻坚克难、追求真理。因此，我们需要认真挖掘红色文化的价值内涵，精心设置红色文化大众传播内容，让民众感受红色文化所蕴含的可贵精神和信仰的力量，促使红色文化成为激励人民群众奋勇前进的精神动力。③红色文化大众传播要把握传播客体的娱乐心理，要善于创新红色文化的传播形式，在新时代的新发展、新表现，赋予红色文化以时代感、生活化气息，增强其四力：表现力、吸引力、感染力、可信力，抓住传播客体的兴趣，寓教于乐，这样红色文化传播才能在各种文化传播信息中引起传播客体的注意，最终使传播客体理解和接纳、记忆红色文化信息，提高传播客体的思想、文化、道德素质修养。

红色文化大众传播客体的身份具有多层次性。主要包括党员和领导干部、青少年和普通大众。其中，党员、领导干部和青少年是红色文化大众传播的重点对象。党员和领导干部不仅对红色文化有着强烈的情感共鸣，而且他们的言行包括对待红色文化的态度，对其他社会成员有着很强的示范作用，在一定程度上影响着民众对红色文化的认同。青少年是国家的未来和希望，是社会主义的建设者和接班人。他们正处于世界观、人生观和价值观形成的关键时期，可塑性很强，因此我们要把红色文化渗透到大中小学的思想政治理论课的教育教学之中，充分体现在学校教育教学和日常管理的各个环节，促进红色文化在青少年中入脑入心。普通大众属于红色文化传播中人数最多的客体。红色文化通过大众化传播，筑牢思想基础，凝聚人心，画出最大的同心圆，让红色文化"走入寻常百姓家"，为社会主义现代化国家建设提供不竭精神动力。

三、红色文化大众传播的中介

红色文化大众传播的中介就是各种沟通主体和客体之间联系的载体、工具、手段，以及运用这些载体、工具、手段的方式、方法和程序。红色文化大众传播的中介根据不同的标准可以分为不同的类型。根据主体感知程度，可以分为显性有形中介（如物质载体）和隐性无形中介（如精神产品载体），其中物质载体，根据出现时间先后，可以分为传统中介（如图书、报纸、杂志、标语、口号等）和现代中介（如互联网、自媒体等）；根据所借助事物状态，可以分为人际传播载体、组织传播载体、活动传播载体等。红色文化大众传播的中介具有可选择性、交互性和与时俱进性等特征。

红色文化大众传播的中介具有可选择性。红色文化传播主体可以根据红色文化传播内容和传播目标的需要、传播对象的接受能力选择适宜的传播中介。一般而言，传播手段越先进，传播的广度和深度越大、传播效果相对来说越好。当然，凡事皆有例外。先进的传播手段（如互联网、动漫等）作为新事物对于年轻受众来说比较容易接受，而对于年纪较大的受众而言则不一定乐于接受，后者更倾向于接受传统传播媒体（如纸质书刊、广播、影视等）。因此，红色文化传播主体要根据实际情况尤其是传播对象的接受水平选择合适的传播中介，以期达到最优传播效果。

红色文化大众传播的中介具有交互性。一般情况下，红色文化大众传播的中介并非单一发挥作用。不同形式的传播中介具有不同的作用和功能，并在运用过程中与传播主体和客体之间交互产生影响。传播主体要根据传播中介的变化而调整自身的行为，包括加强学习、提升驾驭传播中介的能力等。传播内容的新变化（如新挖掘的红色文化资源在利用时需要进行形式上的转化）也促使传播中介进行相应的调整。伴随信息化、智能化时代而出现了新的实践形式——虚拟实践，红色文化大众传播中介的交互性将表现得更为显著。

红色文化大众传播的中介具有与时俱进性。随着生产力发展和科学技术的进步，红色文化大众传播的载体、工具、手段等也必将越来越先进。现代科技和传播手段发展对提升红色文化大众传播的效果将产生越来越大的影响。过去，由于受到科技发展水平的制约，一些受到地域、历史条件、自然环境等条件限制的珍贵文物、遗址遗迹、濒危史料等红色文物资源难以得到有效开发和展示，在一定程度上阻碍了红色文化的传播传承。今天，随着现代科学技术的发展，5G技术、3D影像、人工智能、虚拟技术、网络及时传输技术等为科学合理地挖掘、保护和利用红色文化资源提供了可能。5G技术能够即时传输红色文化资源现场画面，实时了解红色遗迹、遗址保护情况。3D影像技术运用网络技术辅以声、光、电等展示方式，构建三维动态空间，生动再现红色历史事件场景，并使人们能够获得更加直观的体验，感受红色文化的精神伟力。数据信息采集技术、镜像技术能够对红色珍贵史料进行采集并使之获得永久保存。借助现代信息技术制成虚拟展馆，使社会公众能够突破传统的时空局限，随时随地"漫游"虚拟展馆，深入学习和了解红色文化，助推红色文化传承和发展。

现代科技和传播手段能够打破时空界限，还将有利于红色文化的对外传播和交流。借助现代互联网技术，红色文化的国际影响力不断增强，使国外民众更加真实地了解中国共产党一百多年来带领中国人民所取得的辉煌成就，让世界更加全面客观地认识真实的中国。

第三节　改革开放以来红色文化大众传播的组织和制度保障

红色文化大众传播最关键是要明确"传播什么""由谁来传播""如何传播"等问题，因此，我们这里就需要深入研究改革开放以来红色文化大众传播的组织保障、政策和制度保障等问题。

一、红色文化大众传播的组织保障

红色文化大众传播不是自然而然就能实现的，而是主体发挥主观能动性有组织、有目的、有计划积极推进的过程。红色文化大众传播目标的顺利实现，需要有各方面组织的强有力保障。主要体现在以下四个方面：

第一，红色文化大众传播离不开中国共产党的组织领导。中国共产党在领导人民进行革命、建设和改革事业的同时，创造了可贵的红色文化精神财富，红色文化大众传播同样离不开各级党组织的坚强领导。只有不断加强党的组织领导，才能确保红色文化大众传播的内容和方向，并发挥红色文化应有的功能。党的各级组织通过制定红色文化宣传教育相关的制度和计划，设立保护和开发利用红色文化资源的相关机构，组织开展参观考察红色遗址或红色展览馆等相关活动等方式，推动红色文化在党员干部和群众中广泛传播、深入人心，充分发挥红色文化的育人功能。

第二，红色文化大众传播需要宣传和教育管理部门的积极推进。宣传和教育管理部门是贯彻落实党的红色文化政策和制度、宣传红色文化的重要组织机构。宣传管理部门通过组织开展红色文化相关课题申报、立项和推动课题研究成果转化、组织开展红色文化专题宣讲、增加基层单位红色文化供给（例如红色展品展览进机关、进工厂、进乡村）等活动，推动红色文化大众传播。教育管理部门通过制定红色文化传播相关政策文件进行引导、检查监督，加强大中小学校的校内红色文化宣传教育阵地建设、校外红色教育实践基地建设、"大思政课"建设等方式，推动红色文化进校园、进教材、进课堂、进学生头脑，发挥红色文化铸魂育人，让青少年学生树立正确的世界观、人生观和价值观的作用。非国民教育体系的党校也是红色文化传播的重要组织和阵地。各级党校通过在党员、干部教育培训的课程设计、教育教学形式中全方位渗透红色文化教育，将红色文化教育与党性教育、理想信念教育、理论教育等结合起来，促使学员的精神品格得到升华、综合素质和能力得到提升。

第三，红色文化大众传播需要充分发挥文化艺术、广播影视、出版传媒、展览和旅游等部门或行业的特殊作用。红色文化大众传播是一场"大合唱"，需要参与的部门或行业众多，需要各个不同部门或行业加强组织协调和配合，充分发挥各自在创造红色文化精品、传播红色文化、传承红色基因等方面的作用和功能。

第四，红色文化大众传播需要加强社会科学研究机构和理论工作者队伍建设。社会科学研究机构和理论工作者队伍是做好党的意识形态工作的重要部门和力量。为了更好地实现红色文化大众传播目标，需要开展相关课题的研究，就离不开社会科学研究机构和理论工作者队伍的大力支持。

此外，改革开放以来包括各类志愿者组织（非政府组织）在内的各路队伍也是推动红色文化大众传播的重要力量。

二、红色文化大众传播的制度保障

在改革开放新时期，随着国内外形势的变化，中国共产党作为执政党高度重视加强社会主义精神文明建设，重视通过制定相关政策和制度，在广大党员干部和群众中常态化地开展红色文化宣传和教育。制度是红色文化大众传播的重要载体和重要保障，文化体制的改革对红色文化的传播和发展有着重要的影响。

（一）将"发扬党的优良传统"写入党章

中国共产党第十二次全国代表大会明确将"发扬党的优良传统"写入党章。此次大会上通过的《中国共产党章程》中强调：必须加强党的建设，发扬党的优良传统，提高党的战斗力。[1] 发扬党的优良传统，是抵御西方不良思潮冲击的最有效方式。党的优良传统、革命精神能够使人们保持艰苦奋斗的作风，克服各种不正之风，能够凝聚全体党员力量，充分发挥党员先锋模范作用，带领全国各族人民为实现社会主义现代化国家而努力奋斗。1983 年 7 月 1 日，《人民日报》发表了题为"坚决克服党内的不正之风"的社论，指出这次整党将根据新的情况继承和发扬延安整风运动的好传统，对广大党员进行一次普遍的马列主义、毛泽东思想的教育[2]，

---

① 十二大以来重要文献选编（上）[M].北京：人民出版社，1986：67.
② 坚决克服党内的不正之风[N].人民日报，1983-07-01（2）.

强调要根本扭转党内的不正之风，使全国各族人民更紧密地团结在党的周围，使建设有中国特色的社会主义现代化的伟大事业更快地向前发展。[①]同日，中共中央出台了"关于批转《国营企业职工思想政治工作纲要（试行）》的通知"，通知针对提高企业职工思想道德素质、推进企业现代化发展水平目标，要求国营企业要"进行中国工人阶级的历史地位、历史责任和优良传统的教育，进行做一个有觉悟的工人阶级成员的教育"[②]，鼓励国营企业职工以更加积极的态度与饱满的热情投入企业现代化建设中。

（二）出台一系列传承红色文化相关的政策文件和规定

1.《关于党内政治生活的若干准则》的相关规定

1980年2月29日，中国共产党十一届五中全会通过了《关于党内政治生活的若干准则》（以下简称《准则》）。《准则》对严肃党内政治生活做出了规定，要求全党同志，尤其是"各级领导干部必须保持和发扬我党艰苦奋斗，与群众同甘共苦的光荣传统"[③]。这一光荣传统曾经使我们党在革命战争时期达到军民空前团结一致，最终取得抗日战争和解放战争胜利。在改革开放新时期的伟大斗争中，我们更应当继续发扬这种光荣传统，全面落实理论联系实际、实事求是的工作原则，规范党内政治生活，进而取得新的更大的胜利。

2.《中共中央关于加强和改进宣传思想工作，更好地为经济建设和改革开放服务的意见》的有关要求

为贯彻落实邓小平"南方谈话"精神和中央政治局全体会议精神，进一步解放思想，统一认识，振奋精神，全面宣传党在社会主义初级阶段的基本路线，推进经济建设和改革开放事业。1992年9月3日，中共中央政

---

① 坚决克服党内的不正之风［N］.人民日报，1983-07-01（2）.

② 十二大以来重要文献选编（上）［M］.北京：人民出版社，1986：367-368.

③ 三中全会以来重要文献选编（上）［M］.北京：人民出版社，1982：431.

治局会议通过了《中共中央关于加强和改进宣传思想工作，更好地为经济建设和改革开放服务的意见》（以下简称《意见》），《意见》明确要求"把坚持对人民的爱国主义、集体主义、社会主义教育同进行中华民族优秀的思想文化传统、优良的社会公德教育有机地结合和统一起来"①。强调只有实现这一结合和统一，才能体现爱国主义、集体主义的优秀传统文化根源，进而更好地传承中华优秀传统文化。

3.《中国教育改革和发展纲要》中的相关规定

1993年2月13日，中共中央、国务院颁布了《中国教育改革和发展纲要》（以下简称《纲要》），《纲要》指出"要重视对学生进行中国优秀文化传统教育"②，要加强对广大青少年进行"近代史、现代史教育和国情教育"，以进一步加快推进青少年接受优秀传统文化教育的步伐。在此基础上，同年3月，党的第八届全国人民代表大会第一次会议政府工作报告中明确指出要"继承和发扬中华民族优良的思想文化传统"③。同年11月，江泽民同志在学习《邓小平文选》（第三卷）的报告会上指出，必须深刻领会邓小平同志关于用中国的历史教育青年、教育人民的重要论述。④ "中国的历史"就包含中国共产党的历史，进一步强调了传承红色文化的重要性。

4.《爱国主义教育实施纲要》中的相关规定

红色文化资源是爱国主义教育的重要素材和内容。1994年8月23日，《中共中央印发〈爱国主义教育实施纲要〉的通知》（以下简称《通知》）中规定各类博物馆、纪念馆、烈士纪念建筑物、革命战争中重要战役、战斗纪念设施……是进行爱国主义教育的重要场所⑤，《通知》强调要加强爱国主义教育基地的建设，并充分发挥基地在广大人民群众中的宣传教育作用，传承红色文化，激发人们爱国情怀，鼓励人们积极投身现代化建设事业中。

---

① 十三大以来重要文献选编（下）[M].北京：人民出版社，1993：2177.

②③⑤ 十四大以来重要文献选编（上）[M].北京：人民出版社，1996：77+187+927.

④ 改革开放三十年重要文献选编（上）[M].北京：中央文献出版社，2008：729.

1996 年 10 月 10 日，党的十四届六中全会通过的《中共中央关于加强社会主义精神文明建设若干重要问题的决议》中进一步做出规定，"革命历史纪念馆等公益性事业单位，应给予经费保证"①，以"继承发扬民族优秀文化和革命文化传统"②，为传承红色文化提供了物质保障。

5.《全国红色旅游发展规划纲要》中的相关规定

2004 年 12 月，中共中央办公厅、国务院办公厅（以下简称"两厅"）联合发布了《2004—2010 年全国红色旅游发展规划纲要》（以下简称《纲要》），《纲要》的发布旨在通过充分挖掘和利用红色文化资源，积极发展红色旅游，在全社会广泛开展爱国主义和革命传统教育，大力弘扬伟大民族精神，不断增强民族凝聚力，进而推动革命老区经济社会发展。《纲要》就我国发展红色旅游的总体思路、总体布局和主要措施等首次作出了明确规定。2011 年 5 月，"两厅"又联合发布了《2011—2015 年全国红色旅游发展规划纲要》，进一步明确了未来 5 年红色旅游的指导思想、基本原则、发展目标、主要任务及保障措施等，为红色旅游发展明确了方向，对促进红色文化的传播和利用具有非常重大的意义。2016 年 12 月，"两厅"再次联合发布了《2016—2020 年全国红色旅游发展规划纲要》，更加突出强调红色旅游的理想信念教育功能、红色旅游的脱贫攻坚作用，以及红色旅游的内涵式发展要求。此后，由文化和旅游部主持编制的《2021—2025 年全国红色旅游发展规划纲要》中对新时代新发展阶段红色旅游发展又提出了一系列要求。

6. 国家五年规划纲要中的相关规定

2016 年 3 月 16 日，全国人大通过《中华人民共和国国民经济和社会发展第十三个五年规划纲要》（以下简称"十三五"规划纲要）。"十三五"规划纲要对发展社会主义先进文化，建设社会主义文化强国做出战略部

---

①② 十四大以来重要文献选编（下）[M].北京：人民出版社，1999：2064+2058.

署，强调要坚持社会主义先进文化的前进方向，坚持以人民为中心，加快文化改革发展，建设社会主义文化强国。2021 年 3 月 11 日，十三届全国人大四次会议表决通过了关于国民经济和社会发展第十四个五年规划和 2035 年远景目标纲要的决议（以下简称《决议》），对"发展社会主义先进文化，提升国家文化软实力"做出了明确规定，指出要坚持马克思主义在意识形态领域的指导地位，坚定文化自信，坚持以社会主义核心价值观引领文化建设，推进社会主义文化强国建设。《决议》对推进红色旅游、文化遗产旅游等发展政策做出明确规定，为红色文化传承提供了行动指南。

（三）深化文化体制改革，推动文化自信自强，传播红色文化

党的十一届三中全会以来，我国坚持改革开放的基本国策，红色文化在改革开放的浪潮中弘扬时代精神和民族精神，并以开放的姿态吸收借鉴世界各民族优秀文化的精髓而获得创新性发展。党的十七届六中全会通过了《中共中央关于深化文化体制改革推动社会主义文化大发展大繁荣若干重大问题的决定》，强调要充分挖掘红色文化的时代内涵，加强以建设社会主义核心价值体系为根本任务的中国特色社会主义文化建设，努力建设社会主义文化强国，使红色文化的发展得到进一步推动和拓展。党的十八大以来，习近平总书记多次就用好红色资源、传承红色基因、赓续红色血脉进行过一系列重要论述。2021 年 7 月，习近平总书记在庆祝中国共产党成立 100 周年大会上的讲话中首次概括了伟大建党精神，即"坚持真理、坚守理想，践行初心、担当使命，不怕牺牲、英勇斗争，对党忠诚、不负人民"[①]，并指出这是中国共产党的精神之源，强调"我们要继续弘扬光荣

---

① 习近平.在庆祝中国共产党成立 100 周年大会上的讲话（2021 年 7 月 1 日）[M].北京：人民出版社，2021：8.

传统、赓续红色血脉，永远把伟大建党精神继承下去、发扬光大！"①党的二十大报告提出"推进文化自信自强，铸就社会主义文化新辉煌"的目标，强调要以社会主义核心价值观为引领，发展社会主义先进文化，弘扬革命文化，传承中华优秀传统文化……不断提升国家文化软实力和中华文化影响力。②

（四）通过法制保障红色文化传承、保护和传播

红色文化传承、保护和传播离不开法制保障。早在2007年12月29日，中华人民共和国第十届全国人民代表大会常务委员会第三十一次会议就通过了《中华人民共和国文物保护法》。该部法律颁布的目的是加强对文物的保护，继承中华民族优秀的历史文化遗产，促进科学研究工作，进行爱国主义和革命传统教育，建设社会主义精神文明和物质文明。③2018年4月27日，中华人民共和国第十三届全国人民代表大会常务委员会第二次会议通过了《中华人民共和国英雄烈士保护法》。这是一部为加强对英雄烈士的保护，维护社会公共利益，传承和弘扬英雄烈士精神、爱国主义精神，培育和践行社会主义核心价值观而制定的法律。在加强红色文化传承和保护方面，近年来地方性法规也纷纷出台。2022年11月24日，福建省第十三届人民代表大会常务委员会第三十六次会议通过《福建省红色文化遗存保护条例》，目的是加强红色文化遗存的保护和利用，传承红色基因，弘扬红色文化，培育和践行社会主义核心价值观。此前，福建省首部保护

---

① 习近平.在庆祝中国共产党成立100周年大会上的讲话（2021年7月1日）[M].北京：人民出版社，2021：8.

② 习近平.高举中国特色社会主义伟大旗帜 为全面建设社会主义现代化国家而团结奋斗[M].北京：人民出版社，2022：43.

③ 全国人民代表大会常务委员会法制工作委员会.中华人民共和国法律汇编（2002）[M].北京：人民出版社，2003：142.

红色遗址的政府规章《三明市红色文化遗址保护管理办法》已经 2017 年 1 月 23 日三明市人民政府第一次常务会议通过。自 2023 年 5 月 10 日起开始施行《广州市革命遗存保护办法》，旨在加强对当地革命遗存的保护管理和合理利用，弘扬革命精神。2023 年 2 月 24 日，梧州市第十五届人民代表大会第四次会议通过了《梧州市红色文化遗存保护利用条例》，于 2023 年 5 月 26 日获广西壮族自治区第十四届人民代表大会常务委员会第三次会议批准。该条例的施行使梧州市红色文化遗存的保护、管理、传承和利用得到加强，进一步彰显了梧州作为广西地方党组织策源地的历史地位，有助于更好地传承红色基因、弘扬红色文化，卓有成效地开展爱国主义和革命传统教育，在全社会更好地培育和践行社会主义核心价值观。

第四章

改革开放以来红色文化
大众传播的历程

　　改革开放以来中国共产党带领人民不断推进"两个文明"建设，积极开发和利用红色文化资源，创作出版红色文学作品、编排演播红色歌曲戏剧和影视、建设红色报纸和期刊传播媒体、宣讲红色故事、在干部群众中开展红色教育、保护和修复红色遗址、建设红色纪念场馆、发展红色旅游、创建红色文化网络宣传平台和手机软件客户端等，大力促进红色文化大众传播。红色文化大众传播大体经历了三个阶段：一是思想大解放和经济社会转型背景下的红色文化大众传播时期（1978~1991 年）；二是世纪之交全球化信息化背景下的红色文化大众传播时期（1992~2011 年）；三是中国特色社会主义进入新时代的红色文化大众传播时期（2012 年至今）。每个时期，我们党对红色文化大众传播的实践探索都呈现出不同的特征，传播的内容和形式更加丰富，对红色文化传播规律的把握越来越全面和精准。

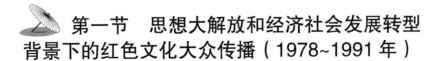

第一节 思想大解放和经济社会发展转型背景下的红色文化大众传播（1978~1991 年）

改革开放新时期，红色文化大众传播与人们思想大解放和经济社会发展转型相互促进、相辅相成。1978 年 12 月 18 日至 22 日，党的十一届三中全会在北京举行。全会确立了解放思想、实事求是的思想路线，确立了以邓小平为核心的中央领导集体，开创了我国社会主义事业发展的新时期，成为新中国成立以来我党历史上具有深远意义的伟大转折。这一时期红色文化大众传播是党的宣传思想工作的重要任务，是社会主义精神文明建设的重要抓手，为确保我国改革、发展、稳定的大局和顺利实现经济社会发展转型奠定了坚实的思想基础和群众基础。

一、党的工作重心转移与宣传思想文化工作的新使命

党的十一届三中全会前后，把党的工作重心转移到发展经济和社会主义现代化建设上来相适应的是党的宣传思想文化工作重点的新转向，完成时代赋予的新使命。1978 年 12 月 13 日，邓小平在中共中央工作会议的闭幕会上作题为《解放思想，实事求是，团结一致向前看》的讲话，其中强调指出：解放思想是当前的一个重大政治问题；民主是解放思想的重要条件；处理遗留问题为的是向前看；要研究新情况，解决新问题。邓小平的此次讲话奠定了党的十一届三中全会的基本指导思想，而随后召开的党的十一届三中全会正式拉开了中国改革开放的大幕。

（一）恢复和确立了解放思想、实事求是的思想路线

恢复和确立解放思想、实事求是思想路线，实现了工作重点的转移是党的十一届三中全会的一大历史功绩。解放思想就是人们的思维运动由原来相对封闭的状态到遵循科学的轨迹和方向实现开放发展的前进和上升的过程，是思维活跃、认识深化的表现。邓小平指出，"我们讲解放思想，是指在马克思主义指导下打破习惯势力和主观偏见的束缚，研究新情况，解决新问题。"[①]"解放思想，就是使思想和实际相符合，使主观和客观相符合，就是实事求是。"[②] 邓小平的这些论断揭示了解放思想的本质内涵，体现了主观和客观相统一的辩证唯物主义认识论，有助于破除惯性思维和主观偏见的束缚，有利于研究新情况、解决新问题。解放思想就实质而言，就是实事求是。

（二）改革开放之初党的宣传和思想政治工作新要求

党的十三大报告中指出，改革开放和社会主义商品经济的发展，要求我们必须重视、加强和改进党的思想政治工作。在改革开放过程中，人们的思想异常活跃，这是客观存在的社会现象，当然也会给我们开展宣传和思想政治工作带来一定的挑战。我们要继承党的思想政治工作的好传统，并且努力创造适应新形势新条件下的开展各种宣传和思想政治工作的有效形式和具体途径，切切实实把党的思想政治工作贯穿于建设和改革的各个领域、各环节，全面激励人们建设社会主义积极性、创造热情和献身精神，要把全民族的力量凝聚起来，团结奋斗建设有中国特色社会主义伟大事业。党的宣传和思想政治工作，包括红色文化大众传播工作也要根据新

---

① 邓小平文选（第二卷）[M].北京：人民出版社，1994：279.
② 十一届三中全会以来重要文献选读（上册）[M].北京：人民出版社，1987：253.

形势新要求，不断实现宣传教育内容和方式方法的改革创新。

二、红色文化教育融入四项基本原则教育和理想信念教育

邓小平指出，"我们要在中国实现四个现代化，必须在思想政治上坚持四项基本原则。……第一，必须坚持社会主义道路；第二，必须坚持无产阶级专政；第三，必须坚持共产党的领导；第四，必须坚持马列主义、毛泽东思想。"[1]我们决不允许在这个根本立场上有丝毫动摇，"如果动摇了这四项基本原则中的任何一项，那就动摇了整个社会主义事业，整个现代化建设事业。"[2]要对全体党员、干部和群众加强四项基本原则的教育，不断巩固社会主义现代化建设事业的思想基础、群众基础。邓小平特别强调"我们一定要向人民和青年着重讲清楚民主问题。社会主义道路、无产阶级专政、共产党的领导、马列主义毛泽东思想，都同民主问题有关"。在社会主义制度之下，个人利益要服从集体利益，局部利益要服从整体利益，暂时利益要服从长远利益，或者叫做小局服从大局，小道理服从大道理。[3]我们讲坚持四项基本原则，就需要经常用四项基本原则教育人民。[4]从而为我们事业的健康发展从根本上提供思想保证。

在改革开放新时期，建设中国特色社会主义，要坚持物质文明和精神文明"两手抓"，做到两手都要硬，要重视对人民群众开展理想信念教育。邓小平指出：我们一定要经常教育我们的人民，尤其是我们的青年，要有理想。为什么我们过去能在非常困难的情况下奋斗出来，战胜千难万险使革命胜利呢？就是因为我们有理想，有马克思主义信念，有共产主义信念。我们干的是社会主义事业，最终目的是实现共产主义。[5]要特别教育

---

[1][2][3]　邓小平文选（第二卷）[M].北京：人民出版社，1994：164-165+173+175.

[4][5]　邓小平文选（第三卷）[M].北京：人民出版社，1993：201+110.

我们的下一代下两代，一定要树立共产主义的远大理想，一定不能让我们的青少年作资本主义腐朽思想的俘虏，那绝对不行。又说没有理想，没有纪律，就会像旧中国那样一盘散沙，那我们的革命怎么能够成功？我们的建设怎么能够成功？[①]我们过去几十年艰苦奋斗，就是靠用坚定的信念把人民团结起来，为人民自己的利益而奋斗。没有这样的信念，就没有凝聚力。没有这样的信念，就没有一切。[②]

红色文化所蕴含的育人功能与四项基本原则的教育和理想信念教育有着高度的契合性，因此，红色文化教育可以有机融入四项基本原则的教育和理想信念教育之中，实现两者的良性互动、更好地彰显育人成效。

三、新时期红色文化大众传播的探索

（一）充分利用纪念日传承红色文化

纪念日是红色文化的"生辰标签"，对红色文化传承发展具有特殊的意义。中国共产党历来高度重视开展纪念日活动来弘扬和传承红色文化。例如，7月1日是中国共产党诞生纪念日（建党节），8月1日是中国人民解放军建军纪念日（建军节），10月1日是新中国成立的纪念日（国庆节），9月3日是中国人民抗日战争胜利纪念日，也是世界反法西斯战争胜利纪念日。又如12月11日是广西壮族自治区成立纪念日，同时是邓小平、张云逸、李明瑞领导的百色起义纪念日，前者起源于后者。1978年12月11日，正值纪念广西壮族自治区成立二十周年之时，《人民日报》发表了题为《发扬革命传统建设美好广西》的重要社论表示庆贺，社论内容高度赞扬了广西各族人民为中国革命事业所做出的牺牲和奋斗，激励广西各族儿女发扬革命传统、传承红色文化。1983年1月26日，恰逢延安"双拥运

---

① ② 邓小平文选（第三卷）[M].北京：人民出版社，1993：111+190.

动"40周年纪念之际,《人民日报》同样发表了题为《发扬革命传统开展"双拥"工作》的理论文章,其中高度肯定"双拥运动"的历史价值和重大意义,号召全社会要弘扬"双拥"革命传统,延续军民鱼水情。1985年1月15日,《人民日报》发表题为《实事求是 无往不胜——纪念遵义会议五十周年》的社论文章,其中对遵义会议做出了新的定位,指出"遵义会议是长征路上,是中国人民革命战争史上,也是中国共产党历史上极其重要的一次会议"[1],凸显了遵义会议的重大历史意义,对于激励中国共产党人弘扬长征精神,不忘初心、牢记使命起到了重大的作用。

(二)红色文化元素融入社会主义文艺创作,推进红色文化的传承和发展

红色文化承载了革命战争年代无产阶级革命家走过的苦难辉煌岁月,具有强大的思想引领作用和文化价值。红色文化的传承离不开有效的传播形式,文艺创作以其强大的感染力和共情性成为红色文化传播的不二之选。为此,改革开放初期,中国共产党人积极将红色文化元素融入文艺创作过程中,形成以红色文化元素提升社会主义文艺创作,社会主义文艺创作加快推进红色文化传承和发展的良性互动局面。此外,党和国家高度重视对红色文化场馆的保护和修缮。例如,在1986年3月,经六届全国人大四次会议审议批准的《中华人民共和国国民经济和社会发展第七个五年计划》中,专门对文物馆、博物馆、档案馆、图书馆等项目建设作出明确规定,要求重点建设陕西历史博物馆和抗日战争纪念馆等文化场馆,并对其建设规模和工程质量(如提高其抗灾能力等)提出了一系列具体的高要求,这为红色资源的保护和传承发展提供了重要保障,加快了红色文化保护、传承和发展的步伐。

---

① 实事求是 无往不胜——纪念遵义会议五十周年(社论)[N].人民日报,1985-01-15(1).

（三）重视在广大青少年群体中传承红色文化

改革开放初期，党和国家就高度重视并加大红色文化在青少年群体中的传播传承力度。例如，注重向青少年传播宣传弘扬红色文化精神。1978 年 5 月 4 日，在"五四运动"59 周年纪念日，《人民日报》就发表了题为《发扬"五四"传统　走在新长征的前列》的重要社论文章，其中指出："今天，摆在广大青年面前的任务，就是发扬'五四'光荣传统。"① 号召广大青年要在五四精神的鼓舞下奋发图强，努力奋斗，要在新时代浪潮中勇于搏击，为社会主义现代化建设贡献智慧和力量。时隔 7 年，1985 年 5 月 4 日，恰逢纪念"五四运动"66 周年之际，《人民日报》再次发表重要社论文章《奋发进取　建功立业》。文章指出"五四运动激发起来的中华民族的爱国主义和开拓进取精神，为我国一代又一代青年所继承并不断发扬光大"②。一是激励广大青少年要时刻以"五四"精神为指引，努力提升自身的思想道德素质；二是注重对青少年进行革命传统教育。1983 年 1 月 20 日，中共中央发布的《关于加强农村思想政治工作的通知》中明确提出：对青年还要按照他们的特点进行历史知识和革命传统的教育③，目的在于让广大青少年深刻了解红色文化的深厚背景，深刻体会革命先烈的牺牲与奉献，体会革命战争的艰苦卓绝，进而体悟红色文化的深刻内涵，助推红色文化传承。另外，1985 年 10 月 4 日，中共中央发出的《关于进一步加强青少年教育预防青少年违法犯罪的通知》，其中也明确要求要对青少年进行"革命传统教育"，在青少年群体中"广泛宣传战斗英雄、劳动模范特别是同代人中英雄模范人物的先进

---

① 发扬"五四"传统　走在新长征的前列（社论）[N].人民日报，1978–05–04（1）.

② 奋发进取　建功立业——纪念五四，祝贺全国新长征突击手表彰大会胜利闭幕（社论）[N].人民日报，1985–05–04（1）.

③ 十二大以来重要文献选编（上）[M].北京：人民日报社，1986：275..

事迹"①，鼓励广大青少年要以英雄模范为榜样，立志为振兴中华、实现"四化"而刻苦学习、勤奋劳动，以实际行动为社会建设做贡献。

（四）在企业文化建设中传承红色文化

改革开放之后，加快企业现代化建设成为党和国家的工作重点之一。实现企业现代化离不开高素质的企业职工。为了提高企业职工的思想道德素养水平，1983 年 7 月 1 日《中共中央关于批转〈国营企业职工思想政治工作纲要（试行）〉的通知》发布，通知要求对企业职工"进行中国工人阶级的历史地位、历史责任和优良传统的教育"②，激励企业职工传承红色文化，弘扬艰苦奋斗精神，迎难而上，以高度负责任的态度和强烈的主人翁精神投入现代化企业的建设过程中。

（五）在加强军队现代化建设中传承红色文化

改革开放新时期，在加强军队现代化建设过程中，我们党就极为重视用党的优良传统来加强军队的思想建设和政治建设，以提高军队的战斗力。在 1987 年 1 月 27 日发布的《中央军委关于新时期军队政治工作的决定》中就明确指出："这些优良传统，是我们在几十年的革命战争中创立和发展起来的，是用鲜血换来的，是我们的无价之宝"。③要求搞军队现代化建设，一定不能丢掉这一无价之宝。在这一重要要求下，军队高度发扬革命英雄主义精神，在重大风险考验面前始终保有军人本色，做到战无不胜、一往无前。除此之外，我们党还高度重视培养军人的理论素养，强调重视理论学习，尤其强调要重视学习马克思主义理论，阅读马克思主义经典著作，强调在阅读无产阶级革命家的经典原著中接受教育、传承红色

---

①③　十二大以来重要文献选编（中）［M］.北京：人民出版社，1986：860+526.

②　十二大以来重要文献选编（上）［M］.北京：人民出版社，1986：367.

基因。例如，在 1989 年 12 月 17 日发布的《关于新形势下加强和改进军队政治工作的若干问题：全军政治工作会议纪要》中就有明确要求：团以上干部要系统地读点马列、毛泽东著作、邓小平和其他老一辈革命家的文选①，从中领略老一辈无产阶级革命家伟大的革命斗争精神，进而淬炼思想，提高为人民、为国家而战斗的本领。

第二节　世纪之交全球化信息化背景下的红色文化大众传播（1992~2011 年）

一、邓小平"南方谈话"与改革开放精神的形成

改革开放精神是中国共产党人在革命、建设、改革发展过程中以伟大建党精神为源头发展形成的中国共产党人精神谱系之一。改革开放精神形成的过程实质上就是一次红色文化向广大人民群众传播的过程。

（一）邓小平"南方谈话"及其影响

20 世纪 80 年代末期，国际形势风云突变，东欧剧变、苏联解体，社会主义国家发展遭受严重挫折，国际社会主义运动陷入低潮。在国内，改革开放十几年来，经济社会发展取得巨大进步的同时面临着新的困难，政治上发生了政治风波，经济上经济增长出现滑坡现象。正是在这样的时代背景下，1992 年 1 月 18 日至 2 月 21 日，邓小平以 88 岁高龄，不顾严寒

---

① 十三大以来重要文献选编（中）[M].北京：人民出版社，1991：907.

从北京奔赴武昌、深圳、珠海、上海等地视察并发表了重要讲话，史称"南方谈话"。

邓小平"南方谈话"后，我国掀起了新一轮改革开放的热潮，改革开放观念更加深入人心，全国人民在中国共产党的领导下投身改革开放伟大实践中，展现了敢试敢闯、解放思想、实事求是、你追我赶，时不我待的精神风貌，创造了经济快速发展和社会长期稳定的两大奇迹。改革开放40多年的历史证明，邓小平"南方谈话"是改革开放精神形成的重要来源之一。"不坚持社会主义，不改革开放，不发展经济，不改善人民生活，只能是死路一条。"[①]"不争论，大胆地试，大胆地闯。"[②]"抓住时机，发展自己，关键是发展经济。"[③]所有这些新思想、新观点、新论断振聋发聩、字字珠玑，充分彰显了改革开放精神的精神实质。

（二）邓小平"南方谈话"里彰显的改革开放精神

1. 解放思想、实事求是的精神

解放思想、实事求是改革开放精神的灵魂。实事求是我们党的思想路线。1938年，毛泽东在党的六届六中全会上用"实事求是"这个词，表达中国共产党人要时刻牢记把马克思主义同中国实际相结合。1941年，毛泽东在《改造我们的学习》一文中，对实事求是的科学内涵作了马克思主义的界定，把实事求是形象地比喻为"有的放矢"，强调中国共产党人要学会用马克思主义之"矢"去射中国革命之"的"。中共七大，党把实事求是确立为其指导思想。在实事求是思想路线指导下，我们取得了新民主主义革命及社会主义革命和建设的胜利。遗憾的是，从1957年起的一段时期内，党的指导思想曾背离实事求是的思想路线，社会主义建设遭受重大挫折，邓小平指出："一个党，一个国家，一个民族，如果一切

---

①②③　邓小平文选（第三卷）[M].北京：人民出版社，1993：370+374-375.

从本本出发，思想僵化，迷信盛行，那它就不能前进，它的生机就停止了，就要亡党亡国。"①1978 年党的十一届三中全会重新确立了解放思想、实事求是的思想路线。我们的事业重新走上正轨。农村和城市的改革探索如火如荼地开展，国家的面貌和人民群众的面貌焕然一新，整个国家焕发出了勃勃生机，中华大地发生了历史性的伟大变化。社会生产力获得新的解放。安定团结的政治局面不断巩固。②然而，前进的道路并不是一片坦途、一帆风顺，随着东欧剧变，苏联解体，"极左"思潮重新抬头，以苏联解体为由，掀起了改革是姓"资"还是姓"社"的争论，这些争论造成了人们的思想困惑，工作上因为担心犯路线错误而束手束脚，一些领域的改革甚至出现停滞不前的情况。邓小平同志指出：中国要警惕右，但主要是防止"左"……把改革开放说成是引进和发展资本主义，认为和平演变的主要危险来自经济领域，这些就是"左"③，邓小平坚定地支持改革开放：在这短短的十几年内，我们国家发展得这么快，使人民高兴，世界瞩目，这就足以证明党的三中全会以来路线、方针、政策的正确性，谁想变也变不了。④与此同时，他还鼓励人们进一步解放思想，把改革开放的步子迈得更大一点，不要像小脚女人一样走不动、迈不开。计划经济不等于社会主义，资本主义也有计划；市场经济不等于资本主义，社会主义也有市场。计划和市场都是经济手段。⑤邓小平的"南方谈话"使得人们的思想迷雾廓清了，推动了新一轮的思想大解放。至此，解放思想、实事求是蔚然成风，改革开放的步伐大大加快，社会主义市场经济体制的改革目标得到确立，全方位、多层次、宽领域的对外开放格局迅速形成。我们党坚持解放思想、实事求是思想路线，走出了一条具有中国特色的社会主义道路。

---

① 邓小平文选（第二卷）[M].北京：人民出版社，1994：143.

② 江泽民文选（第一卷）[M].北京：人民出版社，2006：210.

③④⑤ 邓小平文选（第三卷）[M].北京：人民出版社，1993：375+371+373.

2. 敢闯敢试、勇于创新的精神

敢试敢闯、勇于创新是改革开放精神的核心。改革开放是一场前无古人的尝试，没有现成模式可以照搬，靠的是全国人民在党的坚强领导下，一路披荆斩棘、敢闯敢试地"摸着石头过河"。邓小平在南方视察时看到改革开放的排头兵——广东发展得非常快，鼓励大家看准了的事情，步子要迈得大一点、大胆地闯。没有一点闯的精神，没有一点"冒"的精神，没有一股气呀、劲呀，就走不出一条好路，走不出一条新路，就干不出新的事业。①针对怕犯错误，畏首畏尾、瞻前顾后，不敢闯不敢试的心态，邓小平鼓励道：证券、股市，这些东西究竟好不好，有没有危险，是不是资本主义独有的东西，社会主义能不能用？允许看，但要坚决地试。看对了，搞一两年对了，放开；错了，纠正，关了就是了。②只有敢试敢闯，才能干出一番新事业。从安徽凤阳小岗村十八户村民"大包干"试验到家庭联产承包责任制的确立，从兴办经济特区的"摸着石头过河"到沿海沿江沿边和全国各地全方位、多层次、宽领域开放，再到共建"一带一路"，从加入世界贸易组织到分批设立自由贸易试验区的改革实践，都是靠党团结带领全国各族人民敢试敢闯、开拓进取干出来的。

习近平指出："改革开放四十年的实践启示我们：创新是改革开放的生命。"③改革开放以来，我们大胆地试，大胆地闯，并不是盲目地试和闯，而是在试和闯中开拓创新。在改革开放的伟大实践中，我们勇敢地进行适合中国国情的道路创新、体制创新、制度创新。比如我们在"摸着石头过河"的敢试敢闯中找到了中国特色社会主义道路，并坚定不移地走中国特色社会主义道路；在推动农村改革过程中，结合农村生产发展实际，进行

---

①②　邓小平文选（第三卷）[M].北京：人民出版社，1993：372–373.

③　习近平著作选读（第二卷）[M].北京：人民出版社，2023：224.

体制机制创新，废除人民公社制度，建立家庭联产承包责任制；在上海浦东，先试先行，进行制度创新，设立全国首个自由贸易试验区、首批综合性国家科学中心。从一定意义上说，一部改革开放实践史就是一部改革开放创新史，改革开放无止境，开拓创新不停步。

3.只争朝夕、奋力追赶的精神

社会主义新中国是脱胎于半殖民地半封建社会而建立起来的，"一穷二白"是新中国生产力水平的真实写照，经过三年国民经济恢复时期及"一五"计划的提前完成，我们同世界上其他国家的差距是有，但不太大，但是由于我国社会主义建设遭受重大挫折，到改革开放前夕，我们同世界其他国家，特别是西方发达国家的差距越来越大了，我国周边出现了"亚洲四小龙"，再不抓住时机，发展经济，我们就会错失良机。邓小平强调："能发展就不要阻挡，有条件的地方要尽可能搞快点""不抓呀，看到的机会就丢掉了，时间一晃就过去了。"[①] 所以，我们的思想要再解放一些，改革开放的步伐要走得更快一些。在改革开放几十年历程中，全国人民以时不我待、只争朝夕的劲头投身到改革开放的大潮中，喊出"时间就是金钱，效率就是生命"的口号，创造了世界经济发展的奇迹。2010年超过日本成为世界第二大经济体，同时我们还创造了制造业第一大国、货物贸易第一大国、外汇储备连续多年位居世界第一等诸多世界第一。中国共产党团结带领全国各族人民，经过几代人的努力奋斗，2021年脱贫攻坚战取得了全面胜利，完成了消除绝对贫困的艰巨任务，全面建成了小康社会，实现了第一个百年奋斗目标。全国人民埋头苦干，以星光不问赶路人的劲头，用几十年时间走完了发达国家用几百年走过的工业化历程，大踏步赶上时代潮流。

---

① 邓小平文选（第三卷）［M］.北京：人民出版社，1993：375.

（三）新时代要大力弘扬改革开放精神

党领导人民顺利实现了第一个百年奋斗目标之后，又踏上实现第二个百年奋斗目标新征程。新征程是一场充满光荣和梦想的远征，在新征程上还会遇到很多艰难险阻、惊涛骇浪。作为中国精神的集中体现，我们要大力弘扬改革开放精神，战胜困难，到达胜利的彼岸。

1. 始终坚持党的全面领导

中国共产党领导是中国特色社会主义最本质的特征，是中国特色社会主义制度的最大优势，党是最高政治领导力量，必须坚持党对一切工作的领导。[①] 实行改革开放是一项崭新而艰巨的事业，中国共产党是领导和推进改革开放事业的主心骨，肩负着为改革开放把方向、谋大局、定政策，领导社会主义现代化强国建设的神圣使命。邓小平在多次谈话中反复强调：要坚持中国共产党的领导，因为离开了中国共产党的领导，谁来组织社会主义的经济、政治、军事和文化？谁来组织中国的四个现代化？[②] 历史实践证明：办好中国的事情，关键在党；能否走好新长征之路，关键也在党。正如习近平总书记在党的二十大报告上指出，"全面建设社会主义现代化国家、全面推进中华民族伟大复兴，关键在党"[③]。在民族复兴伟大征程上，我们面对的风险挑战依然很多，只有坚持党的全面领导，才能更好地爬坡过坎、逢山开路、遇水架桥、化危为机，不断推进全面深化改革，实现民族复兴的伟大梦想。

---

① 本书编写组.《中共中央关于坚持和完善中国特色社会主义制度、推进国家治理体系和治理能力现代化若干重大问题的决定》辅导读本［M］.北京：人民出版社，2019：62-63.

② 邓小平文选（第二卷）.［M］.北京：人民出版社，1994：170.

③ 习近平.高举中国特色社会主义伟大旗帜 为全面建设社会主义现代化国家而团结奋斗［M］北京：人民出版社，2022：63.

2. 始终坚持改革创新

一部改革开放史就是一部不断解放思想、开拓创新的历史。习近平总书记指出："创新是改革开放的生命。"[①]实践不止，创新不停。党的十八大以来，我国经历的国内外环境发生了极为广泛而深刻的变化，从国际上看，世界正面临百年未有之大变局，从国内看，社会发展面临一系列突出的矛盾和挑战，比如：发展的不平衡不充分问题，科技创新能力不强，产业结构不尽合理，发展方式依然粗放等，解决这些问题，除了改革，别无他路。改革会碰到难以想象的各种阻力，特别是思想观念上的障碍，不解放思想，不敢于冲破传统的思想观念，不敢于突破利益固化的藩篱，就无法全面推进改革，就无法推进中国特色社会主义制度自我完善和发展。党的十八届三中全会后，习近平总书记亲自担任中央全面深化改革领导小组（2018年改名为"中央全面深化改革委员会"）组长，先后主持召开多次会议，锐意改革，推出一系列有力的改革举措，这是坚持解放思想、开拓创新结出的硕果。因此，新时代新征程，我们必须始终坚持改革创新，进一步破解体制机制障碍，不断增强社会主义现代化建设的动力和活力。

3. 坚持以人民为中心

中国共产党的奋斗目标是不断满足人民对美好生活的向往。党领导改革开放的出发点和落脚点就是为人民谋幸福，为民族谋复兴。因此，推进改革开放就要做到顺民心、懂民意、谋民生。党制定的路线、方针、政策要以人民拥护不拥护、赞成不赞成、高兴不高兴为依据，让人民充分共享改革发展的成果。改革开放还要尊重人民群众的首创精神。相信群众、依靠群众，是改革开放取得成功的经验之一。习近平总书记明确指出：改革开放是亿万人民自己的事业，必须坚持尊重人民首创精神，坚持在党的领导下推进。改革开放是人民的要求和党的主张的统一，人民群众是历史的

---

① 习近平. 论中国共产党历史［M］. 北京：人民出版社，2021：227.

创造者和改革开放事业的实践主体。所以，必须坚持人民主体地位和党的领导的统一，紧紧依靠人民推进改革开放。[①] 人民是推动改革开放的主体力量。新时代新征程，我们必须大力弘扬改革开放精神，充分发挥人民的主观能动性，集中人民智慧，激发人民创造性，不断提高人民的获得感、幸福感、安全感，扎实推进共同富裕不断取得实质性进展。

二、全球化信息化背景下的意识形态阵地建设

（一）全球化信息化背景下加强意识形态阵地建设的重要性

长期以来，资本主义和社会主义两种制度、两种道路的意识形态处于既共存又斗争的状态。东欧剧变、苏联解体，以美国为首的敌对势力在弹冠相庆的同时，利用新一轮的全球化及互联网的快速发展加紧了对中国实施"和平演变"战略。美国前驻意大利大使理查德·加得勒1983年发表的《在意识形态领域推销美国》一文中曾赤裸裸地指出：决定美国资本主义命运和前途的是意识形态而不是武装力量。[②] 可见，西方敌对势力试图搞垮共产党消灭社会主义制度的战略意图始终没有改变。对此，我国历代领导人始终保持着清醒的头脑，邓小平指出：可能是一个冷战结束了，另外两个冷战又已经开始。一个是针对整个南方、第三世界的，另一个是针对社会主义的。[③] 江泽民也曾指出：国际敌对势力企图西化、分化我国的政治本质绝不会改变，我们同国际敌对势力在渗透和反渗透、遏制和反遏制、分裂和反分裂、颠覆和反颠覆上的斗争，也将是长期的、复杂的，有时甚至是很尖锐的。[④] 尤其是在当代互联网飞速发展的背景下，网络已经

---

① 习近平关于全面深化改革论述摘编［M］.北京：中央文献出版社，2014：138.
② 钱海源.帝国主义的战略阴谋：在中国搞意识形态多元化［J］.当代思潮，2000（4）：58.
③ 邓小平文选（第三卷）［M］.北京：人民出版社，1993：344.
④ 江泽民文选（第三卷）［M］.北京：人民出版社，2006：8.

成为一个新的思想文化阵地和思想政治斗争阵地。各地区各部门的领导干部，必须加紧学习信息网络化知识，高度重视网上斗争的问题。我们的党建工作、思想政治工作、组织工作、宣传工作、群众工作，都应适应信息网络化的特点。[①] 党的各级领导干部要学会用网络斗争方式，应对网络阵地的意识形态斗争，做到守土有责、守土尽责。

（二）全球化信息化背景下西方思潮对我国意识形态工作的挑战

1. 西方敌对势力利用大众传媒持续对我国进行意识形态渗透

在互联网普及之前，电视、报纸、广播、电影是西方发达资本主义国家向全世界输出意识形态的惯用手法。这些"意识形态武器"相对于直接的"飞机＋大炮"侵略更具有欺骗性和渗透力。联合国开发计划署 1999 年发表的报告书指出，截至 20 世纪末，排在美国出口第一位的是娱乐业的电影和电视节目，"梦工厂"好莱坞已经成为美国最大的出口生产商，"美国梦"是其行销全球的产品。……推广着美国的主流意识形态和价值观。[②] 20 世纪 90 年代到 21 世纪初，中国电影票房收入排前十名的影片，好莱坞大片占据多数，例如，《教父》《阿甘正传》《泰坦尼克号》《阿凡达》《狮子王》等影片都曾竞相在中国内地电影院上映，为无数国人所热捧。美国凭借好莱坞电影在世界上的霸主地位，以最有效最生动的方式，在实现其经济利益的同时完成了它的意识形态输出，观众在欣赏电影故事时自觉不自觉地受到美国等西方国家的价值理念的影响。此外，以美国为首的西方敌对势力还通过电台、电视、出版物、网络等渠道进行意识形态渗透。例如，随着我国各领域开放度的扩大，西方一些电视栏目改头换面进入中国电视领域，人们欣赏节目之余，会潜移默化地接受西方的生活方式、价值

---

① 江泽民文选（第三卷）[M].北京：人民出版社，2006：300.

② 徐海娜.电影的力量——好莱坞与美国软权力[J].江苏行政学院学报，2009（4）：45.

理念等。

2. 利用教育文化交流对青年的意识形态渗透

青年是一个国家的未来，青年的价值取向决定着一个国家未来的价值取向。学校是意识形态工作的前沿阵地，并非"象牙塔""世外桃源"。中国青年是西方敌对势力极力争夺的对象。

改革开放以来，我国在学习西方先进技术和管理经验的同时，西方发达资本主义国家凭借其话语优势、文化霸权，见缝插针地影响着中国青年的价值观。例如，为了解世界，融入世界，同国际接轨，一些高校借鉴西方国家高校的教育教学模式，新设置了某些新学科和新课程，而某些教材的编写出版照搬了西方的教材编写理念或观点，话语体系和表述方式上出现了西化倾向；有些学者著书立说时，言必称希腊，学生在学习时自觉不自觉地接受了西方资本主义意识形态的理念、话语体系和价值观。此外，西方资本主义国家某些机构还借中外教育文化交流之机，把错误的社会思潮进行精心"包装"，向中国青年学生兜售。西方曾盛行一时的历史终结论、新自由主义、消费主义、拜金主义、享乐主义、娱乐至上等社会思潮曾在中国青年中有一定市场，由此带来的负面影响不容低估。

（三）全球化信息化背景下我国意识形态阵地建设基本策略

我国是中国共产党领导的社会主义国家，决定了马克思主义在各领域的指导地位。红色文化大众传播是我国意识形态建设的重要组成部分。在全球化信息化背景下，中国共产党通过坚持党对意识形态阵地建设的领导；以科学的理论武装人，不断推进马克思主义大众化传播；坚持正确舆论导向，唱响主旋律；以高尚的精神塑造人，传承红色基因；以优秀的作品鼓舞人，弘扬红色文化及其精神。

1. 坚持党对意识形态阵地建设的领导

在全球化信息化背景下，我国意识形态阵地建设必须坚持党的领导。

只有坚持党对意识形态阵地建设的领导，才能始终坚持马克思主义在意识形态领域的指导地位，始终坚持正确的政治方向，以马克思主义为指导，引领多样化的社会思潮。意识形态阵地不容失守，否则会危及党的执政地位，关涉国家存亡。江泽民指出："思想宣传阵地，社会主义思想不去占领，资本主义思想就必然去占领。各级党委要重视意识形态工作，加强对意识形态工作的领导，牢牢掌握意识形态各部门的领导权。"①党的十六届四中全会审议通过的《中共中央关于加强党的执政能力建设的决定》强调，坚持党管媒体的原则，增强引导舆论的本领，掌握舆论工作的主动权。②各级宣传文化单位的领导干部，要强化阵地意识，做到"守土有责"。③坚持党的领导，是意识形态阵地建设保持正确政治方向的根本保证，也是推动红色文化大众化传播的根本保证。

2. 以科学的理论武装人，不断推进马克思主义大众化传播

马克思指出："批判的武器当然不能代替武器的批判，物质力量只能用物质力量来摧毁；但是理论一经掌握群众，也会变成物质力量。"④我们党历来重视用马克思主义理论武装全党、教育人民。党的十三届四中全会号召全体党员进行马克思列宁主义、毛泽东思想、社会主义、共产主义思想、党纲党章和党的路线方针政策的教育。1994年1月，江泽民在全国宣传思想工作会议上明确指出"以科学的理论武装人"是宣传思想战线的主要任务之一。根据党中央的战略部署，奋战在各条宣传战线上的工作者，采取各种形式，在全党全国深入开展马克思主义理论特别是党的创新理论成果的宣传和普及教育。党的十五大、十六大、十七大形成了学习邓小平理论、"三个代表"重要思想和科学发展观的高潮。在所举办的不同级别、

① 江泽民文选（第一卷）[M].北京：人民出版社，2006：160.
② 十六大以来重要文献选编（中）[M].北京：中央文献出版社，2006：284.
③ 胡锦涛.在全国宣传部长会议上的讲话[N].人民日报，2003-12-08（1）.
④ 马克思恩格斯选集（第一卷）[M].北京：人民出版社，2012：9.

不同层次的理论研讨班上，要求各级党员领导干部，特别是高级领导干部要带头学习马列主义、学习党的创新理论，理论联系实际，探索解决改革开放和现代化建设过程中出现的各种问题。我们与时俱进地促使党的创新理论更好地进教材、进课堂、进学生头脑。1998 年秋季学期，全国各高校单独开设《邓小平理论概论》课程。2002 年 11 月，党的十六大把"三个代表"重要思想写入党章，成为党的指导思想；全国各高校与时俱进，把《邓小平理论概论》课程调整为《邓小平理论与"三个代表"重要思想概论》；2005 年 3 月，中共中央宣传部、教育部印发《关于进一步加强和改进高等学校思想政治理论课的意见》（教社政〔2005〕5 号）的实施工作方案（以下简称"05 方案"），"05 方案"把《毛泽东思想概论》《邓小平理论和"三个代表"重要思想概论》两门课程整合为《毛泽东思想、邓小平理论和"三个代表"重要思想概论》，这一课程帮助学生系统地掌握马克思主义中国化时代化的理论成果。

3. 坚持正确舆论导向，唱响主旋律，推动红色文化大众传播

舆论工作事关党和国家的前途命运。毛泽东曾指出：一张省报，对于全省工作，全体人民，有极大的组织、鼓舞、激励、批判、推动的作用。①邓小平强调：要使我们党的报纸、期刊成为全国安定团结的思想上的中心。②江泽民认为：舆论导向正确，是党和人民之福；舆论导向错误，是党和人民之祸。③胡锦涛指出："要坚持团结稳定鼓劲、正面宣传为主。充分发挥新闻媒体宣传党的主张、弘扬社会正气、通达社情民意、引导社会热点、疏导公众情绪、搞好舆论监督的重要作用。"④习近平总书记强调：

---

① 毛泽东文集（第七卷）[M].北京：人民出版社，1999：338.

② 邓小平文选（第二卷）[M].北京：人民出版社，1994：255.

③ 江泽民文选（第一卷）[M].北京：人民出版社，2006：564.

④ 胡锦涛文选（第三卷）[M].北京：人民出版社，2016：63.

党的新闻舆论工作是党的一项重要工作，是治国理政、定国安邦的大事[①]，做好党的新闻舆论工作，事关旗帜和道路，事关贯彻落实党的理论和路线方针政策，事关顺利推进党和国家各项事业，事关全党全国各族人民凝聚力和向心力，事关党和国家前途命运。[②]因此，要坚持正确的舆论导向，唱响主旋律，营造良好的舆论，为维护社会稳定，民心团结，推进改革开放和社会主义现代化建设提供积极向上的舆论环境。首先，要理直气壮、旗帜鲜明地坚持党管宣传、党管意识形态、党管媒体，坚持政治家办报、办刊、办新闻网站。党的十四大以来，在国家的大力支持下，传统主流媒体牢牢掌握在党的手里，确保主流媒体是党的"耳目喉舌"。与此同时，顺应互联网飞速发展的趋势，中央和地方的主流媒体网站加快建设步伐，人民网、新华网、央视国际网和中青网等中央新闻网站以及各省区市主流媒体网站的影响力日益增强，知名度不断提高，发挥了网上新闻传播主力军的作用。其次，各类媒体加强正面宣传，弘扬主旋律，有效引导社会舆论。党的十四大以来，各类媒体，特别是主流媒体围绕党的工作中心，服务大局，加强对改革开放和社会主义现代化建设的宣传，唱响社会主义改革主旋律，弘扬改革开放精神。比如，对我国的科教兴国战略、西部大开发战略、"引进来""走出去"战略进行深入细致的宣传，围绕社会热点、难点、堵点开展广泛宣传引导。最后，利用节庆、重大事件、纪念日等活动加强宣传，推动红色文化大众传播。在党的十四大到党的十八大，我们相继迎来了香港回归、澳门回归、庆祝新中国成立50周年、庆祝改革开放30周年等重大事件和重大纪念日。通过对重大纪念日进行全方位、立体式的宣传报道，设计推出有关标志图案、标语口号、宣传画、图书等，营造隆重热烈的欢庆氛围，唱响爱国主义主旋律，极大提振了中华儿女的民族自豪感和自信心。

---

①② 习近平谈治国理政（第二卷）［M］.北京：外文出版社，2017：331-332.

4. 传承红色基因，以高尚的精神塑造"四有"新人

意识形态阵地建设是否有成效，关键是能否培育一代代有理想、有道德、有文化、有纪律的社会主义新人。新民主主义革命时期，无数中国共产党人在革命斗争中形成了以伟大建党精神为源头的一系列红色革命精神，包括革命和拼命精神，严守纪律和自我牺牲精神，大公无私和先人后己精神，压倒一切敌人、压倒一切困难的精神，革命乐观主义、排除万难去争取胜利的精神。这些精神深深熔铸于中国共产党的血脉之中，是中国共产党永葆生机，取得一个又一个胜利的精神密码。革命理想高于天，有理想、有信仰是一个党、一个国家、一个人能够克服困难、永不气馁、走向成功的关键。邓小平指出：如果一个共产党员没有这些精神，就决不能算是一个合格的共产党员。不但如此，我们还要大声疾呼和以身作则地把这些精神推广到全体人民、全体青少年中间去，使之成为中华人民共和国的精神文明的主要支柱。① 江泽民同志强调：我们说的高尚精神，就是指我们党的崇高理想和信念、优良传统和作风，包括中华民族几千年形成、发展起来的优秀文化传统和美德。②

党的十四大以来，我们党传承红色基因，坚持以高尚的精神塑造"四有"公民。首先，党员干部以身作则，弘扬党的正气。在我们的党员队伍中涌现出无数的先进人物。有一尘不染、两袖清风的孔繁森，人民的好公仆——"自行车市长"李润五，有抗洪、抗震救灾、抗击"非典"中涌现出的无数中国共产党人，还有默默为航天航空事业奉献一生的航天人。在无数个中国共产党人身上，我们看到了坚定的马克思主义信仰，看到了坚如磐石的共产主义信念，看到了为党、为国、为人民的初心使命。其次，深入开展爱国主义宣传教育。1994 年 8 月 23 日，中共中央印发《爱国主

---

① 邓小平文选（第二卷）[M].北京：人民出版社，1994：368.
② 江泽民文选（第一卷）[M].北京：人民出版社，2006：503.

义教育实施纲要》，规定了爱国主义教育的基本原则，重点面向青少年进行爱国主义教育，全国各地要因地制宜搞好爱国主义教育基地的建设；全社会创造爱国主义教育的社会氛围；提倡必要礼仪，增强爱国意识；大力宣传爱国先进典型；加强对爱国主义教育的领导。2002 年 1 月，为了贯彻落实《公民道德建设实施纲要》，全国开展了科教、文体、法律、卫生"四进社区"活动。把社会主义核心价值体系融入国民教育和精神文明建设全过程。最后，继承和发展党的革命精神和优良传统。革命精神和优良传统是中国共产党在革命斗争中形成的精神结晶，是支撑党和人民军队战胜艰难险阻、不怕牺牲、英勇斗争、坚持到底的精神力量，是我们党的宝贵精神财富。江泽民同志在纪念红军长征胜利六十周年大会上的讲话中指出："伟大的长征给党和人民留下了伟大的长征精神。"①长征精神体现出的国家和民族的利益高于一切、坚守理想、坚信必胜。敢于牺牲、独立自主、实事求是、顾全大局、生死与共、紧密团结的精神是我国全体人民特别是青少年要不断传承和弘扬的革命精神，唯有如此他们才能成为合格的"四有"新人，为社会主义现代化建设贡献力量。

5. 以优秀的作品鼓舞人，推动红色文化大众传播

优秀的作品能够直抵人心，能产生非常广泛而深远的影响。创作出一批又一批优秀的红色文化作品，既可以鼓舞人心，为社会主义现代化建设凝聚力量，又能够推动红色文化的大众化传播。

党的十四大以来，我国积极发展文化事业和文化产业，推进社会主义文化的大繁荣大发展，涌现出大批优秀作品，有力推动红色文化的大众化传播。首先，设立精神文明建设"五个一工程"奖，丰富人民群众文化生活的同时，推动红色文化大众化传播。中共中央宣传部从 1992 年开始设立了精神文明建设"五个一工程"奖。该项活动原则上每年组织评选一

---

① 江泽民文选（第一卷）［M］．北京：人民出版社，2006：590．

次，评选出上一年度所创作的优秀作品：一部好的戏剧、一部好的电视剧（片）、一部好的电影、一部好的图书（限社会科学方面）、一部好的理论文章（限社会科学方面）。1995 年度起，将一首好歌和一部好的广播剧纳入评选范围，"五个一工程"的名称不变。从历届的获奖作品来看，许多作品都围绕着红色文化进行创作，例如，第一届精神文明建设"五个一工程"奖，共评选出 15 部优秀戏剧、15 部精品电视剧、7 部优秀电影、10 部图书、10 篇文章，其中 7 部优秀电影为《周恩来》《开天辟地》《焦裕禄》《毛泽东和他的儿子》《决战之后》《烈火金钢》《大城市 1990》。获奖电影都是充分利用和挖掘我国丰富的红色资源进行创作，作品既叫好又叫座，丰富人民群众的精神文化生活的同时大力推动了红色文化的大众化传播。其次，充分利用重大节庆、重大事件、纪念日等方式集中创作一批作品，并大力普及宣传。以重大节庆、重大事件、纪念日等特殊日子为契机，创作优秀作品，向人民群众普及宣传红色文化。例如围绕党的领袖、建党纪念日、国庆、改革开放纪念日等主题，重新梳理、创作并推广优秀的红色文化作品。例如常跳常新的芭蕾舞剧《红色娘子军》、歌曲《春天的故事》《走进新时代》、电视剧《长征》、电影《建国大业》《建党伟业》《建军大业》三部曲，这些优秀作品深受人民群众的喜爱。最后，组织大中小学生参加各种形式的社会实践活动，宣传普及红色文化。青少年是国家的未来，青少年树立正确的世界观、人生观、价值观离不开红色文化的熏陶。鼓励和组织大中小学生参加社会实践活动，在社会实践活动中感受红色文化，传承红色基因。例如，围绕建党纪念日，组织学生开展寻访老党员（老红军）、探寻革命遗迹等历史回顾、记录类活动，利用大众传媒和微博、微信、抖音等新媒体，通过文字、图片、视频等方式，及时将社会实践中的所见所闻、所思所为进行展示、分享，并设置红色文化主题开展网上征集评选，通过广泛发动学生参与评选优秀作品，引导广大学生了解红色文化、接受红色文化、认同红色文化，进而坚定"四个自信"。

三、弘扬红色文化是发展先进文化的应有之义

（一）发展先进文化的基本内涵

中国共产党的诞生伊始，就致力于代表中国先进文化前进方向，坚持以马克思主义为指导，植根中华优秀传统文化，积极吸收世界其他一切民族创造的优秀文化成果，大力发展先进文化，建设中国人民的精神家园。江泽民的《在庆祝中国共产党成立八十周年大会上的讲话》中指出："在当代中国，发展先进文化，就是发展有中国特色社会主义的文化，就是建设社会主义精神文明。"①党的十六大报告进一步明确指出：在当代中国，发展先进文化，就是发展面向现代化、面向世界、面向未来的，民族的科学的大众的社会主义文化，以不断丰富人们的精神世界，增强人们的精神力量。②具体而言，"面向现代化"是指发展先进文化要立足于我国的改革开放和现代化建设事业，紧跟时代，反映时代精神，中国特色社会主义文化才有生命力。"面向世界"是指发展先进文化要具有世界眼光，紧跟世界文化发展前沿，积极吸收包括资本主义文明在内的人类社会创造的一切文明成果。"面向未来"是指中国特色社会主义文化要结合改革开放和现代化建设实践、人民群众的精神文化需要，不断推陈出新。"民族的科学的大众的社会主义文化"是指发展坚持马克思主义为指导，坚持求真务实、开拓创新，体现中国特点、中国气派的，服务广大人民群众的先进文化。

（二）发展先进文化的必要性和紧迫性

文化兴国运兴，文化强民族强。一个没有先进文化支撑的民族和国家，是没有前途的。虽然中华民族在几千年的历史长河中历经磨难，却能

---

① ② 江泽民文选（第三卷）［M］.北京：人民出版社，2006：276+559.

涅槃重生、延绵不息、薪火相传、顽强发展，靠的是以爱国主义为核心的民族精神和以改革创新为核心的时代精神，以及党和人民在伟大斗争中构建起来的精神谱系等。建设中国特色社会主义现代化事业是一项光荣而艰巨的壮丽事业。伟大的事业需要并将产生崇高的精神，崇高的精神支撑和推动着伟大的事业。①世纪之交，我们党领导的中国特色社会主义现代化事业面临着世情、国情、党情的深刻变化。适应新形势新情况，解决新问题，迫切需要体现着崇高精神的先进文化的支撑。

进入 21 世纪，文化在综合国力竞争中的地位日益重要，谁占据了文化发展的制高点，谁就能够更好地在激烈的国际竞争中掌握主动权。20 世纪 90 年代以来，发达资本主义国家的文化产业逐渐成为国民经济的支柱产业，西方国家的文化产业在推动经济增长、收获巨大经济效益的同时向全球输出西方的意识形态、生活方式。"总体上处于弱势地位的广大发展中国家，不仅在经济发展上面临严峻挑战，在文化发展上也面临严峻挑战。"②在这种激烈的竞争形势下，继承和发展中华优秀传统文化，吸收世界上一切民族的优秀文化成果，推动发展先进文化是我们党迫切需要解决的重大问题。

党的十一届三中全会的召开，拉开了改革开放的大幕，改革开放的实践造就了伟大的改革开放精神，勤劳朴实的各族人民解放思想、实事求是、敢试敢闯、开拓创新、奋勇争先、只争朝夕，为社会主义现代化建设奠定了物质基础和精神力量。同时，由于经济体制改革产生社会经济成分、组织形式、就业方式、利益关系和分配方式的变化。社会主义市场经济体制下的企业既有国有企业，也有个体工商户、私营企业、外资企业等，因企业性质不同，分配方式是多样化的。这种多样化，反映到人们的思想领域既有积极、先进的思想，也有消极、落后的思想。因此，发展以

---

①②　江泽民文选（第三卷）[M].北京：人民出版社，2006：196+399-400.

马克思主义为指导的先进文化，是抵制落后、腐朽思想，把正改革开放正确航向的迫切要求。

在新的历史条件下，中国共产党党员数量、年龄结构、思想素质、文化水平等都发生了深刻变化。江泽民强调：现在，党的建设同新形势新任务不相适应的地方还相当不少，党内在思想上、组织上、作风上存在的不符合甚至违背党和人民利益的问题也相当不少。[①]因此，加强和改进党的思想作风、学风、工作作风、领导作风和生活作风。始终坚持解放思想、实事求是的思想作风；始终坚持把马克思主义基本原理同社会主义改革和现代化建设的实践相结合的学风；始终坚持脚踏实地、艰苦奋斗的工作作风；坚持理论联系实际、密切联系群众、批评与自我批评，以及民主集中制、任人唯贤等领导作风；坚持清正廉洁、艰苦奋斗、良好道德修养等生活作风，是发展先进文化的必然要求。

（三）弘扬红色文化是发展先进文化的题中应有之义

在当代中国，弘扬红色文化是发展先进文化的题中应有之义。发展先进文化至少包含以下基本内容：要坚持马克思主义在意识形态领域的指导地位，弘扬和培育民族精神，坚持文化创新。

1.坚持马克思主义在意识形态领域的指导地位需要大力弘扬红色文化

马克思认为："一个阶级是社会上占统治地位的物质力量，同时也是社会上占统治地位的精神力量。"[②]一个社会的思想领域，是由那个社会的统治阶级的思想支配的。"坚持什么样的文化方向，推动建设什么样的文化，是一个政党在思想上精神上的一面旗帜。"[③]坚持马克思主义在意识形

---

①③　江泽民文选（第三卷）[M].北京：人民出版社，2006：3+277.

②　马克思恩格斯选集（第一卷）[M].北京：人民出版社，2012：178.

态领域的指导地位，是把握先进文化前进方向的关键。中国共产党是用马克思主义武装起来的无产阶级政党，党领导下先进文化的一个显著特点就是坚持马克思主义在意识形态领域的指导地位。在社会主义中国，只有坚持马克思主义为指导，才能团结全党全国各族人民沿着正确的方向前进，发展先进文化、荡涤落后文化。红色文化作为中国共产党领导人民群众在革命、建设和改革的各个历史时期所创造的具有鲜明马克思主义意识形态特征的文化样态，是中国共产党革命文化和社会主义先进文化的重要组成部分。红色文化具有鲜明的马克思主义意识形态立场和政治属性，因此，发展先进文化，坚持马克思主义在意识形态领域的指导地位，必须不断弘扬红色文化。

2. 培育民族精神需要弘扬红色文化

发展和繁荣先进文化的一项极为重要的任务，就是要使我们的民族和人民在建设有中国特色社会主义事业的征程上，始终保持奋发有为、昂扬向上的精神状态。[①]民族精神是一个民族能屹立于世界民族之林的根基。"中国共产党百余年辉煌历程波澜壮阔、惊天动地，孕育出彰显崇高伟大理想信念的红色资源，淬炼了昂扬向上的红色文化，构筑起绵延不断的精神谱系。"[②]红色文化彰显了中华民族千百年来能够屹立于世界民族之林的民族精神。在这种精神的引领下党才能带领广大民众推翻"三座大山"，取得新民主主义革命的胜利；才能克服艰难险阻，取得社会主义革命和社会主义建设的胜利；才能锐意进取，开拓创新取得改革开放的巨大成就。在当代，发展先进文化，培育民族精神，需要不断从红色文化中汲取有益的精神力量，增强党和全国各族人民的精神力量，丰富党和全国各族人民的精神世界，才能在社会主义现代化建设征程中披荆斩棘、勇往直前，胜利到

---

① 江泽民文选（第三卷）[M].北京：人民出版社，2006：400.

② 赵政，郭家于.红色文化资源的思想政治教育功能及其实现[J].学校党建与思想教育，2023（20）：37.

达终点。

3. 建设具有感召力、吸引力的先进文化需要弘扬红色文化

文以载道，文以化人。文化是一个民族生存和发展的精神支撑。在人类历史长河中，一个国家的强大，不仅是经济和军事上的强大，还包括了文化在全球中的感召力、吸引力。文化自信是更深沉、更广泛、更基础的自信。随着人民群众的物质生活水平提高，对精神文化生活提出了更高的要求，当前，中国特色社会主义文化在内容、形式等方面同人民群众对精神文化的需求有不相适应的地方，因此，迫切需要建设具有感召力、吸引力的先进文化，满足人民群众日益增长的文化需求。红色文化是扎根群众、依靠群众、从人民群众中汲取营养，以人民群众的实践作为创作的源泉，最后服务于人民群众的。例如，《义勇军进行曲》《东方红》《北京的金山上》等红色歌曲到现在还广为传唱。电影《小兵张嘎》《地雷战》《地道战》《红星闪闪》至今广受群众喜爱。当代中国，建设具有感召力、吸引力的先进文化要从内容到形式上借鉴红色文化成功经验和做法，不断提升先进文化的感召力、吸引力，不断满足人民群众的精神需求，丰富人民群众的精神世界。

第三节　中国特色社会主义进入新时代的红色文化大众传播（2012 年至今）

中国特色社会主义新时代是中国发展新的历史方位。这个新时代是在新的历史条件下继续夺取中国特色社会主义伟大胜利的时代。党的十八大以来，以习近平同志为核心的党中央高度重视红色文化大众传播，强调要

把红色资源利用好、把红色传统发扬好、把红色基因传承好。[①]新时代宣传思想文化工作提出了新要求，明确了新时代红色文化大众传播的目标和方向，要求致力于建设具有强大凝聚力和引领力的社会主义意识形态。红色文化作为社会主义先进文化的重要组成部分，对中国特色社会主义事业发展具有重要的推动作用，红色文化大众传播为第一个百年奋斗目标的实现提供了坚强的思想保证、强大的精神力量和有力的文化条件。在新时代新征程上，需要继续推进红色文化大众传播，大力弘扬以伟大建党精神为源头的中国共产党人精神谱系，传承红色基因，赓续红色血脉，守正创新，做好新时代宣传思想文化工作，为实现第二个百年奋斗目标提供不竭的精神动力。

一、新时代宣传思想文化工作的新要求

中国特色社会主义进入新时代以来，党在宣传思想文化工作领域提出一系列新要求。2013 年 8 月，在全国宣传思想工作会议讲话中，习近平用"两个巩固"概括新时代党的宣传思想工作的根本任务，即巩固马克思主义在意识形态领域的指导地位，巩固全党全国人民团结奋斗的共同思想基础的新要求。2018 年 8 月，在全国宣传思想工作会议中，习近平强调，新形势下宣传思想工作要自觉承担起举旗帜、聚民心、育新人、兴文化、展形象的使命任务的新要求。2022 年 10 月，习近平在党的二十大报告中强调，推进文化自信自强，铸就社会主义文化新辉煌，建设具有强大凝聚力和引领力的社会主义意识形态，广泛践行社会主义核心价值观，提高社会文明程度，繁荣发展文化事业和文化产业，增强中华文明传播力影响力的新要求。2023 年 6 月，习近平在文化传承发展座谈会上强调，要在新的历

---

① 陈先达．马克思主义信仰［M］．北京：人民出版社，2018：140.

史起点上继续推动文化繁荣、建设文化强国、建设中华民族现代文明，担负起新的文化使命的新要求。2023年10月全国宣传思想文化工作会议正式提出和系统阐述习近平文化思想，为做好新时代新征程宣传思想文化工作、担负起新的文化使命提供了强大思想武器和科学行动指南。推动红色文化大众传播是新时代宣传思想文化工作的重要任务之一，势必要遵循新时代宣传思想文化工作的新要求。

（一）推动新时代红色文化大众传播是建设具有强大凝聚力和引领力的社会主义意识形态的重要抓手

意识形态工作是为国家立心，为民族立魂的工作，关乎中国特色社会主义事业的总体方向。全面建设社会主义现代化国家、全面推进中华民族伟大复兴是一项极其艰巨的任务，需要依靠具有强大凝聚力和引领力的社会主义先进文化统一意志、团结行动。红色文化以马克思主义为指导，以中华优秀传统文化为养料，孕育于中国共产党领导广大人民群众进行的革命、建设和改革的实践中，是马克思主义意识形态的重要组成部分，反映社会主义的价值观念，对增强社会主义意识形态的凝聚力和引领力具有重要作用。一方面，红色文化凝聚着中国共产党人的共同价值目标，承载着中国人民百年来的苦难、光荣与梦想，是中国人民百年来共同理想和共同价值的表达，这些共同的记忆是新时代凝聚共识的情感纽带和心理基础，因此，红色文化大众传播有助于不断增强社会主义意识形态的凝聚力。习近平总书记强调："文化是一个国家、一个民族的灵魂。历史和现实都表明，一个抛弃了或者背叛了自己历史文化的民族，不仅不可能发展起来，而且很可能上演一幕幕历史悲剧。文化自信，是更基础、更广泛、更深厚的自信，是更基本、更深沉、更持久的力量。"① 另一方面，红色文化是以

---

① 习近平谈治国理政（第二卷）［M］.北京：外文出版社，2017：349.

马克思主义为指导的文化，以科学的世界观和方法论为基础，是社会主义先进文化发展的重要成果，对社会文明风尚具有重要引领作用，因此，红色文化大众传播有利于增强社会主义意识形态的引领力。新时代红色文化大众传播就是通过弘扬红色文化来传播社会主义主流思想文化，增强人们对社会主义的文化认同，进而增强对社会主义意识形态的认同，实现巩固壮大奋进新时代的主流思想舆论的目的。因此，推动新时代红色文化大众传播是建设具有强大凝聚力和引领力的社会主义意识形态的重要抓手。

（二）推动新时代红色文化大众传播是广泛培育和践行社会主义核心价值观的题中应有之义

广泛培育和践行社会主义核心价值观是新时代宣传思想文化工作的新要求，是新时代红色文化大众传播的题中应有之义。党的十八大提出要积极培育和践行社会主义核心价值观，倡导富强、民主、文明、和谐，倡导自由、平等、公正、法治，倡导爱国、敬业、诚信、友善。核心价值观是一个民族赖以维系的精神纽带，是一个国家共同的思想道德基础。广泛培育和践行社会主义核心价值观，将有助于整合社会意识，促使社会系统得以正常运转、社会秩序得以有效维护。广泛培育和践行社会主义核心价值观，必须坚持重在建设、以立为本的原则，加强正面宣传教育，融入社会治理和人们日常生产生活之中。党的二十大报告指出：社会主义核心价值观是凝聚人心、汇聚民力的强大力量。弘扬以伟大建党精神为源头的中国共产党人精神谱系，用好红色资源，深入开展社会主义核心价值观宣传教育，深化爱国主义、集体主义、社会主义教育，着力培养担当民族复兴大任的时代新人。[①]红色文化本身就蕴含着社会主义核心价值观的重要内容。主要体现在以下三个方面：

---

① 习近平.高举中国特色社会主义伟大旗帜　为全面建设社会主义现代化国家而团结奋斗——在中国共产党第二十次全国代表大会上的报告（2022年10月16日）[M].北京：人民出版社，2022：44.

一是红色文化蕴含"富强、民主、文明、和谐"的内容。中国共产党成立之日起，就以民族独立、人民解放、国家富强为使命，在革命战争年代即使条件再艰苦依然坚定不移践行建设富强民主国家的目标，如抗日战争时期提出的为民主即为抗日。民主是抗日的保证，抗日能给予民主运动发展以有利条件。[①] 二是红色文化蕴含"自由、平等、公正、法治"的内容。打破旧世界、扫除旧秩序，建立新世界、创建新的社会秩序是中国共产党领导新民主主义革命、建立新中国的重要任务。党不仅领导广大人民砸碎禁锢在他们身上的枷锁，而且使广大人民在政治、经济、社会上获得平等和自由。在新民主主义革命时期所形成的丰富红色文化资源中蕴含着忠诚、为民、廉洁、公正、法治的优良传统和红色法治基因。譬如，1931年11月中华苏维埃共和国临时中央政府通过的《宪法大纲》是中国第一部体现人民当家作主、参加国家管理的宪法性文件；1947年10月中共中央公布施行的《中国土地法大纲》明确规定：废除封建性及半封建性剥削的土地制度，实行耕者有其田的土地制度等。三是红色文化蕴含"爱国、敬业、诚信、友善"的内容，在革命战争年代，一个个可歌可泣的英雄人物，他们热爱祖国、恪尽职守、抱诚守真、舍己为人，用生命筑起一座座丰碑，他们身上集中体现了崇高的道德情操，折射出"爱国、敬业、诚信、友善"的价值取向。因此，推动新时代红色文化大众传播是广泛培育和践行社会主义核心价值观的题中应有之义。将红色文化教育融入国民教育全过程，推进红色文化大众化传播，必将有助于广泛培育和践行社会主义核心价值观。

（三）推动新时代红色文化大众传播方式创新，讲好中国故事

讲好中国故事是新时代宣传思想文化工作的重要使命，是新时代红色文化大众传播的创新方式。党的二十大报告指出："讲好中国故事，传播好中国

---

① 毛泽东选集（第一卷）［M］. 北京：人民出版社，1991：274.

声音，展现可信、可爱、可敬的中国形象。"①讲好中国故事，传播好中国声音，关乎中国国家形象的塑造和民族精神的培育，关乎中国国际地位和国际话语权的提升，关乎中国以怎样的方式向世界传播中华优秀传统文化、革命文化和社会主义先进文化。讲故事，是国际传播的最佳方式。②以讲故事的方式进行文化交流，会更容易感染人、打动人，使红色文化传播效果更好。如何在新的时代讲好中国故事、传播好红色文化是当代重要的课题。讲好中国故事需要深入挖掘红色文化资源中承载的集体记忆背后的丰富内容素材，主要有承载着历史记忆和育人功能的红色物质文化素材如革命人物故居、革命遗迹、文化博物馆、档案资料等，还有凝结在红色人物革命事迹、重大革命历史事件中的精神素材，都是讲好中国故事的重要内容素材。传播好红色文化是新时代讲好中国故事的重要使命。在 2021 年 6 月中共中央政治局第三十一次集体学习上，习近平强调要用史实说话，增强表现力、传播力、影响力，生动传播红色文化。讲好中国故事是红色文化大众传播的创新方式。红色文化以红色故事为载体呈现出来。通过讲好中国红色故事让人民群众、也让世界更真实、立体地了解中国红色文化的魅力，在情感上更易于接受中国共产党的伟大革命精神和中国人民的伟大奋斗精神，更容易形成对构建人类命运共同体倡议的认同，对国际政治和经济新秩序重构中的中国方案的认同。

二、红色文化传播与第一个百年奋斗目标的实现

打赢脱贫攻坚战、全面建成小康社会是"两个一百年"奋斗目标的

---

① 习近平.高举中国特色社会主义伟大旗帜 为全面建设社会主义现代化国家而团结奋斗——在中国共产党第二十次全国代表大会上的报告（2022 年 10 月 16 日）［M］.北京：人民出版社，2022：46.

② 中共中央文献研究室.习近平关于社会主义文化建设论述摘编［M］.北京：中央文献出版社，2017：212.

第一个百年奋斗目标，是建设社会主义现代化国家的关键节点，也是中华民族伟大复兴征程上一座重要里程碑。"中国特色社会主义文化积淀着中华民族最深层的精神追求，代表着中华民族独特的精神标识，是中国人民胜利前行的强大精神力量。"[①] 红色文化作为中国特色社会主义文化的重要组成部分，同样蕴藏着中国人民胜利前行的强大精神力量。通过红色文化传播增强了人民文化自信和全社会的凝聚力和向心力，为第一个百年奋斗目标实现提供了坚强的思想保证、强大的精神力量和有利的文化条件。

（一）红色文化传播为第一个百年奋斗目标的实现提供坚强思想保证

红色文化凝结着中国共产党的理想信念，这个理想信念就是"马克思主义真理信仰，共产主义远大理想，中国特色社会主义共同理想"[②]。从一定意义上说，红色文化大众传播所传的就是共产党的理想信念，就是马克思主义真理信仰、共产主义远大理想和中国特色社会主义共同理想。其一，红色文化大众传播是对马克思主义真理信仰的传播。马克思主义真理信仰的客体是科学知识，所以我们说信仰马克思主义就是信仰真理。红色文化传播在传播马克思主义过程中就是在传播科学知识、传播真理。马克思主义信仰的真理性体现于马克思主义理论的科学性，马克思主义是揭示自然、社会和思维发展普遍规律的科学。传播马克思主义真理信仰为人类实践活动提供了正确的世界观、人生观、价值观指导。确立马克思主义真理信仰能够为实现第一个百年奋斗目标提供科学有力的理论武器。其二，红色文化大众传播是对共产主义远大理想的传播。红色文化大众传播所传的就是共产主义的美好社会愿景，马克思、恩格斯将未来美好的共产主义

---

① 习近平谈治国理政（第二卷）[M].北京：外文出版社，2017：51.

② 习近平谈治国理政（第三卷）[M].北京：外文出版社，2020：505.

社会描绘为：代替那存在着阶级和阶级对立的资产阶级旧社会的，将是这样一个联合体，在那里，每个人的自由发展是一切人的自由发展的条件[①]，共产主义社会消灭了资本主义社会的剥削现象及摆脱人的异化状态，以实现人的自由全面发展为终极价值指向。中国共产党从成立之日起就以实现共产主义社会为奋斗目标，共产主义远大理想成为中国共产党领导革命、建设、改革前进路上的灯塔。毛泽东曾强调：主义譬如一面旗子，旗子立起了，大家才有所指望，才知所趋赴。[②] 全面建成小康社会，实现第一个百年奋斗目标是中国共产党带领中国人民迈向共产主义社会美好理想的第一步，共产主义远大理想为第一个百年奋斗目标的实现指明前进方向。其三，红色文化大众传播是对中国特色社会主义共同理想的传播。中国特色社会主义共同理想就是要实现中华民族伟大复兴的中国梦，即实现国家富强、民族振兴、人民幸福。实现全面建成小康社会、实现第一个百年奋斗目标是实现中华民族伟大复兴中国梦的关键一步，中国梦的引领使第一个百年奋斗目标的实现目标更具体、更明确。"共产主义远大理想和中国特色社会主义共同理想，是中国共产党人的精神支柱和政治灵魂，也是保持党的团结统一的思想基础。"[③] 红色文化传播有助于坚定理想信念，坚守中国共产党的初心使命，确保中国特色社会主义事业前进方向。第一个百年奋斗目标的实现过程是充满艰辛和挑战的过程，红色文化传播将崇高理想信念熔铸到党和人民的灵魂之中，巩固了全党全国各族人民团结奋斗的思想基础，为第一个百年奋斗目标的实现指明前进方向和提供坚强思想保证。

---

① 马克思恩格斯选集（第一卷）[M].北京：人民出版社，2012：422.

② 中共中央文献研究室编.毛泽东年谱（一八九三——一九四九）（上卷）[M].北京：人民出版社，中央文献出版社，1993：80.

③ 习近平谈治国理政（第三卷）[M].北京：外文出版社，2020：49.

（二）红色文化传播为第一个百年奋斗目标的实现提供强大精神力量

通过红色文化传播，使全党全国各族人民感受革命先烈和英雄模范的动人事迹，让他们思想受到洗礼、灵魂得到滋养、心灵得到震撼，从而激发人们为第一个百年奋斗目标实现不懈奋斗。习近平曾多次强调，红色资源是我们党艰辛而辉煌奋斗历程的见证，是最宝贵的精神财富。红色血脉是中国共产党政治本色的集中体现，是新时代中国共产党人的精神力量源泉。红色文化传播有助于抵御历史虚无主义、文化虚无主义的泛滥。红色文化蕴含党领导革命、建设、改革进程中为实现中华民族伟大复兴不懈奋斗的辉煌历史。在新民主主义革命时期，党领导人民抵御外来侵略，奏响不畏牺牲、浴血奋战的主旋律，形成了以红船精神、井冈山精神、长征精神等为代表的红色文化；在社会主义革命、建设和改革开放新时期，党领导人民为改变中国一穷二白的面貌而自力更生、艰苦创业、无私奉献、开拓创新，形成了以雷锋精神、大庆精神、"两弹一星"精神、载人航天精神、抗震救灾精神、改革开放精神等为代表的红色文化。中国特色社会主义进入了新时代，党领导人民为全面建成小康社会、实现第一个百年奋斗目标，奋进全面建设社会主义现代化强国、实现中华民族伟大复兴中国梦的新征程，形成了脱贫攻坚精神、"三牛"精神、抗疫精神、丝路精神、新时代北斗精神等红色文化。这些红色文化的大众传播从正面给予历史虚无主义和文化虚无主义以反击，通过真实的历史重建人们的精神信仰，坚定历史自信、文化自信，增强人民精神力量。理论一经掌握群众，也会变成物质力量。[①] 红色文化大众传播是使理论"掌握群众"的重要途径。在马克思主义的指引下，红色文化大众传播更加广泛、中华民族精神深入人心，为第一个百年奋斗目标实现汇聚主动拼搏的精神力量。

---

① 马克思恩格斯文集（第一卷）[M].北京：人民出版社，2009：11.

（三）红色文化大众传播为实现第一个百年奋斗目标提供有利文化条件

改革开放以来，红色文化大众传播主要是利用红色资源、红色传统、红色基因等文化条件，满足人民精神文化需求、推动文化繁荣发展、增强文化自信，为第一个百年奋斗目标实现提供有力文化支撑。主要体现在以下三个方面：一是充分利用好红色资源，满足人民精神文化需求。满足人民美好生活需要是全面建成小康社会、实现第一个百年奋斗目标的题中之义。美好生活既包括美好物质生活，也包括美好精神文化生活。红色文化作为社会主义先进文化的重要组成部分，也是精神文化的重要组成部分。通过红色文化大众传播可以不断满足人民群众精神文化需求，丰富人民的精神世界，构筑中华民族共有精神家园，为第一个百年奋斗目标的实现铸牢中华民族共同体意识、凝聚团结奋斗的力量。二是发扬红色文化传统，推动中华文化大发展大繁荣。文化建设是全面建成小康社会的重要任务，红色文化大众传播有助于推动中华文化大发展大繁荣。红色文化是在马克思主义文化理论的基础上结合中国具体实际情况形成的新文化，同时又是对中华优秀传统文化的继承与发展。从一定意义上说，红色文化传统也是经由"两个结合"而形成的文化生命体。弘扬红色文化传统，有助于推动建设中华民族现代文明，为第一个百年奋斗目标的实现奠定坚实的文化根基。三是红色文化大众传播有助于传承红色基因，坚定文化自信。红色文化是革命、建设、改革实践的文化成果，是时代发展的产物，为中华优秀传统文化注入新的内涵，生成的民族精神和时代精神使中华优秀传统文化焕发出新的生机和活力，成为新时代文化自信的底色。红色文化大众传播有利于提高整体社会成员的文化品格，进而形成高度的文化自信。红色文化大众传播过程中能够为社会成员提供可参考的实践坐标和精神支撑，让他们在内心产生情感共鸣，形成对红色文化的认同，增强他们的文化自信。综上所述，红色文化大众传播为第一个百年奋斗目标的实现提供有利的文化条件。

三、新征程上赓续中国共产党人的精神谱系

新征程上中国共产党人精神谱系的赓续与新时代新征程中国共产党使命任务的实现是相统一的。新征程上中国共产党人精神谱系的赓续要以中国共产党履行新使命为依托，即以中国式现代化全面推进中华民族伟大复兴、实现中国梦的中心任务为目标指向，同时履行新使命又要以弘扬中国共产党人精神谱系为精神动力。在新时代新征程上，要继续利用好红色资源、发扬好红色传统、传承好红色基因，推进红色文化大众传播，在坚持守正创新、宣传教育、践行落实中赓续中国共产党人的精神谱系。

（一）在守正创新中赓续中国共产党人的精神谱系

新征程上赓续中国共产党人的精神谱系需要坚持守正创新的本质要求。党的二十大报告指出："我们从事的是前无古人的伟大事业，守正才能不迷失方向、不犯颠覆性错误，创新才能把握时代、引领时代。"[1] "守正"与"创新"是一个辩证统一、不可分割的整体，"守正"是"创新"的基础和前提，"创新"是"守正"的目标和方向。列宁指出：现代历史的全部经验，特别是《共产党宣言》发表后半个多世纪以来世界各国无产阶级的革命斗争，都无可争辩地证明，只有马克思主义的世界观才正确地反映了革命无产阶级的利益、观点和文化。[2] 新征程上"守正创新"的"正"

---

① 习近平.高举中国特色社会主义伟大旗帜 为全面建设社会主义现代化国家而团结奋斗——在中国共产党第二十次全国代表大会上的报告（2022年10月16日）[M].北京：人民出版社，2022：20.

② 列宁全集（第三十九卷）[M].北京：人民出版社，2017：374.

指的是红色文化基因，即马克思主义基本原理和中华优秀传统文化。"守正创新"包括两个方面：一方面指坚持马克思主义在赓续中国共产党人精神谱系中的指导地位，以伟大建党精神为首的精神谱系是中国共产党在马克思主义指导下，在百余年的坚守中丰富发展马克思主义的重要成果；另一方面指的是以中华优秀传统文化为文化根基。2023 年 6 月，习近平总书记在文化传承发展座谈会上发表的重要讲话中指出：如果不从源远流长的历史连续性来认识中国，就不可能理解古代中国，也不可能理解现代中国，更不可能理解未来中国。[①] 当然，也不能理解中国共产党人的精神谱系。中国共产党人的精神谱系有其独特的传统文化根基，讲仁爱、重民本、守诚信、崇正义、尚和合、求大同的精神特质蕴藏在中国共产党人的精神谱系之中。因此，赓续中国共产党人的精神谱系必须增强历史自觉，推动中华优秀传统文化创造性转化、创新性发展，自觉从中华优秀传统文化中汲取精神养料，丰富其文化滋养。恩格斯指出：每一个时代的理论思维，包括我们这个时代的理论思维，都是一种历史的产物，它在不同的时代具有完全不同的形式，同时具有完全不同的内容。[②] 中国共产党人精神谱系不仅在守正中坚守初心和使命，而且在创新中不断丰富和发展。"守正创新"之"新"是指在新的历史实践中，结合新的实践去创造、生成、提炼新的精神形态，使党的精神谱系内容不断延展；"守正创新"之"新"还指精神谱系的传播方式的创新，通过创新精神谱系的表达方式和话语体系，增强中国共产党人精神谱系的传播力、感染力和感召力。

（二）在深化宣传教育中赓续中国共产党人的精神谱系

新征程上赓续中国共产党人的精神谱系需要加强宣传教育。应采取以

---

① 习近平.在文化传承发展座谈会上的讲话［J］.求是，2023（17）.

② 马克思恩格斯文集（第九卷）［M］.北京：人民出版社，2009：436.

下三项措施：一是深化伟大建党精神等红色精神的研究，增强赓续精神谱系的学理支撑。可以说，中国共产党人精神谱系是一个内涵丰富的体系，需要深入挖掘整理相关史料和资源素材，需要强化学术研究，着力提炼中国共产党人独特的精神标识，阐释好中国共产党人精神谱系的历史逻辑、理论逻辑和实践逻辑，揭示中国共产党人精神谱系的生成机理、精髓要义、内在特征及时代价值，在此基础上探索精神谱系的赓续路径。二是加强全媒体传播体系建设，塑造赓续中国共产党人精神谱系的主流舆论新格局。习近平总书记审时度势，在 2018 年 6 月 15 日致《人民日报》创刊 70 周年的贺信中明确要求，要构建全媒体传播格局，不断提升传播力、引导力、影响力、公信力。党的二十大报告提出：加强全媒体传播体系建设，塑造主流舆论新格局。^①这表明党对于新闻传播体系建设的目标越来越明确，路线越来越清晰。所谓全媒体传播体系指的是以全程、全息、全员、全效为核心要素，构建持续在线的全程传播状态、信息内容立体呈现的全息传播场景、多元协同参与的全员传播格局、国家社会个人都得到提升的全效传播局面。全媒体传播体系的构建需要妥善处理好传统媒体与新兴媒体、主流媒体与商业媒体、中央媒体与地方媒体、大众化媒体与专业性媒体等相互之间的关系，进而更好实现媒体传播的总体目标。同时，还应加强中国共产党人精神谱系的对外话语体系构建，讲好中国故事，提高对外宣传的影响力，在为世界发展贡献中国智慧和中国方案中赓续中国共产党人的精神谱系。三是充分发挥学校思想政治理论课主渠道和"课程思政"的协同育人作用，形成赓续中国共产党人精神谱系的强大合力。思想政治理论课是立德树人的关键课程，发挥思想政治理论课在赓续中国共产党人精神谱系中的主渠道作用，要将中国共产党人精神谱系有机融入思想政治

---

① 习近平.高举中国特色社会主义伟大旗帜 为全面建设社会主义现代化国家而团结奋斗——在中国共产党第二十次全国代表大会上的报告（2022 年 10 月 16 日）[M].北京：人民出版社，2022：44.

理论课教育教学当中，这是赓续中国共产党人精神谱系的基础性工程。同时也要发挥"课程思政"的协同作用，营造全员、全过程、全方位育人格局。通过课堂教学讲清楚伟大建党精神的来龙去脉，更好地把握精神谱系的历史意义和精神内涵，在思想政治理论课和"课程思政"协同作用中赓续中国共产党人的精神谱系。

（三）在推动践行落实中赓续中国共产党人的精神谱系

新征程上赓续中国共产党人的精神谱系要在推动践行落实上着力。马克思在《关于费尔巴哈的提纲》中指出：哲学家们只是用不同的方式解释世界，而问题在于改变世界。[①]一方面，广泛动员社会成员践行中国共产党人的精神谱系。赓续中国共产党人精神谱系需要广泛动员社会力量，以多样化的实践活动推动全民践行。习近平指出："一种价值观要真正发挥作用，必须融入社会生活，让人们在实践中感知它、领悟它。"[②]通过多样化的实践活动使中国共产党人的精神谱系融入人们生活的方方面面，在落细、落小、落实上下功夫，使人民能切实将中国共产党人的精神谱系内化为自己的价值信念，并转化为奋进新征程的精神力量，这也是广泛践行社会主义核心价值观的要求。另一方面，要充分发挥党员干部在践行中国共产党人精神谱系中的先锋模范带头作用，把学习历史与观照现实统一起来、把传承精神与推动工作统一起来，营造自觉践行中国共产党人精神谱系的良好氛围。时代是思想之母，实践是理论之源，从唯物史观分析，精神并非凭空产生，而是实践的产物，从中国共产党人精神谱系的生成机理来看，伟大精神是由伟大实践铸就的，中国共产党人的精神谱系是在革命、建设、改革的实践中与时代互动中形成的理论成果。因此，新征程上

---

① 马克思恩格斯文集（第一卷）[M].北京：人民出版社，2009：506.

② 中共中央文献研究室.习近平关于社会主义文化建设论述摘编[M].北京：中央文献出版社，2017：109.

要立足于新时代的社会主题、时代特征和实践要求传播红色文化，正确引导广大人民群众坚定中国特色社会主义文化自信，厚植爱国主义情怀，积极投身到全面建设社会主义现代化国家、全面推进中华民族伟大复兴的伟大实践中，在奋力实现第二个百年奋斗目标的征程上赓续中国共产党人的精神谱系。

第五章

改革开放以来红色文化大众传播的主要特点

随着改革开放的深入推进，社会经济政治文化状况和社会面貌发生了深刻改变。人民群众的精神文化需求也呈现出新的变化，更加追求个性化与多样化的统一、娱乐性与求真性的统一、活泼与严肃的统一，心态上更加开放、主动和包容，行动上更注重效率、互利和共赢。红色文化大众传播积极引领人民群众的精神文化需求，呈现出传播对象差异化、传播方式和路径多样化、传播载体的灵活运用等特点。

第一节　传播对象的差异化

改革开放以后，随着国内外环境和形势的改变，人民群众的精神文化需求也呈现出新的变化。由于红色文化在不同群体中的影响力存在差异性，因此，改革开放以来红色文化大众传播注重依据不同受众分层传播，不搞"一刀切"，坚持联系实际，区分层次和对象，加强分类指导，找准与人们思想的共鸣点、与群众利益的交汇点，做到贴近性、对象化、接地气。①根据传播对象的分层化要求，从他们的具体生活环境、思想状况、成长发展等维度出发，红色文化大众传播加强了不同层次传播的侧重点，在尊重差异中形成价值共识。"关键是要提高质量和水平，把握好时、度、效，增强吸引力和感染力，让群众爱听爱看、产生共鸣，充分发挥正面宣传鼓舞人、激励人的作用。"②这里讲的"把握好时、度、效"是改革开放以来红色文化大众传播的主要特点之一，对于红色文化大众传播具有重要的指导意义。

一、党员和领导干部的红色文化教育

改革开放以来，红色文化大众传播的主要特点之一就是重视和挖掘红色文化资源的党性教育价值。党员党性修养的提升是巩固党的执政地位和形成良好政治生态的现实需要，也是党员保持自身纯洁性和先进性的内在需求。

---

① 十八大以来重要文献选编（上）［M］.北京：中央文献出版社，2014：579.
② 习近平著作选读（第一卷）［M］.北京：人民出版社，2023：149.

充分利用红色文化开展党性教育，不仅有助于红色文化的传承，也有助于党员干部党性修养的提升，从而培养造就一支高素质党员和领导干部队伍。

（一）红色文化资源融入党员干部教育专题活动

改革开放以来，我党开展了多次大规模的党员干部教育活动，如"三讲"教育活动、"三个代表"重要思想学习教育活动、学习实践科学发展观活动、保持共产党员先进性教育活动、党的群众路线教育实践活动、"三严三实"专题教育、"两学一做"学习教育、"不忘初心、牢记使命"主题教育、党史学习教育、学习贯彻习近平新时代中国特色社会主义思想主题教育等，红色文化资源为我们开展纪律教育、作风建设，弘扬党的优良传统提供了可贵的素材。

第一，红色文化资源融入纪律教育中。我党历来重视纪律教育，因为这是提高我党战斗力的重要政治保障。在全面整党活动中要求回答好党员的政治素质是不是提高了，组织纪律性是不是加强了，是不是能够认真执行党章，积极发挥先锋模范作用。党的基层组织是不是发挥了战斗堡垒作用，是不是加强了同群众的联系等问题[1]；在保持共产党员先进性教育活动中要求坚持发扬党内民主，走群众路线。尊重党员的民主权利，调动党员参加先进性教育活动的积极性[2]；在"三严三实"专题教育中就是要坚持用权为民，按规则、按制度行使权力，把权力关进制度的笼子里，任何时候都不搞特权、不以权谋私[3]；在"两学一做"学习教育中要求加强党性锻炼和道德修养，心存敬畏、手握戒尺，廉洁从政、从严治家，筑牢拒腐防变的防线[4]等。物质形态红色文化、精神形态红色文化、制度形态红色文化

---

① 十二大以来重要文献选编（上）[M].北京：人民出版社，1986：405.

② 十六大以来重要文献选编（中）[M].北京：中央文献出版社，2006：417.

③ 习近平著作选读（第一卷）[M].北京：人民出版社，2023：226.

④ 十八大以来重要文献选编（下）[M].北京：中央文献出版社，2018：225.

和行为形态红色文化等资源中有不少反映严明纪律的制度、事迹或守纪模范人物等，为开展党的纪律教育提供了丰富的素材。例如，新民主主义革命时期中国工农红军行为准则"三大纪律八项注意"、党的十八大之后出台的中央八项规定等。

第二，红色文化资源融入作风建设中。改革开放以来，如何抵挡"糖衣炮弹"的攻击成为了新历史时期党员干部教育的重点。党风是我党宗旨的反映并引领着社会风气，始终坚持全心全意为人民服务的根本宗旨，作风建设永远在路上。例如在"不忘初心、牢记使命"主题教育中，要求党员干部守初心、担使命、找差距、抓落实，牢记全心全意为人民服务的根本宗旨，以坚定的理想信念坚守初心，牢记人民对美好生活的向往就是我们的奋斗目标，时刻不忘我们党来自人民、根植人民，永远不能脱离群众、轻视群众、漠视群众疾苦。

（二）不断开拓红色文化资源融入党性教育的途径

创新教育培训方式、开拓党性教育新途径，采取行之有效的培训方式，在形式多样的党性教育教学中融入丰富的红色文化资源。一是在党性教育理论课中选择性地引进红色文化资源，提升党性教育感染力。举办红色文化教育专题讲座，开展系统讲解、案例分析、体验参与等教学形式，充分发挥多种载体的作用，如红色读物、红色影视、红色旅游等。二是有针对性地对不同干部群体和岗位需求进行培训。抓好党员领导干部、青年党员干部、基层党员群体，着力红色先进典型引领、强化理论武装、党性实践锻炼，发挥党性教育中红色文化的教育功能。

同时，不断创新党性教育实践形式。党性教育目的的实现需要理论指导还需要实践引导，并通过参与各种实践活动强化情感体验。红色实践体验活动可以使红色基因渗进血液，进而深入骨髓，因此，要组织党员干部重走长征路、参观红色教育基地等实践活动。结合党员干部的工作实际，在深入群众与服务群众中，加深对红色文化的理解，传承红色基因，组织开展社会调查、服务实践、帮扶活动等服务活动。通过这些实践活动提高党员干部的责任感、服务意识，以达到党性教育的目的。

（三）加强红色文化资源开发利用与党性教育基地建设

立足本土特色红色文化资源，开发具有地方特色的红色文化资源，积极挖掘当地红色文化资源的精神内涵，使其成为有深度和新意的党性教育资源，让当地党员领导干部培训学习更有融入感，让他们更自觉地传承红色基因。植根当地文化传统和人民生产生活实际，把培育和践行社会主义核心价值观与开发红色文化资源结合起来，探索和构建红色文化教育内容体系，形成具有当地特色的红色文化品牌。同时，运用现代化传播手段丰富红色文化展示形式，加强信息平台的建设，就地取材，为党性教育开展提供形式多样的素材和场景。

推动了党性教育资源共建共享，初步实现了红色文化资源的联动利用，构建党性教育基地资源的共享立体体系，形成片区式党性教育基地。同时，为了保证党性教育的效果，努力打造一支专兼职相结合的党校师资队伍，注重整合红色文化教育的师资力量。通过选派骨干教师进行党性锻炼，选聘各个领域知名的专家学者担任兼职教师等方式，做好红色文化资源的开发和传播工作。

（四）持续增强红色文化资源融入党性教育内容的力度

加快推进红色文化资源进教材、进课堂、进头脑的"三进"工程，在党性教育内容体系中纳入红色文化教育，通过红色文化大众传播来开展党性教育。主要采取了以下三项措施：一是红色文化资源进党课教材。组织编写融入本地红色文化资源、具有本土特色红色文化教材。同时，还要优先引进全国优秀红色读物进党校课堂。二是红色文化资源进课堂。党校在党员和领导干部教育培训计划中融入红色文化教育，在党校主体班次教学中加大红色文化教育内容比例，开发满足党员领导干部实际需要的不同历史时期的课程内容，确保红色文化教育在党性教育中的作用。三是红色文化进头脑。把红色文化内容融入党性教育内容体系，充分利用红色文化资源中蕴含的红色基因进行理想信念教育，在党员和领导干部的实际工作中融入红色文化，进而引导、规范党员和领导干部的道德品行。

二、青少年的红色文化教育

青少年是红色文化大众传播的重要对象。习近平总书记指出"青少年阶段是人生的'拔节孕穗期'，这一时期心智逐渐健全，思维进入最活跃状态，最需要精心引导和栽培"①。改革开放以来，党和政府十分重视利用红色文化资源对青年学生进行社会主义道德教育和理想信念教育。

（一）在加强社会主义精神文明建设中开展对青少年的"三观"教育

1996 年 10 月，党的十四届六中全会通过的《中共中央关于加强社会主义精神文明建设若干重要问题的决议》中提出：要把现代化建设的伟大成就和宏伟目标，中国近代史现代史、中共党史和基本国情，中华民族优秀传统和革命传统，民族团结和祖国统一，国防和国家安全，作为新时期爱国主义教育的主要内容。② 要善于借助红色文化资源，通过运用大众传媒、课堂教学、重要历史纪念日和重要社会习俗活动等方式，在青少年中积极开展正确的世界观、人生观和价值观（以下简称"三观"）的教育，帮助青年学生坚定政治立场，提升文明程度和社会责任感，提高服务社会

---

① 习近平.思政课是落实立德树人根本任务的关键课程（2019 年 3 月 18 日）[M].北京：人民出版社，2020：2.

② 改革开放三十年重要文献选编（上）[M].北京：中央文献出版社，2008：875.

的能力。在青少年中开展"三观"教育，其中一个重要任务是积极引导他们学会处理好个体利益和集体利益的关系，可以运用红色文化中的典型案例进行教育，使青年学生树立起集体主义精神和社会主义道德风尚。

（二）通过新媒体传播平台向青少年传播红色文化

互联网和信息技术的迅猛发展，对人们的生产方式、生活方式、思维方式、学习模式等都产生了重大影响。红色文化大众传播方式和手段也在与时俱进。青少年获取知识和信息的方式更加多元化、多样化，新媒体深受青年学生欢迎和喜爱。传统媒体改造升级、新媒体优化拓展，两者共同发力，已成为向青年学生传播红色文化的重要载体。主要采取了以下两项措施：一是改造升级传统媒体并深化红色文化宣传。借助互联网技术对校园广播、校刊、校报这些传统媒体进行改造升级，促使登载有关反映红色故事、红色人物等的文章、图片、音视频等实现电子化、可视化、具象化，充分发挥改造升级后的传统媒体的影响力。二是充分利用新兴媒体平台进行宣传。努力建设红色文化相关的网站、微信公众号和抖音等新媒体平台，让青少年更易于获取党史、新中国史、改革开放史、社会主义发展史等历史文化知识，以及红色人物的先进事迹等其他红色资源，不断深化对红色文化的理解与认同。

（三）整合红色文化资源并将其转化为教育教学资源

学校红色文化教育是在青少年群体中传播红色文化的主阵地、主渠道。要将红色文化资源转化为教育教学成果资源。主要采取了以下五项措施：一是学校加强校园红色文化的建设。注重潜移默化地传播红色文化，把红色文化贯穿于校园文化建设之中，建设与红色文化相适应的校园文化环境。在教室板报、校园电子屏幕、宣传栏和校园广播台等宣传平台和开学典礼、毕业典礼等重大节点中有机融入红色文化，使青少年在校园中耳濡目染受到红色文化的熏陶和滋养。二是学校充分发挥思想政治理论课作为落实立德树人根本任务关键课程的作用。将红色文化资源有机融入大中小学校的思想政治理论课中，帮助青少年树立正确的世界观、人生观和价值观，不断增强青少年对中国共产党、社会主义中国、改革开放和中国特色社会主义伟大事业、中华民族伟大复兴的中国梦的认同，强化对他们的责任感和使命感教育。三是学校整合红色文化资源，针对不同的学段编写教材，并开设相应的课程。课程涵盖从建党之初到新时代这段时期中国发展中涌现出来的一系列重要事件、先进事迹和先进人物，让青少年了解我党历史、革命斗争的艰辛和国家取得的重大成就，通过这些课程青少年可以更好地认识和理解红色文化。四是学校利用校内外文化活动弘扬红色文化。举办主题班会、读书分享、文艺汇演、红色文化知识竞赛、红色文化展览等活动，引导学生参与红色文化创作，精心创作出红色文化相关作品。同时让学生走进革命历史，切身感受红色文化的魅力，积极组织他们到革命遗址等地参观学习，激发他们对红色文化的兴趣，提高参与度和学习效果。五是学校通过让学生参与社会实践从而传承传播红色文化。在社会实践中，学生以实际行动践行和传承红色文化。通过以上方式对红色文化进行传播，让学生在学习和生活中增加对红色文化的认同。

三、普通群众的红色文化教育

红色文化是中国共产党领导人民创造的为人民群众所享有、为社会进步服务的具有无产阶级性质的文化。1942 年 5 月，毛泽东主席《在延安文艺座谈会上的讲话》中指出：我们的文学艺术都是为人民大众的。[1]习近平总书记强调：人民既是历史的创造者，也是历史的见证者；既是历

---

[1] 毛泽东.毛泽东文艺论集［M］.北京：中央文献出版社，2002：67.

史的"剧中人",也是历史的"剧作者"。文艺要反映好人民心声,就要坚持为人民服务、为社会主义服务这个根本方向。[①] 红色文艺是红色文化的重要组成部分,红色文艺的人民性充分体现了红色文化的人民性。

（一）教育人民充分认识红色文化的人民性价值取向

让更多的人认识红色文化,感受红色文化所蕴含的精神信仰的力量,并在实际的生活中传承和践行红色文化,这是我们推进红色文化大众传播的重要目的。因此,推进红色文化大众传播的可靠保证就是坚持"以人民为中心"的原则。因为人民性是红色文化的基本价值取向,人民群众是红色文化的创造主体,这就决定了红色文化大众传播必须坚持回应人民群众关心的各种问题。1987年10月,党的十三大报告中指出,我们要充分认识的基本国情是我国正处在社会主义的初级阶段,人民日益增长的物质文化需要同落后的社会生产之间的矛盾是当时所面临的主要矛盾,因此,将满足人民的物质文化需要、实现人民根本利益作为改革建设的主要任务。2002年11月,党的十六大报告中强调指出:我们党必须始终代表中国先进生产力的发展要求,代表中国先进文化的前进方向,代表中国最广大人民的根本利益[②],始终做到"三个代表"是我们党的立党之本、执政之基、力量之源;贯彻"三个代表"重要思想,关键在于坚持与时俱进,核心在于坚持党的先进性,本质在于坚持执政为民;党的先进性是具体的、历史的,必须放到推动当代中国先进生产力和先进文化的发展中去考察,放到维护和实现最广大人民根本利益的奋斗中去考察。[③] 党的十八大以来,中国特色社会主义进入新时代,人民日益增长的美好生活需要和不平衡不充分的发展之间的矛盾成为了当前我国社会的主要矛盾。在文艺工作中要把

---

① 习近平著作选读（第一卷）[M].北京：人民出版社,2023：288.

②③ 十六大以来重要文献选编（上）[M].北京：中央文献出版社,2005：8+10.

人民作为文艺表现的主体，工作的出发点和落脚点就是要满足人民包括精神文化需要在内的美好生活需要，始终坚持党对文艺战线的基本要求，充分发挥文艺作品的最大正能量。

（二）依靠人民群众传播红色文化

人民群众不仅是物质财富的创造者，同时是精神财富的创造者。红色文化大众传播必须坚持走群众路线，紧紧依靠人民群众，相信人民群众在红色文化大众传播过程中拥有的强大力量，从人民群众中汲取文化传播的经验、智慧，依靠人民群众将红色文化中生动的历史故事、典型的革命英雄事迹、丰富的革命精神传播得更富亲和力、更具广泛性。列宁说：艺术是属于人民的。它必须在广大劳动群众的底层有其最深厚的根基。它必须为这些群众所了解和爱好。[①]烈士、英雄、楷模等红色人物的后代或亲属、身边人宣讲红色人物的先进事迹是红色文化传播的重要方式之一，更容易引起观众的情感共鸣和对先进人物优秀品格的认同，往往能起到良好的红色文化传播效果。譬如，焦裕禄的女儿焦守云，几十年来通过作报告、参与焦裕禄相关影视文艺作品的制作等方式致力于宣传焦裕禄精神，她把宣传父亲焦裕禄的事迹和精神当成自己的责任和工作的一部分，通过她这位焦家"形象大使"现身说法的宣传取得了良好的社会效果。又如，第八届全国道德模范梁小霞（广西第七批援湖北省抗疫医疗队员、南宁市第六人民医院护士）的同事、师友、亲人等通过作报告、接受采访、发表追忆文章等方式宣传抗疫英雄梁小霞"千里逆行勇挑重担 践行誓言书写时代担当"等先进事迹，在人民群众中营造铭记英雄、崇尚英雄、学习英雄的良好社会氛围。

---

① 列宁论文学［M］.北京：人民文学出版社，1958：137.

（三）将推动红色文化大众传播与满足人民群众精神文化需求和实现好、维护好人民群众的根本利益结合起来

红色文化大众传播充分体现了人民群众的意志和愿望，将人民群众的精神需求、价值理念等最大化地融合于红色文化资源开发、红色文化产业发展、红色文化研究及红色文化宣传等领域，将红色文化传播与社会经济、政治、文化、教育、宣传等领域的实践活动有机结合起来，通过红色文化进乡村、进培训和进街道等多途径传播，努力实现红色文化传播内容与人民意志的无缝对接，提升人民群众自觉接受和传播红色文化的积极性，形成全面推进红色文化大众传播的合力，使红色文化在更广阔的群体和范围内得到传播。例如，杨先农研究员指出，要深化长征文化线路建设，实现弘扬长征精神与全面实施乡村振兴战略相衔接，实现长征文化线路建设与全面推进乡村振兴"产业兴旺、生态宜居、乡风文明、治理有效、生活富裕"互渗互动、融合发展，依托得天独厚的长征路线文化资源，深入挖掘和开发利用底蕴深厚、独具特色的优秀乡土文化和多民族文化资源，开展与长征文化相关的乡土影视、动画、文学、艺术、展览、培训教育等活动，通过长征文化的品牌建构和理念传递，带动文化产业的全面升级优化；通过加强乡村文化建设，不断提升农民群众奔向共同富裕的内生动力。[①]

此外，红色文化大众传播需要满足人民群众需求。在把握红色文化大众传播规律的基础上，既要大力宣传理论性较强、艺术性较高的红色文化，满足知识层次较高、鉴赏能力较强的人民群众的高雅文化需求，又要大力进行理论的通俗化宣传、红色文化艺术的民族化传播，以具有中国作

---

① 曾江，廖苏予.全国人大代表杨先农：深化长征文化线路建设［EB/OL］.中国社会科学网（2021-03-10）. https://www.cssn.cn/skgz/bwyc/202209/t20220920_5534156.shtml.

风、中国气派，贴近大众、为大众所喜闻乐见的语言、方式，将红色文化蕴含的价值观念与理论品格等转化为人民群众易接受、听得懂、喜欢听的通俗化故事等形式，进行红色文化大众传播。从而满足不同文化层次、不同鉴赏能力的人民群众的基本文化需求，做到"阳春白雪""下里巴人"等不同类型红色文化的传播并重。

 ## 第二节　传播方式和路径的多样化

红色文化在其形成的过程中，传播方式和路径不仅随着工作经验不断丰富且逐渐成熟有效，而且随着时代的变迁越来越多样化。

一、红色文化大众传播方式的多样化

马克思和恩格斯指出："物质生活的生产方式制约着整个社会生活、政治生活和精神生活的过程。不是人们的意识决定人们的存在，相反，是人们的社会存在决定人们的意识。"① 在党领导我国各族人民进行伟大的革命、建设和改革开放实践中，整个社会面貌发生了翻天覆地的变化，红色文化大众传播作为精神文明建设的重要组成部分是社会存在的反映，并反过来推动人们变革社会的实践。红色文化大众传播方式是多样化的，其主要的传播方式一般有红色图书、报纸、期刊和红色文艺作品传播、红色影视和红色网站传播、实践活动、校园文化建设等。

---

① 马克思恩格斯选集（第二卷）［M］.北京：人民出版社，2012：2.

（一）红色图书、报纸、期刊和红色文艺作品传播

图书、报纸、期刊和文艺作品是传播红色文化的传统形式。在新民主主义革命时期，在非常艰苦的条件下，红色文化通过图书、报纸、期刊和文艺作品向人民大众传播，发挥了精神激励、思想引导、社会动员的效能，"唤起工农千百万"。例如，从1929年1月毛泽东、朱德同志率领红四军从井冈山转战赣南、闽西，开创中央革命根据地开始，至1934年10月中央红军主力撤出中央苏区、开始长征为止，中央苏区创办的报纸、期刊数量仅现在可以知见的就有232种[①]。其中就有《红色中华》《红星》《青年实话》《斗争》等对民众影响深远的报纸、期刊。标语、漫画、街头演讲、编印发行画报画册及通俗小册子、歌谣与戏剧等也是传播红色文化的重要手段。1931年4月《中共中央关于苏区宣传鼓动工作决议》提出：为要适合于一般工农群众的兴趣，与一般比较落后的女工童工苦力工人农民的文化水平，党必须注意编印发行画报、画册及通俗小册子的工作。[②]在中央根据地建立之后，苏区的红色山歌融入大量的革命元素，苏区人民尽情歌颂共产党和红军，抒发自己翻身解放后的喜悦心情。《青年实话》编委会在1933年8月31日的《红色中华》上刊发了一则启事，表示为了编辑出版革命山歌小调集，需要收集各地流行的革命山歌、小调。[③]时至今日，图书、报纸、期刊和文艺作品依然是人民群众喜闻乐见的传播红色文化的重要形式。

（二）红色影视和红色网站传播

现代科学技术的发展给红色文化大众传播创造了越来越有利的条件。影视、网络传播平台和新媒体等对红色文化大众传播有很多优势，如：多样化传播文化信息的便捷性、及时性，对文化信息存储的永久性、超量性以及绿

---

①②③　陈信凌.中央苏区红色文化传播的整体格局与现实取向［N］光明日报,2023-01-04（11）.

色环保性。因此，影视、网络传播和新媒体对于红色文化大众传播而言堪称如虎添翼，只要能积极推广运用智媒体技术，就能够打破叙事的时空限制，从而构建"沉浸式"体验模式。众所周知，红色文化是一种极具特色的思政教育文化资源，一旦得到大力传播，就一定能引领人民大众，尤其是青少年学生逐步坚定永远听党话、跟党走、感党恩的理念。在学校，网络利用十分便利，这为开展红色文化传播活动提供了得天独厚的平台条件；学校只需要针对当代大学生在学科、专业和年级等方面特征，将红色文化的内容以大学生喜闻乐见的方式，通过课堂、校园文化活动、互联网等途径，必将能够不断增强红色文化引领力进而促进红色文化的大众传播。

（三）组织红色文化实践活动，弘扬红色精神

红色文化资源作为一种典型的文化资源、优质的思想政治教育资源，凭借其雄厚的历史底蕴、穿越时空的崇高信仰魅力和历久弥新的感人精神，丰富了五彩缤纷的红色文化实践教育活动。各级学校十分重视组织、实施红色文化方面的社会实践。例如，高校组织大学生开展思政课实践教学（"行走的思政课"）、"三下乡"等实践活动，就注重把红色文化资源有计划地融入实践活动之中，参观红色场馆、红色遗址等，发挥红色文化铸魂育人的功能，让大学生亲身体验、接触红色文化，帮助他们坚定中国特色社会主义理想信念和崇高信仰，树立正确的"三观"，铸牢中华民族共同体意识，居安思危，强化其责任担当意识，增加其责任感、使命感。组织好青年学生的红色文化社会实践，就必定能发挥红色文化应有的育人功能，推动红色文化大众传播与促进学校立德树人教育教学工作两者相得益彰。

（四）融入各单位的文化建设

实践证明，红色文化大众传播的重要方式之一就是将红色文化资源融入各单位的文化建设之中，促使文化建设与红色文化的大众传播相映成趣。

所谓"单位"，通常指机关、团体或属于一个机关、团体的各个部门。从广义来看，"单位"不仅指国营的和集体的企事业单位，而且包括乡镇的街道、村落类具有一定相对独立属性的固定团体。在单位成员中大力弘扬红色文化中所蕴含的各种红色元素，包括崇高信仰（高尚道德）、崇尚学习、严格律己、遵纪守法以及社会主义核心价值观、中国精神（民族精神、时代精神）等，营造积极向上的文化氛围，是各单位文化建设的重要任务。

有关研究表明，改革开放以来，中国共产党从四个维度出发建构红色文化：坚持历史唯物主义文化立场，建构红色文化的民族性特征，科学回答了红色文化与民族传统文化的关系问题；坚持辩证唯物主义文化立场，建构红色文化的科学性特征，科学回答了红色文化与文化融汇及文化扬弃的关系问题；坚持能动反映论的文化立场，建构红色文化的时代性特征，科学回答了红色文化与社会实践的关系问题；坚持意识能动性的文化立场，建构红色文化的导向性特征，科学回答红色文化与中国特色社会主义事业的关系问题。① 可见，正是因为我们党从民族性、科学性、时代性和导向性这四个维度建构红色文化，所以各单位在进行本单位文化建设的过程中，都应自觉按照党组织的要求，根据文化建设的规律或常识，结合本单位特色尽量融入红色文化元素，充分撷取红色文化资源。比较典型的传播红色文化的做法，通常有三种：第一种是采用"讲故事"之类方式，让单位成员接受和认同红色文化。第二种是采用出版专栏的方式，连续多期逐一介绍某一时期出现的红色人物或红色事件。第三种是综合采取多种方式将红色文化资源与本单位的特色以及思想政治教育的现状紧密结合起来，如春风化雨一般巧妙地推动红色文化大众传播，充分发挥育人功能。例如，以广西某高校的校园文化建设为例，该校是医学类一本院校，在开展校园文化的建设过程中，始终重视

---

① 江旺龙，方文龙.改革开放40年来中国共产党对红色文化的多维建构［J］景德镇学院学报，2018（5）：2.

以红色文化为主线，充分发挥红色文化对医学生的铸魂育人作用。该校曾设立专栏，宣扬医药学领域的党史及某个历史时期的先进人物和他们的高尚医德，借此传播红色文化，深受学生欢迎。通过了解和接受红色文化，大学生不仅熟悉了医药领域党史人物的光辉事迹，还认识到"大医精诚"的极端重要性，立志以先进人物为榜样，决心做到永远感党恩、听党话、跟党走。

二、红色文化大众传播路径的多样化

改革开放以来，随着时代的进步，红色文化大众传播路径更加多样化。最主要的有如下四条路径：

（一）宣传教育传播红色文化

宣传教育，包括对不同传播主体（对象），通过相对较合适的传播媒介传播不同的内容。

第一，根据传播对象的不同特点开展宣传教育。针对部队、学校之类的特殊团体，强化受众的主体地位。主导方将显性教育与隐性教育高度融合，利用团队成员每天相处时间长等特殊优势和人文环境，能够使红色文化大众传播收到显效。另外，通过党校分期分批轮训，通过各种会议、仪式教育或警示，都是红色文化大众传播的有效路径。

第二，对传播内容进行艺术加工的基础上开展宣传教育。注重感性化鲜活表达，重塑红色文化大众传播的良好生态。习近平总书记在学校思想政治理论课教师座谈会上的讲话中指出，"会讲故事、讲好故事十分重要"①。对要传播的内容，围绕主题进行适当的艺术加工，将其转化为能打

---

① 习近平.思政课是落实立德树人根本任务的关键课程（2019年3月18日）[M].北京：人民出版社，2020：22.

动听众的故事，这样，往往能收到事半功倍的效果。

第三，灵活运用不同传播媒介开展宣传教育。凭借多元媒介平台，构建立体化传播格局。一是利用数字化技术提供红色文化内容的"沉浸式体验"。二是建构数字媒介平台打破物理空间传播的局限。利用高校"史、研、学、产"一体的突出资源优势，统筹社会红色文化资源的共享，如革命博物馆、纪念馆、党史馆、烈士陵园等，把历史文献转化为数字资料，并提供信息共享机制，建立数字化协同育人平台。三是坚持传统媒体和新兴媒体一体化发展，实现内容、技术、平台、管理共融互通、双向"破壁"、优势互补，充分释放红色文化的生命力和感召力①。

（二）人际传播红色文化

主要体现为红色文化在军人、工人、农民、知识分子和学生等各类群体之间的相互传播。其中，军人是高度组织化的特殊团体，纪律严明，从革命时期到建设、改革时期，他们对红色文化大众传播起着十分重要的作用。军人不仅将红色文化在其内部实现大众化传播，而且通过各种活动向部队驻地周边的百姓进行大众传播。工人和农民是红色文化的重要传播对象，是人数相对较多的群体。红色文化传播内容和形式上无疑应从他们的具体实际出发，可以通过讲红色故事或播放红色影视作品等生动形象的形式传播。红色故事或影视作品一旦为他们所认同，又会通过口口相传的方式，实现传播对象范围的进一步扩大。知识分子和学生是红色文化传播的重点对象。知识分子是整体文化水平较高的群体，学生则是"三观"正在形成、可塑性较强同时易于接受新生事物的群体。红色文化传播内容和形式上也要符合知识分子和学生群体的实际，加

---

① 庄媛，郁涛，徐寅."5W"模式下高校红色文化传播的优化路径［J］.全媒体探索，2023（6）：83.

强传播的针对性。知识分子不仅是红色文化传播的对象，同时他们对红色文化又负有研究、阐释和宣传的职责和使命，他们可以通过著书立说、创编红色艺术作品、教书育人、专题讲座、召开研讨会或举办纪念活动等方式推动红色文化人际传播。学生群体是红色文化传播的重点对象，同时他们也善于通过朋辈教育，以及微博、微信朋友圈、QQ、网络论坛等方式参与推动红色文化人际传播。

（三）活动载体宣传红色文化

红色文化大众传播不仅需要借助静态载体和手段，而且也离不开活动载体的运用。改革开放以来，党和政府相关部门十分重视运用活动载体传播红色文化。红色文化传播的活动载体是多种多样的，譬如，有组织青年学生、党员领导干部参观体验红色活动场馆或红色遗址的活动；有举办红色重大事件或红色人物纪念日活动；有学习英雄人物、评选新时代先进榜样的活动（如"感动中国年度人物""中国好人榜""党员先锋榜"评选活动等）、红色文化知识竞赛活动、红色故事讲演活动、红色征文或影视作品征集和展览活动、红色歌曲比赛活动、红色网站平台建设和推广活动，等等。借助多样化的活动载体，红色文化大众传播的深度和广度得到了进一步拓展。

（四）推动红色文化大众传播的一些共性要求

事实上，无论上述哪一种红色文化大众传播方式，都必须注意一些共性要求。主要体现在以下三个方面：

（1）重视传播对象的潜在需求，从而将受众群体从校内师生向社会大众延伸。众所周知，媒介技术的加持为红色文化传播从高校向社会辐射插上了翅膀。当前，通过短视频和直播"旁听"高校公开课已经成为社会公众的"新时尚"。高校通过网络公开课，可以引导不同地区、不同年龄、不同职业的受众就红色文化开展广泛的学习和讨论，利用高校的辐射效应在社会大众中就能形成引领力和向心力，放大红色文化的育人效能①。

（2）重视传播效果，及时予以评估并总结经验教训。侧重用户参与互动，增进受众理解，对学生这类特殊群体，红色文化大众传播关键在于引导其认同红色文化，而这种认同不能只是看受众是否会背诵历史教科书的内容，也不能仅仅看在思政课课堂上学生的到课率、抬头率。实践证明，相对有效的办法是：让红色文化"活"起来，需要让受众参与到传播过程中来，通过原创红色剧目、红色主题朗读大赛、红色运动会、红色文化图片展等形式，在课堂内外形成一套"互动式""启迪式""体验式"的教学策略，帮助大学生实现对红色文化的心理认同。②如此春风化雨般的引导，必然可收到事半功倍的效果。

（3）重视平台建设，既有专门平台，又创专栏于某些有影响力的综合平台，密切合作且多管齐下以强化红色文化大众传播。正如相关研究表明，红色文化育人效果要增强，就要充分利用融媒体环境的独特优势，来丰富受众的理论互动渠道，在多样化平台上联动传播，激发受众参与红色文化互动的热情，通过直播评论、视频弹幕等参与实时讨论，为红色文化在全社会传播营造浓郁氛围。③如果平台没有搭好管好，那红色文化大众传播的效果就会大打折扣。

第三节　传播载体的灵活运用

红色文化大众传播要取得预期成果，就要灵活运用各种行之有效的传

---

①②③　庄媛，郁涛，徐寅."5W"模式下高校红色文化传播的优化路径［J］全媒体探索，2023（6）：83.

播载体。改革开放以来，各类红色出版物、红色文艺和影视作品、红色歌曲等都是为人民群众所喜闻乐见的红色文化大众传播的重要载体。

一、改革开放以来的红色出版物

红色出版是红色文化映射到出版产业的具体表现形式，其红色概念和界定范畴基于红色文化而建立，出版内容集中在描述中国共产党在领导中国人民实现民族解放与自由以及建设社会主义现代化历史实践进程中的历史资料和宝贵精神等方面。[①]毛泽东曾指出："掌握思想领导是掌握一切领导的第一位"。[②]我们党和政府历来重视通过红色出版物传播革命思想尤其是共产主义崇高信仰，达到掌握思想领导的目的。改革开放以来，在党和政府的大力推动下，红色文化更加如火如荼地得到大众传播，其赖以广泛传播的重要媒介之一就是红色出版物。异彩纷呈的各种红色出版物如雨后春笋般涌现，不仅丰富了人民的文化生活，也激励了最广大的人民群众投身改革开放的伟大事业。

改革开放以来，社会影响力较大的红色出版物主要有如下四类：

（一）优秀共产党人传记或先进事迹类出版物

这类红色出版物融真实性、教育性、可读性于一体，通过叙述优秀共产党人的感人事迹，大力弘扬他们的崇高精神。例如，《毛泽东传（1893-1949）》[③]

---

① 李晶，梁彦.红色出版物视角下的新时代红色文化溯源与创新传播研究［J］.科技与出版，2021（5）：35.

② 毛泽东文集（第二卷）［M］.北京：人民出版社，1993：435.

③ 金冲及.毛泽东传（1893-1949）［M］.北京：中央文献出版社，1996.该书重点介绍了毛泽东由出生至新中国成立这一阶段的经历。从一个师范生到共产主义者，从一个普通的共产党员到确立在党的领导地位，一代伟人逐步成长的历程。

（中央文献出版社，1996 年版）、《毛泽东传（1949–1976）》[①]（中央文献出版社，2003 年版）、《走下圣坛的周恩来》[②]（中共中央党校出版社，1993 年版）、《邓小平：一个世纪的传奇》[③]（湖南人民出版社，2014 年版）、《黄日葵：广西籍第一位中共党员》[④]（广西科学技术出版社，2021 年版）、《时代楷模·2019——黄文秀》[⑤]（学习出版社，2020 年版）、《红色家书》[⑥]（党建读物出版社，2016 年版），等等。

[①] 逄先知，金冲及．毛泽东传（1949–1976）[M]．北京：中央文献出版社，2003．该书是毛泽东传的后部分，记录的是毛泽东从 1949 年 10 月 1 日在开国大典上宣布中央人民政府正式成立，到 1976 年 9 月 9 日逝世，前后共 27 年的历史。共分 43 章。

[②] 权延东．走下圣坛的周恩来 [M]．北京：中共中央党校出版社，1993．该书属于长篇纪实文学作品。书中通过三次预言、四次痛哭、五次发脾气、六个办公室等事件的深情描述，塑造了一位至高至圣、至情至性、大智大勇的"走下圣坛的周恩来"。

[③] 刘金田．邓小平：一个世纪的传奇 [M]．长沙：湖南人民出版社，2014．该书是一部了解伟人邓小平、了解中国共产党历史的精品力作。书中以纪实手法，以客观真实、丰富细腻的史料，生动叙述了邓小平富有传奇色彩、波澜壮阔的一生，全方位、真实地再现了邓小平为党和人民的事业奋斗的传奇历程，同时充分体现了邓小平坚定的共产主义信仰，在中国革命、建设和改革过程中的深邃思想、超群智慧、惊人胆识和人格魅力。

[④] 陈谊军，刘爱章．黄日葵：广西籍第一位中共党员 [M]．南宁：广西科学技术出版社，2021．黄日葵（1899—1930 年），生于广西桂平，北京大学英文系毕业并留校任教，是"五四运动"的先锋骨干，中国早期马克思主义者，广西籍第一位中共党员，广西传播马克思主义的先行者。该书以翔实的资料、简洁的语言，生动地再现了黄日葵追求进步、投身革命、为红色信仰奋斗终身的人生轨迹。

[⑤] 中共中央宣传部宣传教育局．时代楷模·2019——黄文秀 [M]．北京：学习出版社，2020．书中记述黄文秀在 2016 年硕士研究生毕业后，自愿回到百色革命老区工作，并主动请缨到贫困村担任驻村第一书记。她自觉践行党的宗旨，推动实施百坭村村屯亮化、道路硬化和蓄水池修建等工程项目，带领群众发展多种产业，为村民脱贫致富倾注了全部心血和汗水。2019 年 6 月 17 日凌晨，黄文秀同志在突发山洪中不幸遇难，献出了年仅 30 岁的宝贵生命。本书收录了《人民日报》、新华社及中央电视台等媒体的报道评论、视频节目，通过图文并茂、链接网络媒体的方式，多侧面地呈现了黄文秀的崇高形象。

[⑥] 该书由 117 封老一辈革命家的家书信件整理而成，根据每封信的主旨，分为明志篇、正己篇、亲情篇、教子篇四个篇章。系党员干部、党支部、基层党组织党建学习书籍。

（二）重大历史事件类出版物

此类出版物如实地展示了重大历史事件的前因后果等情况，反映了中国共产党不忘初心、牢记使命，始终坚持人民至上的政治品格，不断开创改革开放和中国特色社会主义事业新局面。例如，《中国经济特区史论》[①]（社会科学文献出版社，2008 年版）、《激荡三十年》[②]（中信出版社，2017 年版）、《党的十八大以来大事记》[③]（人民出版社，2017 年版）、《强国长征路：百年调研归来看中华复兴与世界未来》[④]（中共中央党校出版社，2019 年版）、《中国共产党简史》[⑤]（人民出版社、中共党史出版社，2021 年版）、《21 世纪的中国与全球化》[⑥]（中信出版集团，2022 年版），等等。

---

① 陶一桃，鲁志国.中国经济特区史论［M］.北京：社会科学文献出版社，2008.该书内容全面涵盖深圳、珠海、汕头、厦门、海南五个经济特区史，上海浦东和天津滨海新区史，以及成渝全国统筹城乡综合配套改革试验区史。

② 吴晓波.激荡三十年［M］.北京：中信出版社，2007.

③ 中共中央党史研究室.党的十八大以来大事记［M］.北京：人民出版社，2017.

④ 王文.强国长征路：百年调研归来看中华复兴与世界未来［M］.北京：中共中央党校出版社，2019.该书从全球"从未有过之大变局"讲起，接着分析中美博弈的长期性，阐述中国跨越诸多陷阱的艰巨性，并解剖"一带一路"的细节与未来脉络，提炼亲历诸多强国崛起的思考，最后畅想人类命运共同体的未来。

⑤ 中央党史和文献研究院.中国共产党简史［M］.北京：人民出版社、中共党史出版社，2021.该书记录了一百年来中国共产党团结带领人民进行革命、建设、改革的光辉历程，反映了中国共产党为实现国家富强、民族振兴、人民幸福和人类文明进步事业作出的历史功绩，总结了党和国家事业不断从胜利走向胜利的宝贵经验，彰显了党在各个历史时期淬炼锻造的伟大精神。

⑥ 王辉耀，苗绿.21 世纪的中国与全球化［M］.北京：中信出版集团，2022.该书首先梳理了全球化的变迁与理论发展，从技术与人本等新的视角观察全球化，并做出全球化的界定，总结了后疫情时代新型全球化具备的特征，其次对中国融入全球化的历史与现实进行了全面总结，用数据与事实说明，中国正在从全球化的受益者发展为反哺者，正在通过自身发展推动全球化进程，并尝试承担起更多国际责任，为全球治理创新贡献方案。

（三）党的创新理论传播相关出版物

这类图书是马克思主义中国化时代化成果的载体，对中国化的马克思主义的大众传播发挥了重要作用，促使广大干部群众信仰马克思主义，衷心地拥护社会主义制度和中国共产党的领导。此类出版物除了党和国家领导人的著作文献资料[①]、专家学者的专业性理论性较强的著作之外，还有一些影响力较大的理论普及读物。例如，自 2002 年开始，中央宣传部理论局每年组织理论界专家学者撰写的、面向广大干部群众发行的通俗理论读物《理论热点面对面系列读本》，由学习出版社每年出版一册，至今已经出版了 21 册。[②]该系列读本用身边事例说明深刻道理，书中图文并茂、文字生动、通俗易懂地宣传阐释党的创新理论，就广大干部群众普遍关心的热点、难点、焦点问题等进行全面而深入的解疑释惑，观点准确、说理透彻，具有很强的针对性和说服力，是广大干部群众、青年学生理论学习的重要辅助材料，已成为马克思主义大众化的知名品牌。又如，由陈先达创作的马克思主义理论著作《理论自信：做坚定的马克思主义信仰者》[③]针对

---

① 譬如，《毛泽东选集》（第 1–4 卷，人民出版社，1991 年版），《邓小平文选》（第 1–3 卷，人民出版社，1993 年、1994 年版），《江泽民文选》（第 1–3 卷，人民出版社，2006 年版），《胡锦涛文选》（第 1–3 卷，人民出版社，2016 年版），《习近平谈治国理政》（第 1–4 卷，外文出版社，2014 年、2017 年、2020 年、2022 年版），《习近平著作选读》（第 1、2 卷，2023 年版）等。

② 包括：《理论热点面对面·2003》《理论热点面对面·2004》《理论热点面对面·2005》《理论热点面对面（2006）》《理论热点面对面·2007》《理论热点面对面·2008》《理论热点面对面·2009》《七个"怎么看"——理论热点面对面·2010》《从怎么看到怎么办：理论热点面对面·2011》《辩证看务实办——理论热点面对面·2012》《理性看齐心办：理论热点面对面·2013》《改革热点面对面：理论热点面对面·2014》《法治热点面对面：理论热点面对面·2015》《全面小康热点面对面——理论热点面对面·2016》《全面从严治党面对面——理论热点面对面·2017》《新时代面对面：理论热点面对面·2018》《新中国发展面对面——理论热点面对面·2019》《中国制度面对面——理论热点面对面·2020》《新征程面对面——理论热点面对面·2021》《百年大党面对面——理论热点面对面·2022》《中国式现代化面对面：理论热点面对面·2023》。

③ 陈先达.理论自信做坚定的马克思主义信仰者［M］.长春：吉林人民出版社，2016.

人们关于马克思主义理想、信念、信仰等方面的存疑问题，以及马克思主义与中国传统文化的关系问题等，进行精准而通俗的分析和论述，用接地气的语言启发读者去感受真理的力量。

（四）宣传爱国主义类出版物

此类图书以饱满的激情，写实的笔调，歌颂改革开放和中国特色社会主义建设事业的巨大成就，激发广大干部群众为更美好生活而奋斗的豪迈情怀。中共中央、国务院于 2019 年 11 月印发实施了《新时代爱国主义教育实施纲要》，其中明确指出：爱国主义是中华民族的民族心、民族魂，是中华民族最重要的精神财富，是中国人民和中华民族维护民族独立和民族尊严的强大精神动力。[①] 要把爱国主义教育贯穿国民教育和精神文明建设全过程。人民出版社、新华出版社等一些著名出版社汇编了近年来出版的有关"新时代爱国主义教育"主题的经典图书向读者推荐，产生了很大的社会反响。例如，2019 年，由中央宣传部组织编写的、学习出版社和人民出版社共同出版的《习近平新时代中国特色社会主义思想学习纲要》，作为"不忘初心、牢记使命"主题教育的重要学习材料，对于引导和帮助广大干部群众更好地理解把握习近平新时代中国特色社会主义思想的基本精神、基本内容、核心要义发挥了重要作用。2018 年，新华出版社出版的《中国扶贫故事》，用 100 个真实、生动的案例，全面记叙了过去 5 年多来中国扶贫领域深刻而显著的变化。该书分为"人类奇迹""中国创造""梦想成真""全球共享"四章，详尽讲述了中国反贫困是怎样一个壮举；中国人是如何促使贫困发生率降低的；脱贫攻坚的成就；扶贫工作所具有的世界意义，托举着全人类共同的进步事业。2019 年，由人民出版社出版的

---

① 中共中央 国务院印发《新时代爱国主义教育实施纲要》[EB/OL] .https：//www.gov.cn/zhengce/2019-11/12/content_5451352.htm.

《我们走在大路上（1949–2019）》，以文、图、音频、视频融合的方式，多媒体地呈现了 70 年来新中国从站起来到富起来再到强起来的伟大历史变革，充分反映了在此历史进程中的一系列感人故事和中国人民日常生活的巨大变迁。

总之，以上各类红色出版物弘扬了时代的主旋律和正能量，为人民群众提供了可贵的精神食粮，促进了社会和谐稳定，凝聚和团结了推动改革开放和中国特色社会主义伟大事业的磅礴力量。

二、改革开放以来的红色文艺和影视作品

改革开放以来，随着人民温饱问题迅速得到解决，人民对文艺和影视的需求逐渐增强。党和政府顺应人民在精神生活方面的需求，推出了一系列红色文艺和影视作品。此类作品中，人民群众有口皆碑的代表性作品琳琅满目。

（一）红色纪实文学和红色小说塑造了广大读者的世界观、人生观和价值观

改革开放以来出版或再版的一系列红色小说成为了传播红色文化的重要载体，这类小说塑造了广大读者的世界观、人生观和价值观，尤其对青少年的成长产生了重要影响。以下仅对《苦难辉煌》《亮剑》《突出重围》三部作品作简要阐述。

金一南所著，由华艺出版社于 2009 年出版的《苦难辉煌》一书，联系 20 世纪 20~30 年代我国所面临的国内外环境，主要从该时期有重大影响的政治力量、政治人物和政治事件入手，系统深入地对当时中国社会错综复杂、恢宏壮阔的历史进程进行了全面的揭示和剖析，充分展现了老一辈无产阶级革命家在艰苦卓绝的环境条件下，建立和巩固红色政权，以及

后来率领红军进行战略转移的伟大壮举。2011 年 3 月，该书获得了"中国出版政府奖"。

都梁所著，由人民文学出版社于 2000 年出版的长篇小说《亮剑》，是一部糅合了史诗风格和悲剧色彩的战争题材作品，以主人公李云龙的个人经历为主线，反映了从抗日战争、解放战争直至新中国成立后的历史。根据该小说改编的同名电视剧《亮剑》于 2005 年 5 月首播，获得观众的广泛好评。2019 年 9 月，该书入选"新中国 70 年 70 部长篇小说典藏"。

柳建伟所著，由人民文学出版社于 2000 年出版的长篇小说《突出重围》，则是一部张扬爱国主义和英雄主义，全景式反映中国军队和中国军人在世界政治、军事、经济格局中，在生存挑战和物质诱惑的重重围困中，英勇善战，杀出一条血路的英雄气质的激越之作。2019 年 9 月，该书入选"新中国 70 年 70 部长篇小说典藏"。

（二）红色电影让观众受到心灵洗礼和教育

红色电影曾长期是新中国红色文化大众传播的主要手段之一，它不仅长期独占党在乡村宣传工作的鳌头，而且受到广大青少年乃至中年人的追捧，让红色文化沁润最广大人民群众的心田。改革开放后红色电影如雨后春笋般涌现，一部部精品佳作频频推出，受到了广大观众的认可，在观影过程中观众的心灵得到洗礼、深受教育。以下仅就《开国大典》《焦裕禄》《战狼》《我和我的祖国》《1921》《长津湖》《我本是高山》经典红色电影进行简述。

李前宽、肖桂云联合执导，1989 年由长春电影制片厂出品的《开国大典》，是一部广获好评的革命历史题材剧情片电影。该影片采用纪实的手法展现了从中国共产党领导人民军队取得三大战役的胜利开始，直至 1949 年 10 月 1 日在北京举行开国大典的历史过程。

王冀邢执导，由李雪健、李仁堂和周宗印主演，于 1990 年上映的《焦裕禄》是一部感人至深、社会影响力大的红色电影。该片主要以几个经典的场景描述了焦裕禄在兰考任县委书记期间的工作情况，表现了他"心中装着全体人民、唯独没有他自己"的公仆情怀。该影片表现了以焦裕禄为典型的崇高精神——"焦裕禄精神""办法总比困难多"的工作作风。2009 年，焦裕禄被评为"100 位新中国成立以来感动中国人物"；2019 年 9 月 25 日，焦裕禄获"最美奋斗者"个人称号。

吴京执导，由吴京、余男、斯科特·阿金斯、周晓鸥等主演的《战狼》是一部爱国主义题材的现代军事战争片，于 2015 年 4 月 2 日在中国大陆上映。该影片根据纷舞妖姬所著的《弹痕》改编而来，讲述的是小人物逐步成长为一位拯救国家和民族命运的不怕牺牲、勇于斗争的孤胆英雄的传奇故事。

陈凯歌总执导，于 2019 年国庆前夕上映的《我和我的祖国》是弘扬爱国主义精神的电影。该片讲述的是新中国成立 70 年间普通百姓与共和国息息相关的故事，既平凡又感人至深，产生了良好的社会反响。2020 年 9 月，该影片获得第 35 届大众电影百花奖最佳影片奖。

黄建新、郑大圣执导的《1921》则是庆祝建党 100 周年的献礼片，以时代"横截面"视角切入，围绕 1921 年"中共一大"创建中国共产党这一重大历史事件，讲述了首批共产党人自觉担负起了救亡图存的重任，让中国革命前途焕然一新的感人故事，全景式重现了当年波澜壮阔、开天辟地的伟大时刻——13 位来自天南地北而平均年龄仅 28 岁的青年知识分子，历经艰难和风险，聚集上海法租界举行"中共一大"，创建了中国共产党。

陈凯歌、徐克、林超贤联合执导，由吴京、易烊千玺领衔主演的《长津湖》是一部优秀的抗美援朝题材电影，于 2021 年 9 月 30 日在中国大陆上映。该片主要以抗美援朝战争第二次战役中的长津湖战役作为背景，全面讲述了在极寒严酷环境下，中国人民志愿军东线作战部队凭着钢铁意志和英勇无畏的战斗精神，最终扭转战场态势，为长津湖战役胜利作出重要贡献的故事。

郑大圣、杨瑾执导，于 2023 年 11 月 24 日在中国内地上映的《我本是高山》，是一部反映教育领域先进人物事迹的电影。该片根据张桂梅真实事迹改编，讲述了张校长以"教书救人"为己任，引领大山深处的女孩打破命运牢笼、成长成才的动人故事。

（三）红色电视剧让观众从视觉盛宴中受到红色教育

改革开放以后，随着电视逐渐在城乡普及，红色电视剧以其特殊的魅力吸引了广大观众。红色电视剧的播放极大地促进了红色文化大众传播。譬如，《历史转折中的邓小平》《觉醒年代》《理想照耀中国》《大山的女儿》等均属红色电视剧精品，使广大观众从视觉盛宴中受到红色教育。

《历史转折中的邓小平》是由中央文献研究室（2018 年之后为"中央党史和文献研究院"）与中央电视台等单位联合摄制的红色电视剧，它堪称纪念邓小平诞辰 110 周年的巨作。它全景式地为观众描述了 1976~1984 年中国实现伟大历史转折时期的邓小平，使观众得以领略邓小平同志当年大刀阔斧改革、坚定不移开放的风采，再次缅怀其丰功伟绩。

《觉醒年代》则塑造了五四新文化运动时期刚毅质朴的李大钊、激情正直的陈独秀等数位历史人物的荧幕形象，赢得了广大观众的好评。该剧的主角以高超的演技，引导观众感受历史伟人也曾迷茫、挣扎过而终究坚定共产主义崇高理想信仰的非凡经历，使观众通过视听感知剧中人物在磨砺中成长，深深领悟觉醒年代坎坷的革命道路，崇尚的革命志士追求真理而矢志不渝的牺牲精神，从而引导年轻人为实现中国梦而不懈奋斗。

《理想照耀中国》是庆祝建党 100 周年的主旋律作品，于 2021 年 4 月拍摄完成。它由系列短剧浑然一体组成，以党史上不同时期的 40 组人物的感人故事，写实地描述了党以崇高的理想和信念，以实现中华民族的伟大复兴为宗旨，率领中国人民浴血奋斗谋求民族独立和人民幸福的苦难辉煌历程，始终围绕"美好理想，奋斗青春"主题，旨在以艺术形式把党的精神在春风化雨之中传输给年轻一代，将崇高理想作为引导青年人砥砺前行的精神灯塔。

《大山的女儿》是 2022 年由雷献禾、王菁执导、杨蓉、刘奕君领衔主演的反映脱贫攻坚故事的电视剧，该剧讲述了黄文秀在研究生毕业后，毅然放弃了留在大城市工作的机会，义无反顾回到家乡，担任驻村第一书记奋战在脱贫攻坚一线的感人事迹。黄文秀牺牲后，扶贫并没有结束，其他人接过黄文秀的接力棒，最后使百坭村实现了全村脱贫，黄文秀为百坭村设计的愿景也一一实现。

上述这些有代表性的红色电视剧有力地传播了红色文化，潜移默化地引导广大人民群众自觉地听党话、感党恩、跟党走。

（四）红色歌曲陶冶情操的同时引导人们确立正确的价值取向

党的十一届三中全会后，随着改革开放的逐步展开，广大人民群众渴望的题材众多、风格多样的优秀歌曲如雨后春笋般涌现。这类红色歌曲以其求真求实、唯美创新、追求高雅的艺术价值取向，不仅满足了人民群众多样化的文化消费需求，而且因助力红色文化蓬勃发展，也使其自身接受时光的检验而成为经典红歌。这些红歌深情地表达了对中国共产党，对社会主义的无比热爱，对更美好生活的向往。以下仅以《我和我的祖国》《春天的故事》《走进新时代》《不忘初心》几首红色歌曲作简要阐述。

由张藜、秦咏诚于 1983 年末共同创作，黄新国首唱的《我和我的祖国》是一首流传广泛、影响深远的爱国主义歌曲。该曲采用了抒情和激情相结合的曲调，将优美动人的旋律与朴实真挚的歌词巧妙结合，生动形象地表现了每个人和生他养他的祖国的血肉联系，表达了人们对伟大祖国的衷心依恋和真诚歌颂。这是一首具有永久魅力、深受人们喜爱的抒情歌曲。2019年6月，该曲入选中宣部评出的"庆祝中华人民共和国成立70周年优秀歌曲100首"。

由蒋开儒和叶旭全作词、王佑贵作曲的《春天的故事》是一首歌颂改革开放的经典歌曲。最初由深圳女歌手刘绍文在广东省青春歌曲创作大赛的决赛上首唱，而于1994年10月在中央电视台首播的版本则由董文华演唱。这首歌先后获得了中央电视台第二届音乐电视大赛金奖、中宣部第六届"五个一工程"奖、金钟奖等奖项，成为获得国家级别奖项最多的一首歌曲。2019年12月，该曲入选"歌声唱响中国"——最美城市音乐名片十佳歌曲。

《走进新时代》是另外一首歌唱改革开放的经典歌曲。这首歌不仅旋律具有抒情歌曲亲切深情的特点，而且歌词饱含爱国主义情怀，表达了爱祖国、爱人民、爱一切美好事物的心声。《走进新时代》创作于党的十五大召开前夕，演唱于1999年春节联欢晚会，抒发了世纪之交中国人民的昂扬情怀，歌颂了党的第三代领导集体排除万难推进改革开放之壮举，展现了党为实现中国梦而不懈奋斗的决心和信念。

由朱海作词，以"中国梦"为主题创作的《不忘初心》，旨在引导听众铭记历史、展望未来，唱响时代主旋律。2016年10月19日晚在人民大会堂举行的"永远的长征——纪念红军长征胜利80周年文艺晚会"上，由歌手韩磊与谭维维共同演绎了这首作品。其最关键的三句歌词是："万水千山不忘来时路""你是我的一切，我的全部""万水千山，最美中国道路"。

红色歌曲以电视、互联网、智能手机等媒体为依托，在人民群众中获得了广泛传唱。红色歌曲充分表达了人民发自内心对党和祖国的热爱之情，激发了人民群众坚定中国特色社会主义共同理想的信念、对更美好生活的憧憬和追求。红色文化在悦耳的歌声中被广泛传播。

三、改革开放以来的红色网络平台和其他新媒体

（一）借助红色网络平台强化红色文化大众传播

当今时代是互联网时代、信息化智能化的时代。红色网络平台，是传播红色文化的重要手段，对于红色文化大众传播能起到无可替代的强化作用。实践表明，借助网络平台传播文化能够发挥事半功倍的作用。一些网络平台采用播放红色动画、弘扬主旋律的歌曲、开展红色文化知识竞答、讲红色故事动漫小视频制作等活动增加人气，还设置了讨论专栏、红色知识文库等用于吸引和引导网民，从而促进红色文化大众传播。这些做法都是很好的探索和尝试。当然，借助网络平台传播红色文化在理念、内容、形式、成效等方面还有不少需要改进的地方。例如，一些网络平台所传播红色文化内容有的不够准确和严谨，信息更新不够及时，缺乏特色栏目、缺乏互动模块等，以至于传播红色文化的效果不够理想。

红色网络平台传播红色文化，推动和优化网络文化育人工作，真正实现红色文化教化、引导、激励等功能，还需从多方面努力。

第一，要高度重视利用网络平台传播红色文化，增强政治意识，确保育人方向，培育对党和国家事业发展、对实现人民根本利益有用之人。利用网络平台传播红色文化，尤其要确保网络意识形态工作的正确方向，守好意识形态安全的底线和红线，未雨绸缪，重视防范和化解网络意识形态风险。

第二，要对红色文化教育内容深度挖掘，以便精准、创新地实施红色文化教育。社会科学工作者、教育工作者应主动加强所在地区内红色文化资源的研究力度，形成一系列丰富的、内容精准的红色教育资源素材，为红色网站平台、学校思政课的教育教学提供权威的红色文化资源。

第三，推动红色文化资源数字化建设，不断完善红色文化的资源保存与传播形式。红色文化资源的传统载体最主要是图书、报纸、期刊和音频

等。为加强新时代红色文化资源的保护和利用工作，相关部门应重视建设红色文化数字平台，整合形成充实的红色文化资源数据库，并给公众提供便利的检索和使用服务。

第四，有意识地吸引并培育红色文化创作群体。会聚红色文化在网络平台的创作者；将红色文化引入社会生活，通过短视频创作等方式引导其将独特话语逐渐转变为大众话语，进一步促进红色文化大众传播。

（二）新媒体助力红色文化大众传播

改进红色文化大众传播的手段，提升其传播的立体性，必须借助各种新媒体。促进红色文化大众传播，应挖掘利用红色文化并设法将其与新媒体的传播功能高度且巧妙地融合起来。应注重重点受众尤其是年轻人聚焦新奇、偏爱体验等个性鲜明的特点，运用新媒体表达多元、载体繁多、技术新颖的优势，增强红色文化大众传播的吸引力、感染力和影响力。主要体现在以下三个方面：

第一，发挥新媒体优势，根据"反差萌"的效用特征去服务红色文化大众传播。准确地了解受众的主体意识和表达意愿之后，必须予以适当理解、尊重，同时，应重视严守红色文化的历史性、严肃性，讲究新媒体所载网络作品的创意性和趣味性，尽量用受众喜闻乐见的话语，采取游戏、动漫、直播、音乐等手段，引导最广大受众在不自觉之中就做了红色文化的传播者，即让红色文化育人春风化雨而入脑润心，从而让受众由衷地喜欢并传播它。

第二，新媒体须重视网络技术创新，灵活使用5G+VR、全息投影、多点触摸屏、人景物声光色逼真场景等技术，消除时间和空间的界限直至情感认同方面的隔膜，唤醒受众的红色文化认同、使命担当，从而促进红色文化大众传播。

第三，充分发挥红色文化大众传播与育人相辅相成的优势。以高校为例，要保证红色资源全方位、深层次润泽广大师生，走好红色网络文化育人路。对网络思政教育，高校要大力拓展其范围，增强其示范、引领和辐射作用。一是共建红色网络平台，打造网络文化育人红色"立交桥"。二是渗透课堂教育教学，与高校思政课实践改革、专业课课程思政的教学需求融合。三是升级校地合作模式，发挥网络文化育人工作队伍优势，助力地方红色资源网络化、数字化，共建校地云上红色教育空间，引领学生深化爱国情怀、树立崇高信仰①。

需要注意的是，利用新媒体推动红色文化大众传播应注意防止红色文化被娱乐化风险、空心化风险和虚无化风险所矮化和消解②。例如，设计红色文化主题的数字化展馆，一方面，须高度重视增强内容的充实丰富度，避免"标题党"的恶劣做法。另一方面，还要尽量通过红色资源载体与受众的互动和情感塑造以增强趣味性、吸引力。党的二十大报告提出"用好红色资源""实施国家文化数字化战略"③为我们运用数字技术推动红色文化大众传播提供根本遵循。我们要以技术创新带动红色文化产品质量升级，积极探索红色文化产业化发展路径，提高网络红色文化的服务能力④。简言之，在互联网、全媒体时代，要构建以大众传媒为主导、多种媒体共同作用的传播渠道，才能更有效实现红色文化的大众传播。

---

① 黄维，吴靖.高校网络文化育人用好红色资源的四个维度［EB/OL］.http：//edu.people.com.cn/n1/2023/0316/c1006-32645594.htm.

② 李磊，王冰.红色文化短视频传播的机遇与隐忧［J］.青年记者，2020（32）：24.

③ 习近平.高举中国特色社会主义伟大旗帜 为全面建设社会主义现代化国家而团结奋斗：在中国共产党第二十次全国代表大会上的报告［M］.北京：人民出版社，2022：45.

④ 杜敦科.受众视角下的网络红色文化传播研究［J］.传播与版权，2016（5）：120-122.

第六章

改革开放以来红色文化
大众传播的基本经验

改革开放以来，红色文化大众传播在 40 多年的历程中积累了丰富的经验，概括起来主要有：充分发挥党对红色文化大众传播的领导作用，推动红色文化大众传播与思政教育相融合、与红色旅游相结合，重视运用现代科技手段提升传播效果，关注红色文化的人际和代际传播等。这些宝贵经验需要我们倍加珍惜、长期坚持并进一步发扬光大。

第一节　发挥党对红色文化大众传播的领导作用

改革开放 40 多年来红色文化大众传播的成就和经验表明，只有始终坚持党对红色文化大众传播的领导，才能保证红色文化大众传播的正确方向和红色资源开发利用的更大效益，发挥红色文化大众传播在促进社会健康发展中的重大作用。党对红色文化大众传播工作的领导，包括思想领导、组织领导、制度和政策保障等各方面。只有充分发挥党的领导作用，才能更好地解决红色文化向大众传播什么（内容）、怎么传播（手段）和如何实现传播目标（要求）等问题。

一、确立红色文化资源开发利用的科学制度及政策

各级党委和政府坚持在科学理论指导下做好顶层设计，打造红色文化传播品牌，确立和实施红色文化资源利用的制度及政策，这是党对红色文化大众传播领导作用的重要体现。这里坚持科学理论的指导，包括坚持马克思主义的世界观和方法论，尤其是坚持中国化时代化马克思主义的指导。在科学理论的指导下不断推动红色文化大众传播的实践。

（一）重视顶层设计，着力打造红色文化品牌

"顶层设计"原为一个系统工程学的概念，应用于管理领域则被看作党和政府统筹内外政策和制定国家发展战略的一种重要思维方法。从中央文件来看，该词首见于《中共中央关于制定国民经济和社会发展的

"十二五"规划的建议》中，指出在各领域改革中要更加重视顶层设计，以保证改革的先后顺序和重点。顶层设计的核心内涵之一就是突出整体性，即全方位系统筹划。纵观改革开放以来地方红色资源开发利用和推动红色文化大众传播的历程，重视顶层设计是一个重要的基本经验，这一思维方法发挥着极其重要的作用。以广西发展红色旅游，打造红色文化传播品牌为例。自 2000 年广西推出"邓小平足迹之旅"之后，时至今日四大红色旅游产品体系业已确立："优秀革命传统教育游""爱国主义教育游""改革创新时代创新精神教育游""中越革命友谊游"，产品越来越丰富，形成"伟人足迹""壮乡红魂""跨国红旅"等广西红色旅游品牌，民族特色日益凸显。[①]

（二）成立红色文化传播工作协调小组，加强统一领导

加强对红色文化大众传播的领导，离不开相应的组织作用的发挥。以广西发展红色旅游推动红色文化传播为例：改革开放以来，广西壮族自治区党委和政府高度重视红色旅游资源的开发和利用，并将其纳入地方国民经济和社会发展规划。其中，在 2005 年广西壮族自治区和各有关区市县就分别成立红色旅游工作协调小组，并且先后出台《关于成立自治区红色旅游工作协调小组的通知》《关于进一步促进红色旅游健康持续发展的意见》等文件，建成由党委统一领导、政府负责和部门联动三合一的强大工作网络。2013 年又增设广西红色旅游发展协调小组办公室，成为当时全国唯一正式挂牌并增配行政领导职数的省（市）级红色旅游工作常设协调机构。正是得益于自治区党委的统一领导，不断完善和创新工作机制，广西红色旅游资源开发利用得以有序稳步推进，不断取得新的成绩。

---

① 唐月芬，黄家周.改革开放以来广西红色旅游资源开发利用的基本经验探析［J］经济与社会发展，2021（4）：22–23.

（三）注重规划引领，落实顶层设计理念

以改革开放以来广西红色旅游资源开发利用为例，广西依据国家红色旅游发展纲要，结合本地区实际，编制实施了《广西红色旅游发展规划纲要》（2005—2010年）、《广西红色旅游发展规划纲要》（2011—2015年）、《广西重点红色旅游景区建设方案》（2005年）和《广西红色旅游发展"十三五"规划》、《广西红色旅游发展实施方案》（2017年）等，指导百色、桂林、崇左、河池市等28个重点红色旅游城市（县）编制旅游总体规划和红色旅游经典景区的发展规划。改革开放以来广西红色旅游业之所以蓬勃发展，正是得益于加强顶层设计、规划引领。有关资料显示，当前广西各类红色旅游资源单体就有370多处，而其中左右江地区则是全国12个重点红色旅游区之一，全区共有1家国家5A级红色旅游景区、16家国家4A级红色旅游景区，共有10处全国爱国主义教育示范基地。[①]

（四）遵循系统思维推进红色文化大众传播，统筹兼顾经济和社会效益，坚持社会效益优先

系统思维就是人们运用系统观点，把客观事物和对象的互相联系的各个方面及其结构和功能进行系统认识的一种思维方法。我们在推进红色文化大众传播过程中，要始终遵循系统思维，立足全局，因地制宜，量力而行，统筹兼顾经济和社会效益，始终将实现整体的社会效益放在首位，做到"四个相统一"：坚持传播红色文化与革命传统教育、爱国主义教育相统一，坚持传播红色文化与保护、管理革命文物相统一，坚持传播红色文化与促进经济社会协调发展相统一，坚持传播红色文化与环境保护、生态建设相统一。譬如，在发展红色旅游过程中，将传承红色基因、坚持红色

---

① 吴丽萍等.红旗卷壮乡 文旅发展旺［N］.广西日报，2021-07-16（9）.

文化育人为主线贯穿红色旅游资源开发利用全过程。

二、围绕党的中心任务和人民群众精神文化需求传播红色文化

党的宣传文化工作应服从和服务于党的中心任务，这是我们党开展思想政治工作坚持的一贯原则。[①] 在新民主主义革命时期，党的中心任务就是争取民族独立和实现人民解放；在社会主义革命、建设和改革时期，党的中心任务则是解放和发展生产力，实现国家强盛和人民幸福。上述中心任务的顺利完成，需要依靠党的正确领导，需要依靠马克思主义根本指导思想、理论武器，需要依靠人民群众的主体力量。红色文化大众传播能够发挥统一思想、凝聚人心、汇聚磅礴精神力量，致力于完成党在不同历史时期中心任务的作用。

改革开放新时期，随着我国从计划经济向市场经济转轨、社会从相对封闭向开放转型、开始从相对落后向现代化发展的历程，红色文化大众传播也呈现出新特征，地方各级党委和政府积极将推动红色文化大众传播与向人民群众广泛而深入地宣传改革开放新时期党的路线、方针、政策与重大方略结合起来。例如，20世纪80年代，地方党组织在全社会范围内广泛开展了关于社会主义初级阶段基本路线的宣传、关于"两个文明建设一起抓"思想的宣传、关于坚持四项基本原则反对资产阶级自由化思潮的宣传；90年代开展关于邓小平"南方谈话"精神和党的十四大精神的宣传、关于构建社会主义市场经济体制目标的宣传；进入21世纪后，地方又积极开展中共历次党代会精神的宣传，脱贫攻坚、全面建成小康社会、全面

---

① 黄家周.民族地区马克思主义大众化路径研究：基于中共领导广西文化建设史的考察［M］.北京：中国社会科学出版社，2018：220.

建设社会主义现代化强国、推动实现中华民族伟大复兴等党在不同时期的中心任务开展宣传。红色文化大众传播皆是与党的其他宣传工作同频共振，围绕实现党的中心任务、中华民族伟大复兴的目标和不断满足人民群众的精神文化需求、实现人民对美好生活的向往而推进的。

 ## 第二节　红色文化大众传播与思政教育相融合

一、红色文化资源提供了思政教育的重要素材

红色文化资源，是开展思想政治教育的重要资源。改革开放以来，我们在理论与实践两个层面丰富和发展了红色文化资源内容体系。红色文化蕴含着极为丰富的育人素材，它极大地丰富了思想政治教育的内涵，将红色文化资源融入思想政治教育能极大增强思想政治教育的实效性。

（一）红色文化资源丰富了思想政治理论课内容素材

红色文化资源有机融入思想政治理论课教育教学中必将有助于增强思想政治理论课程的思想性、理论性和亲和力，进而更好地实现立德树人的目标。红色文化资源在思想政治理论课中的作用已从"自在"转向"自觉"，这种理论和行动的自觉在不同时期表现不同。改革开放以来，红色文化资源内容更丰富，从最初的民族优秀文化、革命文化传统发展到"四史"。积极开展红色文化资源转化为教育教学资源的研究，构建具有中国特色的红色文化教育体系。红色文化资源融入思想政治理论课教育教学中，促使党史国史教育、革命传统教育的内容更为丰富和优化。

第一，促使党史国史教育教学的内容更为丰富和优化。例如，从高校

思想政治理论课发展所经历的四个阶段来看，红色文化教育、党史国史教育的侧重点在这些阶段有所不同。在"85"方案阶段把"中共党史"调整为"中国革命史"，课程内容把旧民主主义革命、新民主主义革命和社会主义革命三大历史时期都囊括了进来；"98"方案阶段把"中国革命史"又调整为"毛泽东思想概论"；"05"方案阶段恢复了"中国近现代历史"的课程，加强了党史国史教育；"17"方案阶段调整了《毛泽东思想和中国特色社会主义理论体系概论》的内容体系。

第二，促使革命传统教育内容更为丰富和优化。良好革命传统深植于中华优秀传统文化之中，是中华民族的宝贵传统，也是中国共产党的红色基因。良好革命传统是我们党获得广大人民群众支持和拥护的重要原因，也是我们党能够在革命、建设和改革时期不断取得事业胜利的重要保障。因此，作为红色文化资源重要构成部分的良好革命传统在思想政治教育方面有着十分重要的地位和意义。开展革命传统教育有利于学生认同党史国史，增添历史温度。良好革命传统所蕴含的精神内核将个人的价值和广大人民群众的利益紧密联系起来，将个人的"小我"融入集体的"大我"之中。传承良好革命传统的教育将有助于进一步提升人民群众尤其是青年学生的精神层次。

（二）红色文化资源促进了思想政治教育工作方法的创新

积极创新教育的方式方法，以红色文化教育为抓手，加强和改进青少年思想政治教育。学校、家庭、社会教育的有机融合促成了良好道德品质的形成。改革开放以来，我们通过学校、家庭、社会教育拓宽了红色文化教育的新渠道。第一，重点抓好学校教育，充分发挥学校教育的主阵地作用。把革命先辈在长期的革命斗争中形成的宝贵精神与学校相关课程有机结合，将红色资源融入学校的日常教学中，自觉抵制各种错误思潮的侵袭和影响。第二，家庭是社会的有机组织细胞，重视家风的作用，开展好家庭教育，把红色文化教育纳入家庭教育的范畴。第三，学校教育与家庭教育的重要补充是社会教育。大力开展生动活泼和内涵丰富的社会教育，积极引导广大青少年要积极投身各种社会实践，在实践过程中培养吃苦耐劳、艰苦奋斗等良好品质，长知识增才干。社会教育要结合本地独特的地域文化，充分发挥博物馆、革命烈士纪念馆和战争遗址遗物等丰富的传播载体，创新红色文化传播和教育的路径、创新思想政治教育工作方法，营造浓厚的红色文化教育氛围，使思想政治教育的实效性得到进一步提升。

二、改革开放以来红色文化融入思政教育的主要特征

习近平总书记指出："我国现代化是物质文明和精神文明相协调的现代化。我国现代化坚持社会主义核心价值观，加强理想信念教育，弘扬中华优秀传统文化，增强人民精神力量，促进物的全面丰富和人的全面发展。"[①] 红色文化是我们党和国家宝贵的精神财富，改革开放以来红色文化融入思想政治教育有了新的特征。

（一）红色文化融入思想政治教育的全面性得到巩固

这个时期，红色文化融入思想政治教育的全面性得到巩固。对内而言，学术界开始对其进行系统研究并产生了相关研究成果，理论体系逐步清晰并完善；对外而言，红色文化更为广泛地应用于实践活动中，作用范围日益广泛。红色文化在社会各方面发挥着独特作用，夯实了中国共产党执政根基，巩固了主流意识形态。

1.红色文化资政育人功能受到重视

红色文化资源的独特性首先体现在政治性与教育性的统一。中国共产

---

① 习近平著作选读（第二卷）[M].北京：人民出版社，2023：368.

党坚持用辩证唯物主义和历史唯物主义方法论去看待重要历史人物、重要历史事件，这对红色文化资源融入思想政治教育而言意义重大。思想政治教育活动的首要特征就是政治性。思想政治教育活动在内容选择、逻辑设计和实践上始终贯穿着为建设中国特色社会主义服务、为治国理政服务的立场。同时，红色文化本身蕴含德育价值，具备教育功能，能够让人产生真善美的情感体验和觉悟，进而说服人和打动人心，实现内化于心、外化于行。

2. 红色文化融入思想政治教育的方向得到明确

红色文化资源如何有效融入思想政治教育和"向何处去"是新时代思想政治教育工作的重要理论与实践课题，因此要明确红色文化育人的目标任务、方向路径。

一方面，红色文化育人服务于推动实现中华民族伟大复兴的根本目标。习近平总书记指出：历史是从昨天走到今天再走向明天，历史的联系是不可能割断的，人们总是在继承前人的基础上向前发展的。古今中外，概莫能外。①红色文化随着我们党的成长而不断发展，它蕴含着我们党带领中国人民实现民族伟大复兴的必然性等。红色文化育人服务于实现我国"两个一百年"的伟大目标，同时以党的最高目标为指引。

另一方面，红色文化育人要回应人民群众对美好生活的诉求。中国特色社会主义进入新时代，这也给红色文化大众传播带来了难得的发展机遇。红色文化融入思想政治教育，要以人民为中心，要与广大人民群众追求美好生活的具体实践对接，并将红色文化融入思想政治教育自身发展的动力、目标等全部置于广大人民群众之中，在服务于人民美好生活实现的过程中体现出其价值，并在创造"美好生活"的过程中实现自身价值。

---

① 习近平.领导干部要读点历史［N］.人民日报，2011-09-02（1）.

（二）红色文化融入思想政治教育走向虚实共融

红色文化资源包括物质资源、精神资源和制度资源，随着数字信息技术的发展，虚实共融成为了红色文化融入思想政治教育的趋势。红色文化资源通过运用高新信息技术，以图像和视频等方式将红色文化的客观实在物虚拟化并呈现，这就使红色文化资源从实体化走向了数字化。一是对海量化和多样化的红色文化资源的具体形态进行数字化整理。对地方红色文献、图片和文物等进行及时、全面、准确的收集整理。二是推动红色文化资源的数字化呈现。利用人工智能等技术将红色文化转化为影像、三维再现数据等数字模式，通过沉浸式体验等方式提高了学习者对红色文化的兴趣和认同感。

当前，国家加大对红色文化资源实体保护的力度。红色文化资源保护和开发的一个重要趋势就是治理制度化，从中央到地方纷纷制定相关法律法规，从根本上为红色文化资源治理提供了明确依据，确保其得到常态化的保护和管理。关于红色文化资源开发利用，党和政府鼓励企事业单位和社会组织通过规范化、市场化的方式参与其中。随着现代技术的发展，数字信息技术作为一种新的生产工具，是对红色文化资源的一种物质反映、存在的记录，虚实共存成为一种常态，但实体是根本和基础，红色文化资源的数字化只是拓展和丰富。

（三）红色文化融入思想政治教育坚持党性、人民性和开放性

第一，坚守"党性"。红色文化融入思想政治教育始终"坚持正确政治方向，站稳政治立场"，作为传播主体的中国共产党人掌握着红色文化的使用权、传播权和管理权，发挥了应有的作用。

第二，坚持"人民性"。"人民性"是红色文化融入思想政治教育最根本和最突出的特性。正是在响应广大人民群众的精神需要和满足人民群众

的精神文化生活中，实现了从"认知—认同—践行"到"内化—外化"这样一种转化过程，能够为红色文化资源融入思想政治教育提供不竭动力。

第三，坚持兼容并蓄的开放性。红色文化融入思想政治教育坚持了兼容并蓄的开放性。主要采取以下两项措施：一是独立自主的坚定立场。改革开放之后，青少年思想政治教育受到后西方思潮的不良影响和冲击。红色文化融入思想政治教育要强化中国特色社会主义道路自信。例如，既冷静客观认识我国所取得的成绩，同时也吸取经验教训，始终站在中国立场上讲好中国故事，展示当代中国日新月异的精神面貌，维护国家良好的国际形象。二是海纳百川的开放胸怀。改革开放以来，随着国家实力不断增强，人民群众的现代意识不断提升，他们积极拥抱和支持新事物、新业态。同时，红色文化融入思想政治教育在进行重大事件和重要人物宏观叙事的同时要注重细节处理，增强历史事件的说服力、感染力，情感打动与理论说服双管齐下，更好地实现立德树人的教育目标。

三、红色文化大众传播与思政教育的良性互动

（一）红色文化大众传播助推社会主义文化强国建设

党的十九大报告明确提出：没有高度的文化自信，没有文化的繁荣兴盛，就没有中华民族伟大复兴。要坚持中国特色社会主义文化发展道路，激发全民族文化创新创造活力，建设社会主义文化强国。[①]党的二十大报告中进一步强调：全面建设社会主义现代化国家，必须坚持中国特色社会主义文化发展道路，增强文化自信，围绕举旗帜、聚民心、育新人、兴文化、展形象建设社会主义文化强国，发展面向现代化、面向世界、面向未

---

① 习近平.决胜全面建成小康社会 夺取新时代中国特色社会主义伟大胜利——在中国共产党第十九次全国代表大会上的报告［M］.北京：人民出版社，2017：41.

来的，民族的科学的大众的社会主义文化，激发全民族文化创新创造活力，增强实现中华民族伟大复兴的精神力量。[①]红色文化大众传播在增强主流意识形态影响力和提升国家文化软实力中发挥着越来越重要的作用。

1. 红色文化大众传播巩固意识形态工作领导权

牢牢掌握意识形态工作的领导权是中国特色社会主义文化建设的重要任务。一是借助红色文化大众传播推动马克思主义中国化时代化大众化。马克思主义为中国革命、建设、改革提供了强大思想武器，使中国这个古老的东方大国创造了人类历史上前所未有的发展奇迹。[②]马克思主义是立党立国的根本指导思想。改革开放以来，我们始终坚持以马克思主义为指导，坚持把马克思主义基本原理同中国具体实际相结合、同中华优秀传统文化相结合，不断推动马克思主义中国化时代化，实现理论创新与实践创新的良性互动。红色是党的创新理论的鲜明底色，红色文化是党的创新理论的底蕴所在。同时，红色文化大众传播为人民群众提供丰富的精神食粮，不断满足人民群众对积极向上、美好精神生活的追求，有助于营造推动马克思主义大众化的浓厚文化氛围。二是借助红色文化大众传播推动习近平新时代中国特色社会主义思想深入人心。①在大众中广泛而深入地宣传习近平总书记关于红色资源保护开发和利用、传承红色基因、赓续红色血脉等方面的重要论述，明白为什么要重视弘扬红色文化、如何弘扬红色文化；②研究阐释和宣传习近平总书记关于思想政治工作、宣传思想文化工作等相关重要论述，全面准确地理解、领会和把握习近平文化思想；③将红色文化资源有机融入习近平新时代中国特色社会主义思想的教育教学工作中，让人民群众尤其是青年学生深刻理解和领会中国共产党人的精

---

①　习近平.高举中国特色社会主义伟大旗帜 为全面建设社会主义现代化国家而团结奋斗——在中国共产党第二十次全国代表大会上的报告（2022 年 10 月 16 日）[M].北京：人民出版社，2022：42-43.

②　十九大以来重要文献选编（上）[M].北京：中央文献出版社，2019：427.

199

神谱系，更加自觉地感党恩、听党话、跟党走。

2. 红色文化大众传播有助于培育和践行社会主义核心价值观

社会主义核心价值观凝结着全体中国人民共同的价值追求，是全国各族人民价值观的"最大公约数"。红色文化作为以革命传统和革命精神为核心的先进文化形态，所凝结的理想信念、道德操守、价值追求与坚定信仰是社会主义核心价值观的直接思想文化源头。[①] 两者在理论渊源、思想内核、价值功能等方面具有同向性。红色文化大众传播必将有助于培育和践行社会主义核心价值观。

第一，借助红色文化大众传播培育社会主义核心价值观。内在的契合性是红色文化资源培育社会主义核心价值观的前提，例如，社会主义核心价值观倡导的"爱国、敬业、诚信、友善"个人准则与红色文化蕴含中国共产党人爱国主义、集体主义、无私奉献等精神品质相契合。红色文化资源开发利用可以与社会主义核心价值观的培育活动实现对接。通过充分挖掘、广泛宣传本地红色文化资源的潜在价值，有助于增强社会主义核心价值观培育的针对性，满足不同地域和民族群众的价值追求和精神文化生活的需求。

第二，借助红色文化大众传播践行社会主义核心价值观。红色文化大众传播有助于凝聚人心、在人民群众中形成积极向上的强大精神力量，共同致力于经济、政治、文化、社会、生态等领域的建设，实现在21世纪中叶建成富强民主文明和谐美丽的社会主义现代化强国的雄伟目标；红色文化大众传播还通过在人民群众中开展优良革命传统教育、宣扬先进人物和先进事迹，传播正能量，将有助于推动建设"自由、平等、公正、法治"的社会、有助于培养人民群众"爱国、敬业、诚信、友善"的道德品质。同时，推动红色文化大众传播，有助于消除和抵制历史虚无主义、享

---

① 袁秀.红色文化与社会主义核心价值观的同向性思考［J］.治理现代化研究，2019（5）：69.

乐主义、个人主义、金钱至上等错误思潮的负面影响，引导人民群众更好地践行社会主义核心价值观。

3.红色文化大众传播助推思想政治工作

理想信念教育和社会主义道德建设是思想政治工作的重要组成部分。充分挖掘和利用红色文化资源，传承红色基因，推动红色文化大众传播，有助于推动理想信念教育和社会主义道德建设，不断提升思想政治工作的效果。

第一，通过红色文化大众传播，开展理想信念教育。中国共产党的发展历史也是红色文化的创造和传播的历史。推动红色文化大众传播是学习党史的重要方式。2021年4月，习近平在广西考察时强调，学史增信，就是要增强信仰、信念、信心，这是我们战胜一切强敌、克服一切困难、夺取一切胜利的强大精神力量。要增强对马克思主义、共产主义的信仰，要增强对中国特色社会主义的信念，要增强对实现中华民族伟大复兴的信心。[①] 革命先烈的先进事迹中总蕴含着他们对理想信念的追求，革命理想高于天，为了坚守理想信念，他们不畏艰险、不怕牺牲。他们的这种精神永远激励着后人。红色文化资源是当代开展理想信念教育不可或缺的素材。

第二，通过红色文化大众传播，加强社会主义道德建设。坚持全心全意为人民服务和坚持集体主义精神是社会主义道德建设的核心和原则；爱祖国、爱人民、爱劳动、爱科学、爱社会主义是社会主义道德建设的基本要求；加强社会公德、职业道德和家庭美德则是社会主义道德建设的着力点。红色文化作为一种具有鲜明马克思主义意识形态特征的先进文化，始终倡导人民利益至上、集体利益至上，倡导社会主义道德。许多红色人物都是遵守社会主义道德的楷模。传播红色文化，有助于推动社会主义道德建设。

---

① 习近平谈治国理政（第四卷）［M］.北京：外文出版社，2022：519.

（二）深入挖掘红色文化资源的育人价值

深入挖掘红色文化资源中蕴含的育人价值，可以通过直接转化与间接转化两种方式实现红色文化资源向教育资源的转化。

1. 实现红色文化资源向教育资源的直接转化

直接转化就是在挖掘和研究红色文化资源形成的系列成果，在思想政治教育体系中将红色文化资源的相关研究成果直接纳入进来，将红色文化资源转变为蕴含思想政治教育要素的各类实体，可以体现为红色文化教育基地建设和红色文化教学环境建设等。

第一，红色文化教育基地建设。红色文化资源直接转化为教育资源的典型体现就是依托红色遗存建立红色文化教育基地。红色文化教育基地见证了中国共产党带领人民为实现民族独立、民族复兴的奋斗历程，新中国建设和发展的光辉历程。让思想政治教育对象在这些基地全面了解红色文化资源历史，激发他们的爱党爱国情怀，影响塑造他们的思想、价值观念和行为方式，内化于心、外化于行。

第二，红色文化教学环境建设。红色文化教学环境可以分为硬环境和软环境。利用红色文化资源加强教学设施建设从而形成红色教育教学的场所，这都是红色文化教学硬环境建设。而利用红色文化资源加强校园文化、社区文化等方面的建设，让红色文化资源融入校园课堂和社区，向受教育者传递红色文化蕴含的价值内核和精神力量，这些都属于红色文化教学软环境建设。

2. 实现红色文化资源向教育资源的间接转化

间接转化就是将红色文化资源创造性地纳入思想政治教育各种载体中，进一步扩大红色文化大众传播的范围和不断提升传播效果。

第一，建设红色文化网络平台。互联网和信息技术的迅猛发展，给红色文化大众传播提供了更优更好的手段和平台。通过网络载体，建设红色网站，红色文化资源实现了跨越时空的开发、运用与传播。红色文化网络平台可以包含红色资讯、党史百科、红色基地、云上红色展览、红色故事、红色影像、红色文艺、红色智库等模块或栏目，能够为网友提供全方位的红色精神食粮。

第二，建设红色文化虚拟仿真体验馆。通过建设红色文化虚拟仿真体验馆，利用 VR 技术实现对当时的历史情景的模拟，通过场景的再现及交互性体验，让体验者深刻体验当时的历史过程。思想政治教育课堂在这种虚拟仿真体验教学中更好地提高教学的实效性。

第三，出版红色读物，打造红色经典。红色文化资源的生动呈现是红色读物。经典的红色读物能够让读者充分感受红色文化的熏陶、心灵受到洗礼。红色读物还可以在尊重原著精神的基础上改编成影视作品发布，能够最大限度地满足人民群众日益增长的精神文化需求。

（三）推动红色文化资源进教材、进课堂、进头脑

要把红色文化资源贯穿在思想政治教育教学的全过程，就要推动红色文化资源实现"三进"，并将其转化为理论和行动的自觉。

1. 推动红色文化资源进教材

第一，编写红色文化教育相关教材，或将红色文化有机融入各级学校思政教育的教材之中。充分挖掘本地红色文化资源，包括红色人物、红色故事、红色革命遗址、红色场馆等，编写校本红色教材或公开出版的红色教材，可供大中小学校作为选修课教材使用。有关部门在组织专家编写思政教育教学的教材时，还可以将红色文化有机融入其中。目的在于让学生全面接受红色文化教育，引导学生全面了解、学习党史、新中国史、改革开放史和社会主义发展史，使他们充分感受到红色文化的精神力量，让红色教育之花在课堂上竞相绽放。

第二，编写红色文化普及读本。根据青少年的特点可组织专家编写知

识性、趣味性、思想性并存的红色文化普及读本，向青少年普及红色文化基础知识，使他们对党的百年奋斗历程、新中国辉煌的发展史，先进人物及其事迹有更全面的了解，进而激发他们爱党、爱国、爱人民、爱社会主义之情，感党恩、跟党走，树报国之志，坚定"四个自信"。

2. 推动红色文化资源进课堂

第一，系统讲授与专题讲座辅导相结合。在思政课堂上，教师可以将红色文化资源融入思政课教学中进行系统讲授，更好地将教材体系转化为教学体系，达到提升学生思想认识和理论水平的目的。例如，教师通过向学生讲授"中华民族抗日战争"的史实，让学生深刻了解中国人民抵抗日本帝国主义侵略和争取民族解放的历史事件，真正理解共产党和国民党的抗日主张、地位和作用，培养学生的爱国主义精神。另外，为了实现课堂教学的延续和拓展，学校可以邀请相关专家、学者针对弘扬红色文化、传承红色基因的热点、难点问题进行专题讲座，让师生都受益。

第二，理论教学和实践教学相结合。思政课传统课堂授课侧重对概念、特征、内容等知识的阐述，学生缺乏体验感，也不易产生情感共鸣。为了提升课堂的实效性，教师就要坚持理论教学与实践教学相结合，尤其是要通过实践教学，加强学生对红色文化的正确认知，创新利用红色文化资源的实践教学模式，既有参观考察红色展馆等传统红色文化教育活动，又有诸如"重走长征路"的模拟体验活动，还可以通过创编和开展红色情景剧活动，通过扮演红色人物相关角色，在沉浸式教学中体验和接受教育。总之，通过深入开展理论教学和实践教学，让学生充分体悟红色文化的精髓，进而增强思政教育教学的实效性。

第三，线下讲授和线上交流相结合。红色文化资源进课堂的主渠道是线下讲授，授课教师努力将红色文化资源的核心价值观念内化为学生的行动自觉，这就需要在备课和授课等环节上下苦功夫。课堂教学的延伸则是线上交流，教师积极引导学生课前预习和课后思考，通过"学习通"等线上平台，给学生答疑解惑。通过红色文化资源融入，着力优化提升线上线下教学质量水平，实现线上线下教学优势互补、相得益彰。

3.推动红色文化进受众头脑

第一，知识传授与价值观引导紧密结合。将红色文化转化成为指导受众言行的有效标准或准则，是推动红色文化进受众头脑的重要目标。一是对于受众既要重视红色文化知识的传授普及，更要重视价值观引导。价值观引导关系到我们的教育培养什么人、为谁培养人的大问题。因此，要把社会主义核心价值观融入到红色文化的宣传和教育工作全过程。二是不断提升思政课教师的教学能力和水平，把道理讲深、讲透、讲活，把红色文化资源利用好、红色基因传承好，并做到因材施教，满足不同层次学生的需求。

第二，提升红色文化资源教学的针对性和影响力。根据学情分析，红色文化资源的教学应尽可能贴近学生的思想水平实际。通过创新教学方式，使教学内容更具针对性、生动性和亲和力。譬如，采取情景式教学等多种教学方法，组织学生参与体验式教学，在潜移默化中使学生接受和认同红色精神，进一步提升红色文化资源的影响力和思政教育价值。

 第三节　红色文化大众传播与红色旅游相结合

一、红色旅游的社会效益和教育功能

（一）红色旅游的社会效益

一般认为，红色旅游开始于新中国成立初期人们自觉或有组织地到革命圣地、红色旧址、革命历史纪念场所等地瞻仰和参观。改革开放以来，党和国家更加重视发展红色旅游，自 2004 年起至 2021 年，中共中央办公厅、国务院办公厅印发和实施了三期延续 17 年的《全国红色旅游发展规划纲要》[分别为（2004–2010）（2011–2015）（2016–2020）]，为我国红色旅游业高速发展提供了政策保障，红色旅游的产业化、规范化水平也越来越高。红色旅游上升为党的事业、国家的战略，是一项具有重大现实和深远历史意义的政治工程、文化工程、富民工程和民心工程。改革开放 40 多年来红色旅游实践证明，红色旅游作为红色文化传播的主要载体和重要途径，在中国特色社会主义现代化强国建设、全面推进中华民族伟大复兴的进程中发挥着不可替代的作用，产生积极而显著的社会效益。

1. 红色旅游的政治效益

政治属性是红色旅游的第一属性。红色旅游景区所展示的每个历史事件、每件革命文物、每一位革命英雄和每一种革命精神，讲述的都是中国共产党的故事，展现了中国共产党的初心和使命、担当和奉献。经过多年实践，红色旅游的社会氛围、文化氛围日渐浓厚，带来的政治效益成效显著，中国共产党长期执政的地位得到增强和巩固。在党内，红色旅游景区成为党员干部开展党性、党风、党纪教育的重要阵地，在历次党员先进性教育、主题教育活动中发挥积极作用。在党外，红色旅游成为党和人民群众密切联系的重要渠道，成为青少年开展爱国主义教育、弘扬民族精神的重要途径，通过了解红色历史，切身感受和认识到：中国共产党为什么"能"、马克思主义为什么"行"、中国特色社会主义为什么"好"，进一步增强了道路自信、理论自信、制度自信、文化自信。

另外，红色旅游的国际化发展为中国红色文化的传播提供了广阔的舞台，中国共产党的积极形象在全世界得到公认。红色故事是中国故事的重要篇章，中国革命作为世界革命的重要组成部分，是全人类宝贵的精神财富。中国共产党作为目前世界上党员数量最多、规模最大的马克思主义执政党，始终坚持为中国人民谋幸福、为中华民族谋复兴，同时也努力为人类谋进步、为世界谋大同，倡导构建人类命运共同体。2015 年以来，我国陆续与俄罗斯、越南等国家和地区开展红色旅游国际交流和合作，挖掘红色景区蕴含的国际友谊内涵，探索合作模式和机制，推广红色旅游产品线路。2019 年全国红色旅游经典景区入境游客达到 467.60 万人次，占到经典景区总接待游客量约 1.2%，红色旅游国际化的趋势日益明显。[①] 通过红色旅游这个窗口，红色中国故事得到广泛传播，有力提升了中国文化、中国精神、中国价值在国际社会中的认知和认同。

2. 红色旅游的文化效益

一方面，红色旅游的发展促使红色文化在全社会范围内得以广泛、快速和有效传播，红色文化成为受大众欢迎的公共精神文化产品，有力推进了爱国主义和革命传统教育大众化、常态化，产生积极的文化效益。红色是中国共产党最鲜亮的底色，红色文化是中国先进文化的典型代表，具有极强的感召力、吸引力，我国红色旅游资源丰富，许多红色景区实行免门票制度，非常利于大众前来参观、学习。2021 年 5 月，为了庆祝中国共产党成立 100 周年，全面、充分展示中国共产党带领各族人民在中国革命、建设和改革历程中取得的重大成就，文化和旅游部联合中央宣传部、中央党史和文献研究院、国家发展改革委四部门联合推出"建党百年红色旅游百条精品线路"，深受大众欢迎，人们参观革命旧址、纪念馆、博物馆学习革命历史、感受革命文化的热情高涨。有关数据显示，2021 年一季度，全国红色旅游总人数比 2019 年同期增长 1028%，2021 年上半年全国红色旅游总人次比 2019 年同期增长 268.8%。[②]

另一方面，红色旅游的发展促使红色文化得到更好的保护和传承。红色文化遗产是中华民族宝贵的精神财富，需要保护好、管理好和利用好。

---

①②　王金伟.中国红色旅游发展报告（2022）［M］.北京：社会科学文献出版社，2022：8+204.

回顾红色旅游发展的历程，也是一段保护、开发和利用红色文化遗产的历程。近年来，全国革命遗址普查陆续完成，通过普查增补了许多此前遗失或无记录的革命遗址和相关资料。全国红色旅游经典景区总数增至300多处，特色鲜明、内涵丰富的红色旅游景区体系逐渐建成，成为红色旅游高质量发展的重要支撑。国家层面高度重视科技赋能红色文化遗产的保护和传承，投资建设了红色历史文化多媒体资源库等项目，积极推进红色历史文化资源的可视化、信息化工程。各地深挖红色资源文化内涵，出版了大量反映红色文化、红色旅游的研究著作和科普丛书，创作了一大批有故事、有内涵、有感染力的文学和文艺作品，有力地促进了红色文化的保护和传播。

3. 红色旅游的经济效益

红色旅游是旅游产业的一个分支，能带来可观的经济效益，是推动区域发展的有效载体和重要抓手。进入21世纪，红色旅游发展迅速，市场规模不断扩大。据文化和旅游部统计数据，全国红色旅游人数从2004年的1.4亿人次增长到2019年的14.1亿人次，成为旅游业中增长最快的领域之一。[①] 以广东省为例，2020年，广东红色旅游年接待游客达1.2亿人次，红色旅游年综合收入达550亿元，分别占当年全省接待旅游总人数的52.0%和旅游总收入的11.7%。[②]

同时，由于大多数红色旅游资源分布在革命老区，当地通过大力发展红色旅游，必将能够带动革命老区的基础设施建设，促进农村产业结构改善，增加富余劳动力的就业，有效带动农民增收。在脱贫攻坚阶段，许多革命老区县、贫困村通过发展红色旅游实现了脱贫"摘帽"，例如，江西省井冈山市通过发展红色旅游带动了当地经济社会快速发展，于2017年2

---

①② 王金伟.中国红色旅游发展报告（2022）［M］.北京：社会科学文献出版社，2022：8+302.

月在全国率先脱贫"摘帽"[①]；2018年山东沂蒙革命老区18个县（市、区）全部脱贫。[②] 在推进乡村振兴、实现共同富裕方面，红色旅游同样发挥着积极作用，有效整合乡村各方面的资源，延伸红色旅游产业链，例如山东省临沂市通过发展乡村红色文化旅游、红色文化研学、红色旅游演艺等，有力推动了红色堡垒镇村建设，促进了乡村振兴战略深入实施。

红色旅游是一项社会系统工程，除上述提到的政治效益、文化效益和经济效益外，红色旅游还能够带来团结和稳定人心、促进社会治理及生态文明建设等诸多综合社会效益。一直以来，红色旅游被当作地方政府重要的民心工程来抓，坚持以人民为中心的发展理念，助推协调促进物质文明与精神文明建设，打造人民群众满意的红色旅游圣地，不断增强人民群众的获得感、归属感、幸福感，极大维护了社会安定、团结和谐。红色旅游在突出"红色"的同时，也重视加强"绿色"建设，推动红色旅游与生态旅游相互依托、相得益彰。地方政府在推动红色文化大众传播的同时，也加大了生态保护、环境治理力度，优化农村生态环境建设，提升乡村生态宜居品质，从而社会效益也得到了广泛拓展。

（二）红色旅游的教育功能

习近平总书记指出，发展红色旅游要把准方向，核心是进行红色教育、传承红色基因，让干部群众到这里能接受红色精神洗礼。[③] "红色"是红色旅游最鲜明的底色，"红色文化教育"是红色旅游的根本内涵。红色旅游综合社会效益的取得，极大依赖于红色旅游教育功能的发挥。从心理

---

① 江西：红色旅游助推老区脱贫攻坚［EB/OL］.（2018-08-02）［2023-11-04］https://m.gmw.cn/baijia/2018-08/02/30252900.html.

② 王金伟.中国红色旅游发展报告（2022）［M］.北京：社会科学文献出版社，2022：355

③ 习近平：不能失去红色旅游的底色［EB/OL］.（2016-07-23）［2020-07-24］https://news.cctv.com/2016/07/23/ARTIEO5lVEhgXqA3cdoLefMt160723.shtml.

学的角度来看，红色旅游的教育功能，可理解为红色旅游对个体心理所产生的积极教育意义，具体来说，就是红色旅游对个体的心理过程和个性心理所产生的积极影响。这种影响与传统课堂中的红色文化教育所带来的影响是有差异的，它凸显了红色旅游这一教育方式的独特性。红色旅游的教育功能可归纳如下：

第一，具有较强的认知强化功能。这主要是红色旅游对个体心理认识过程的积极影响表现。红色文物、革命遗址，是历史的重要见证和载体。一个红色旅游目的地就是一间"行走的学校"、一个"流动的课堂"、一本"永远读不完的书"。正如习近平总书记指出：革命传统资源是我们党的宝贵精神财富，每一个红色旅游景点都是一个常学常新的生动课堂，蕴含着丰富的政治智慧和道德滋养。要把这些革命传统资源作为开展爱国主义和党性教育的生动教材。[①] 相比较传统的课堂教育，在红色旅游目的地现场接受红色文化教育，对个体的认知会起到效果增强的作用。一件件实物、图片、音像资料等第一手原真性的学习素材，构成丰富的感官刺激，极易吸引游客的注意力。停留驻足间，激发好奇心，探究其背后的红色故事、红色文化精神。在讲解员专业、动情的讲解中，进一步促进思考、想象，链接旧知创建新的认知。这一由表及里、从具体感知上升到抽象领悟的学习过程，加上红色景区庄严、肃穆现场氛围的感染，学习者经由直接体验而达成的学习，其有效性会得到增强，记忆也会更牢固。

第二，具有较强的情感熏陶功能。这主要是红色旅游对个体心理情绪、情感过程的积极影响表现。红色文化是红色旅游的核心和灵魂，具有较强的感召力、影响力，大众参与红色旅游的一个主要目的就是自觉接受红色文化的熏陶和洗礼。红色旅游寓教于游、寓教于乐，可减少说教带来

---

① 何勇等.闯出新路子 展现新作为 彰显新担当（新思想引领新征程·红色足迹）[N].人民日报，2021-05-24（1）.

的阻抗心理；在轻松、愉悦的状态下接受红色文化教育，个体更容易投入其中；通过"亲见、亲闻、亲历"，触景生情，态度的改变也会更自然地发生，教育容易取得积极效果。更为重要的是，红色旅游的规划与开发，无论是红色旅游景区、场馆的建设，还是导游的讲解、服务，贯穿旅游的吃、住、行、游、购、娱每个重要环节，都围绕红色文化主题，特别注重在情绪、情感上增强游客的体验，激发游客产生情感共鸣，在潜移默化中增进对红色文化价值的认同。

第三，具有较强的价值引领功能。这主要是红色旅游对个体个性心理的积极影响表现。红色旅游的主题和主要目的是进行爱国主义和革命传统教育，传承红色文化、红色基因，具有鲜明的政治方向和价值导向功能。红色旅游在促学、明理、增信方面发挥积极作用，有助于促成个体深层态度、价值观的形成。通过红色旅游，深刻认识中国革命为什么要由中国共产党来领导，中国共产党的合法执政地位是怎么来的，深刻认识红色文化是指导中国革命取得胜利的重要法宝，深刻认识红色文化是中国文化自信的重要源泉，有利于强化国家认同、民族认同、制度认同、文化认同，厚植爱党、爱国、爱社会主义的情感。

第四，具有较强的道德激励功能。这主要是红色旅游对个体心理意志过程的积极影响表现。百年党史，千千万万共产党人为了理想信念抛头颅、洒鲜血，党的故事、革命的故事、英雄的故事，最能教育人、激励人和塑造人。红色旅游中红色文化教育，是一种现场式、沉浸式的教育，亲临革命纪念地、伟人故居，用脚步丈量红色历史，用眼睛瞻仰红色文物，用耳朵倾听红色故事，在体验中感悟崇高、升华境界，特别能够鼓舞斗志、砥砺品格。通过红色旅游，有利于促进广大党员干部、人民群众，特别是青少年，从中不断汲取思想的力量、信仰的力量、道德的力量、实践的力量，有利于将红色文化内化于心、外化于行。

在新时代，红色旅游已成为开展爱国主义教育和革命传统教育的生动课堂，成为展示中国革命、建设、改革、新时代伟大成就的有效方式，成为培育和践行社会主义核心价值观的重要举措。[①]有关调查显示，2021年红色旅游游客中"90后""00后"人群占比达到51%，红色旅游成为青少年爱国主义教育的重要阵地[②]，红色旅游的教育功能得到积极发挥。

二、红色旅游中促进红色文化传播的实践探索

改革开放以来，我国红色旅游景区的开发模式，经历了由观光为主的传统开发模式，转向以体验和参与为主的体验旅游开发模式的转变，红色旅游中促进红色文化传播的手段也由起初的静态为主，转变为越来越注重动态为主、动静态相结合的方式。

此部分我们以井冈山红色旅游促进红色文化传播的实践探索为例来进行阐述。

（一）主要措施

1. 突出特色，打造品牌

突出井冈山"中国革命摇篮"的主题，重点发挥井冈山革命遗址群、井冈山革命博物馆等革命精神展示区的作用，弘扬和提升"坚定信念、艰苦奋斗，实事求是、敢闯新路，依靠群众、勇于胜利"的井冈山精神，将井冈山打造成"世界红色旅游目的地""全国红色旅游的首选地""全国红色旅游精品城市""全国红色基因传承示范区"。

---

① 文化和旅游部 教育部 共青团中央 全国妇联 中国关工委关于印发《用好红色资源 培育时代新人 红色旅游助推铸魂育人行动计划（2023—2025年）》的通知［EB/OL］.（2023-08-01）［2023-11-19］. https://www.gov.cn/zhengce/zhengceku/202308/content_6897330.htm.

② 吴若山.让红色旅游成为铸魂育人的生动课堂［N］.中国旅游报，2023-08-21.

2.保护红色遗存，将红色文物转化为鲜活教材

井冈山是"中国革命的摇篮"，共有105处革命遗址、旧居旧址，可以说是一座没有围墙的红色博物馆。近年来，井冈山以申请国家文物保护利用示范区为契机，开展了集中连片革命文物保护利用行动，整体改造提升了茨坪、大井、茅坪等旧址旧迹群，在符合条件的旧居旧址增设十余个辅助陈列、充实民俗物品，让观众走进旧址体验到"原生态"的井冈山斗争历史。[①]

充分发挥井冈山革命烈士陵园、井冈山革命博物馆、南山公园等红色主题阵地作用，把革命旧居旧址转化为生动课堂，让红色遗迹"活"起来，做到"以真实历史吸引人"[②]。

将红色基因与数字化相融合，建设"红色基因库""数字博物馆"，引入VR红色体验馆、元宇宙体验馆等项目，改变红色景点单一的静态展陈模式，使游客从"看景"到"入景"，在互动参与中近距离触摸历史，增强了游客的体验感、参与感、代入感。

把《中国的红色政权为什么能够存在？》《井冈山的斗争》等光辉著作列入干部教育培训必读书目，发行了井冈山斗争研究刊物《摇篮》，持续从井冈山斗争史中汲取精神营养。深入挖掘红色故事，创作红色话剧《我的红军哥》，编印《井冈山革命故事》《井冈精神代代传》等本土教材，创作大型实景演出《井冈山》《黄洋界保卫战》3D电影等系列红色精品项目，包装引进《再上井冈山》沉浸式体验项目、编制话剧《支部建在连上》等旅游演艺项目，推出《境界井冈山》《觉醒》等沉浸式、体验式旅游业态，做到在剧中悟、从书中学。

---

①② 井冈山建设全国红色基因传承示范区纪实［EB/OL］.（2022–11–19）［2023–11–29］. http://jgsglj.jian.gov.cn/news-show–998.html.

3.将红色培训、红色研学作为弘扬井冈山精神、传承红色基因的重要平台

充分发挥井冈山干部学院、全国青少年井冈山革命传统教育基地等培训机构和红色研学基地的作用，积极开展红色教育培训、党性教育、红色研学活动，创造性地推出了集体验式、参与式、互动式、沉浸式于一体的红色培训、红色研学"井冈模式"，让井冈山成为红色文化传承创新先行示范区、党性教育活动教学实践地、青少年红色研学实践地。

推出"吃一顿红军套餐、听一堂革命传统教育课、走一段红军小路、祭扫一次红军烈士墓、唱一首红色歌曲、看一场红色经典歌舞"的"六个一"旅游项目活动，增强红色旅游的参与性、体验性和情趣性，起到寓教于乐的作用。

打造"沉浸式"互动课堂，突破性地将讲述、演讲、对话、独白、情景、朗诵等多元化的形式融入到课堂教学，运用全息成像技术，把革命先辈光辉形象搬到课堂，与学员面对面互动交流，让学员身临其境感受革命先辈身上的坚韧和信仰。

在课程设置上，突出现场教学特色，设置现场教学必修课和选修课等课程，编定10多个现场教学点基础教学稿，实现了统一宣传教育口径的目的。

在教学方法创新上，由原来单一的室内课堂教学形成了现场教学、体验教学、情景教学、访谈教学、红色歌曲教学、专题教学"六大教学模式"，积极创新舞台情景剧、采茶戏等内涵丰富、形式多样的教学形式，应用 AR 视效等技术手段来提升和改善单一的静态陈展模式。[①]

在红色旅游讲解模式创新上，按照"找最合适的人去讲最合适的内

---

① 江西井冈山：拓宽红培教育路径［EB/OL］.（2023-04-19）［2023-11-16］. http：//k.sina. com.cn/article_7757892875_1ce680d0b001011vyp.html.

容"的思路，组建了一支以专家学者为引领和导向，以革命后代和本土精英为特色，以讲解员、接待员和导游员等为主体的红色旅游讲解队伍。[①]

在红色培训的规范化管理方面，近年来，积极组建红色教育培训教学评审委员会，对教材、课程进行审查认定，统一规范培训内容。

4. 举办大型主题活动，强化宣传，扩大红色旅游影响

2005 年起，依托中国（江西）红色旅游博览会、中国（井冈山）红色旅游高峰论坛、中国（江西）红色旅游网上博览会、中国红歌会、中国红色文化节等大型会展活动，以及纪念井冈山革命根据地创建 80 周年、90 周年、朱毛井冈山会师纪念周年庆典等活动，抢抓发展机遇，强力宣传，打响品牌，极大提升井冈山的知名度和影响力。

2008 年推出大型实景演出《井冈山》，这是一场震撼而富有特色的演出，总时长为 70 分钟，共有 600 多名当地群众参与演出，实现了红色文化与高科技完美的结合，全景式地再现了井冈山革命斗争历史，生动展现了井冈山精神。作为中国第一部以红色经典为题材的大型实景演出，如今该演出已经成为井冈山旅游的一张响亮名片。

采用"请进来"的办法，集中邀请国内重点客源地的新闻媒体、旅行机构和摄影家赴井冈山实地采访，拍摄以井冈山斗争为题材的纪录片、电影、电视剧，利用中央和地方主流媒体、新媒体开辟专栏进行红色旅游宣传。积极赴各地开展井冈山旅游推介会，高品位推介红色旅游，介绍井冈山旅游产品线路、红色教育培训、研学和旅游招商项目，发布井冈山旅游优惠政策等。国内营销与国外推广相结合，全面、覆盖式的宣传营销，吸引更多的游客来井冈山旅游。

积极开展红色旅游景区与当地学校的合作，组织红色教育进校园、进课堂。编写了一套从小学到初中的地方教材《井冈山精神》，并在当地各

---

① 马思伟.办好"红色课堂"讲好"红色故事"［N］.中国旅游报，2020-07-03.

中小学推广使用，创造性地开设"红色文化课"，由专业知识和教学能力过硬的教师系统地讲授红色历史经典，传播红色文化，培育小红军讲解员，让红色记忆流淌在青少年血脉中。在红色文化宣传的广度和深度上下功夫，通过校园文化布展、课间播放井冈山革命歌曲、设置"小红军荣誉室""红军班"等形式，把红色文化融入中小学校园文化和班级文化建设。

（二）主要成效

改革开放以来，井冈山在保护红色遗存、宣传红色文化、做强红色旅游上持续下功夫，红色旅游呈现出蓬勃发展的态势，持续领跑江西，乃至全国，成为我国红色旅游界的排头兵、模范兵，推动全国红色旅游持续健康发展。

井冈山立足红色底色，深挖红色资源，推动红色文化与旅游深度融合发展，以取得良好的经济效益和社会效益。2017年2月26日，经国务院扶贫开发领导小组办公室批准，江西省政府正式宣布井冈山在全国实现率先脱贫"摘帽"。2022年，井冈山入选文化和旅游部办公厅公布的全国红色旅游融合发展试点单位名单当中。中国（江西）红色旅游博览会、中国（井冈山）红色旅游高峰论坛已成为全国知名的旅游节庆活动品牌，成为开展全国红色旅游交流、交易和合作的大平台，成为推动全国红色旅游发展的领跑者。大型实景演出《井冈山》被评为全国优秀红色旅游演艺。

井冈山创新红色培训教育模式与管理，持续唱响红色教育培训品牌，成为全国的标杆和样板。在红色培训管理方面，成立红色教育发展管理委员会，建设红色教育基地，形成了"集团化、专业化、市场化"的红色教育培训运行体制。按照"统一机构管理、统一教学内容、统一师资管理"原则，深化红色教育机构管理。推出师资共享平台，加强全环节管理，创新"考培赛"红色教育培训师资管理模式。制定出台的《红色教育培训服务规范》列入第四批推荐性国家标准制修订计划，井冈山推动红色教育培训高质量发展的生动实践列入"全国红色旅游发展典型案例"。[①]在教育模式上，推出红色培训的"井冈模式"，集多样化体验、深层次参与、全景式互动于一体，成为又"红"又"火"的红色旅游超级IP。据统计，"十三五"时期，井冈山红色培训领跑全国，累计举办培训班28880余期，培训学员171.8万人次[②]。2021年，举办培训班5396期，培训学员31.23万人，分别同比增长107.5%、107.4%[③]，增长态势迅猛。

三、红色文化大众传播与红色旅游相结合的启示

第一，始终坚持党对红色旅游的领导，深刻把握发展红色旅游业的政治价值和时代价值。红色旅游业既是产业也是事业，不仅具有经济价值，而且具有重要的政治价值和社会价值，是实现中华民族伟大复兴的凝聚剂，是爱国主义教育的重要途径，是党性党风党纪教育的优秀教科书，对于更好地推进我国"五位一体"总体布局和"四个全面"战略布局具有重要意义。新发展阶段，我们要进一步推动红色旅游高质量发展，就要将红色旅游放在党的事业、国家的战略层面来部署，深刻领悟红色旅游的时代内涵，将红色旅游融入新发展格局之中，助推地方经济社会实现高质量发展。

第二，始终坚持把社会效益放在首位，做好顶层设计，贯彻落实新发展理念，科学统筹和规划，促进融合发展。实践证明，红色旅游具有综合性高、覆盖面广、市场规模大、融合力强等产业优势，对于巩固脱贫攻坚成果、促进乡村全面振兴、实现城乡互补和协调发展等方面具有独特的作用。面对红色旅游业发展的新形势、新任务和新挑战，我们要继续发

---

① ② 井冈山市"十四五"规划纲要。

③ 井冈山市统计局.井冈山市2021年经济和社会发展统计公报［EB/OL］.（2022-05-19）
［2023-12-01］.http：//www.jgs.gov.cn/xxgk-show-10226755.html.

挥顶层设计的优势，加强组织领导，贯彻落实好"创新、协调、绿色、开放、共享"新发展理念，科学统筹规划，完善协调工作机制，保障好人力、物力、财力的投入，把发展红色旅游与实现地方经济社会协调发展结合起来，为解决社会主要矛盾、不断实现人民对美好生活的向往作出更大贡献。

第三，立足地区实际，走特色发展道路。红色旅游业的发展，既要注重挖掘红色资源中红色文化的阶级性、先进性等共性因素，又要善于发现本地区红色文化资源的特殊性，重视凝练其中所蕴含的鲜明特色，确立品牌形象，扩大品牌效应。要始终坚持人民利益至上，落实好新发展理念，优化旅游设施和服务建设，把握红色旅游业发展的基本规律，创新发展方式方法，不断增强红色旅游产品的体验性，助推红色文化大众传播。

第四，始终坚持红色文化育人的价值旨归，不断提升红色旅游的育人效果。红色文化是红色旅游的核心、灵魂，红色旅游守护的是红色文化精神高地。2016 年 7 月 18 日，习近平总书记在参观将台堡三军会师纪念馆时指出：可以通过传统教育带动旅游业，但不能失去红色旅游的底色。只有体会到革命年代的艰苦，才能使人们真正受到教育。[①] 在新发展阶段，要始终坚持红色文化育人的价值旨归，着力凸显红色旅游教育功能，加强行业规范管理和红色旅游从业人员队伍建设，坚决杜绝封建迷信和虚构杜撰故事情节的现象，严防出现扭曲、损害中国共产党、革命英雄人物形象，避免红色旅游庸俗化、娱乐化、商业化等不良倾向。要充分发挥红色旅游景区作为理想信念教育基地的重要作用，让广大党员、干部、群众特别是青少年在参与红色旅游活动中感受红色文化精神，领悟红色政权来之不易，从红色文化中汲取接续奋斗智慧和力量。

---

① 习近平宁夏考察第一天：长征永远在路上［EB/OL］.（2016-07-19）［2020-08-03］.http：//politics.people.com.cn/n1/2016/0719/c1001-28565976.html.

第四节　现代科技手段赋能红色文化大众传播

一、重视运用现代科技手段促进红色文化大众传播

习近平总书记指出："红色资源是我们党艰辛而辉煌奋斗历程的见证，是最宝贵的精神财富。"赓续红色血脉，传承红色文化，将革命先烈打下的江山守护好、建设好，将革命精神传扬，是我们的职责和使命。科学技术是第一生产力，现代科技手段的日新月异深刻改变着我们的生产方式、生活方式和思维方式，也为我们传播红色文化提供了更为广阔的思路、更先进载体和更有效的途径。

（一）以现代科技手段赋能红色文化大众传播具有重大的意义

运用现代科技手段传播红色资源，是现代科学技术发展和文化发展的大趋势和必然要求。红色文化是中国特色社会主义先进文化的重要组成部分，具有强大的育人功能和价值引领作用，只有对红色文化进行充分开发、传播和利用，才能充分发挥其重大价值。当今时代，科学技术发展迅猛，信息借助互联网迅捷传播，传播媒介更加丰富多元，在现代科技的深刻影响下，广大人民群众对文化产品有着更高的要求和期待，人们更加追求文化产品的内在品质和情感的共鸣，更加强调虚拟数字图像对视觉的冲击而获得的感官体验，更加期盼现代数字技术与文化要素高度融合的创新，这些都强烈地要求，必须高度重视运用现代科技手段传承红色文化。只有以现代科技赋能红色文化大众传播，借助先进的数字技术传播手段，充分运用 AI、5G、3D、AR、VA 等技术，实现红色文化体验式、可感式、

沉浸式、互动式的传播，实现红色文化"多元式"的打开方式，使红色文化生动起来，"活"起来，让人们自觉地贴近红色文化，深入了解红色资源的厚重文化底蕴，感受红色文化魅力，满足人民群众对美好精神生活的需求，同时能够引导人们感悟革命传统，传承红色基因，赓续红色血脉，厚植家国情怀，自觉做红色文化的继承者和弘扬者。

（二）现代科技手段赋能红色文化大众传播的举措

（1）要重视建设红色文化资源数据库。这是现代科技手段赋能红色文化大众传播必须完成的重要工程。第一，要对红色资源进行全域化、全形态、全方位的数字整合，即要对各种红色文物、红色遗址遗迹、红色史籍史料等进行高精度的数据采集，在此基础上分类型、分层级、分资源样态进行整理，进而建成不同类型、不同层级、不同资源样态的红色文化基因库；第二，要加强征集各历史时期的红色文化资料，如文献档案史料、视频、音频、革命文物、采访记录以及口述资料等；第三，要加强对各地域的红色资源进行收集和整理，如各地的红色文献、地方志的记录、相关纪录片等；第四，要按照分级、分类、分层的原则，依据红色资源的类别（如档案类、遗址遗迹类、文物类、文献类、红色歌曲类等）进行清晰全景扫描、拍摄、录像、录音等整理，再将其转化为数字化档案信息，获得完整的红色资源数字信息素材；第五，在前面所有工作的基础上，将所获得的数字信息按照资料的主题、历史时期、资料所在地、存档形式等进一步分类、整理与存储，必要时还需进一步阐释资料的历史意义和价值，同时还要特别注意对一些珍贵红色文物进行数字化修复和呈现。

（2）要做好红色文化资源数据共享工作。数据共享是红色文化资源大众化传播的必然要求。第一，要实现红色文化资源数据的大众共享，那就需要搭建数据平台，建设好红色文化资源相关数据库和网站（网页），将红色资源以直观、生动的样貌向大众呈现，同时创设便捷浏览入口，方便大众登录和获取相关信息。第二，要做好红色文化资源数据的学习共享。红色文化资源具有强大的育人功能，为社会各界特别是大中小学校立德树人提供重要的文化支撑，红色文化资源库需要与学校对接，建设与学校互通共享的数据通道平台，为国家人才培养提供相应服务。第三，要实现红色文化资源数据的研究共享。红色文化资源需要对其进行深入挖掘和研究才能揭示其背后的价值。因此，要联合国家相关职能部门、研究院所、高校等，鼓励、支持社会各界对红色文化资源进行深入研究，申请增加红色文化类科研课题立项数，加大对红色文化资源研究投入，深度挖掘红色文化资源的价值。此外，还要加强红色文化资源数据建设，完善数据检索服务，及时做到红色文化资源实物与电子档案同步，实现红色文化资源数据实时共享，为红色文化研究夯实基础。

（3）要以现代科技手段赋能红色文化大众传播，助推红色文化产业发展。依托红色文化资源数据库，构建多部门联动和数字资源共享机制，重点建设一批价值高、有带动引领作用的红色资源开发项目，着力打造特色鲜明的红色文化创意品牌和产品，形成有总体规划、布局合理、有巨大发展潜力、可持续运转的红色文化资源传播、保护、利用、开发体系。此外，充分利用 AI 智能、虚拟仿真现代技术手段，设计开发红色文化资源体验式教育项目，拓展红色资源育人功能，提高育人成效。

二、现代科技为红色文化大众传播提供新型传播工具和介质

（一）智能算法在红色文化大众传播中的应用

随着科学技术的迅猛发展，信息传播技术不断更新迭代，从过去用户只能被动接收信息的时代，到用户成为信息传播者和接收者一体化的自媒体时代，再到今天影响深远的智能传播时代。云计算、大数据、物联网、人工智能等新技术对各个领域产生了革命性变革，为文化和信息传播提供

了新的强大的动能，这为红色文化大众传播提供了巨大助力。智能算法能够为红色文化传播提供针对性和个性化的推送服务和场景配设，可以根据用户的需要实现信息的精准匹配与快速传播，同时兼顾红色文化输出口配置，极大提高人们获取信息的效率和红色文化大众传播的效果。

（二）互联网、云计算、大数据、物联网、人工智能等技术在红色文化大众传播中的应用

互联网、云计算、大数据、物联网、人工智能等技术极大拓宽了红色文化大众传播的渠道、提供了更先进的手段。譬如，网络直播在红色文化大众传播中的应用，能够助推红色文化的"破圈"传播。在红色旅游产业中，可以开通网络直播，通过直播的方式讲述红色故事，介绍红色展馆、展陈红色文物、呈现红色遗址遗迹，让受众能够打破空间界限了解红色文化，既有利于红色文化大众传播，又有利于促进红色旅游的发展。又如，将红色文化资源融入网络游戏开发，利用网络游戏宣传红色文化。当下，网络游戏作为娱乐的主要方式之一，深受年轻人喜爱，红色文化传播可以将红色革命历史故事、革命战斗场景和红色英雄人物等当做游戏背景、主题和人物来设置，让红色文化在网络游戏领域得到广泛传播。

（三）新媒体技术在红色文化大众传播中的应用

随着新媒体技术的兴起，以网站、论坛、微博、微信、抖音、手机App等为主的平台媒介，以及以Vlog、短视频等为主的媒介技术形态为广大人民群众搭建了便捷的公共学习平台和网络学习平台，同时也为红色文化大众传播提供了更加丰富便捷的路径。这些新媒体平台和技术，能够实现红色文化资源素材与红色文化产品的在线化传播、便捷化获取、可视化学习、即时化共享、随时化交流、互动化反馈等，打破红色文化传播的地域隔阂、时间限制和传输瓶颈，极大激发人们学习了解红色文化的热情，

使红色文化以一种更为直观和轻松的方式渗透到人们的生活和人们的头脑中，以春风化雨的方式发挥着红色文化育人的效果，有效助推红色文化的传播传承。

三、数字媒体和虚拟仿真技术增强了红色文化大众传播成效

（一）数字媒体技术在增强红色文化大众传播上的贡献

数字媒体技术以其迅捷、方便、高效、生动的信息传播优势获得人们的广泛青睐并获得飞速发展。数字媒体技术在红色文化大众传播中的应用能够极大提高红色文化传播效果，一方面，数字媒体技术能够将红色文化资源整合转化成丰富生动的文字、图片、视频等形式，运用微信、QQ、手机App、抖音、微博等新媒体平台进行数字化、即时化、立体化、灵活化的呈现，使受众登录互联网通过远程终端即可全面直观地学习浏览红色文化资源，更加深刻体悟红色文化资源蕴含的价值，深切体会红色资源厚重的文化底蕴。红色文化资源通过数字媒体技术的生动呈现，也更能抓住受众的心理，激发人们对红色文化的兴趣和热爱，增强人们的历史责任感和爱国热情。另一方面，数字媒体技术能够使红色文化获得更广泛的传播，红色文化资源中惊天动地的革命斗争历史事件、感天动地的英雄事迹、可歌可泣的动人片段以及强烈的爱国主义精神能够在互联网平台形成一股强大的正能量，能够消解和抵御互联网平台的一些负面情绪，唤醒一些沉溺于网络的"空虚的灵魂"，促发人们进行积极思考，激发人们的责任担当意识，树立积极向上的价值观念。另外，数字媒体技术是时代的产物，体现时代最鲜明的特征，将数字媒体技术应用于红色文化传播，充分体现了红色文化的现代性转化，让人们更乐于接受，让人能够在红色文化的浸润中有更多的收获，增强文化认同，推动红色文化的传播传承。

（二）虚拟仿真技术在增强红色文化大众传播上的贡献

虚拟仿真技术是一种通过数字模拟真实环境或真实场景的技术。这种模拟真实场景环境的技术，通过声、光、线等的作用，使用户获得身临其境般的体验，在这一环境中用户能够与虚拟对象进行交互，更加深入地体验和了解所模拟的场景或系统。虚拟仿真技术所具有的沉浸感、可交互性、高度逼真性、可重复性、成本低廉性等优势，为红色文化大众传播提供理想的技术支持。一方面，依据虚拟仿真技术搭建红色文化虚拟场馆，有效促进红色文化大众传播。在红色文化虚拟场馆中，人们可根据不同需求进行场景化设计和虚拟场景内容生产。例如，可以运用数字化技术将红色文化遗址、红色文化纪念馆等通过虚拟场景形式呈现，受众只需穿戴和使用特定的数字智能设备，如 VR 头盔和特制眼镜等与虚拟场景互联，即可获得类似"在场"的逼真体验，极大地解决了受众因各种原因难以到实地参观的问题，弥合了时空的界限，增大和提升了红色文化传播的范围和效果。另一方面，虚拟仿真技术能够实现受众与环境的交互，获得更真实的体验。例如，虚拟仿真技术能够复原红色故事，能够对红色故事的场景、人物、事件、画面、声音等进行仿真模拟，给受众提供在全景场域下进行角色扮演的机会，将自己完全融入故事场景中，如借助虚拟仿真技术扮演红色故事中的某个英雄人物，体验人物的经历和情感，在全情投入扮演中，受众实现与故事人物情感的强烈共鸣，更加深切感悟红色文化精神，传承红色文化，赓续红色血脉。

第五节　重视红色文化的人际和代际传播

改革开放以来，红色文化大众化传播的途径与方式更加多元化，通过人际和代际传播受到前所未有的重视，并形成了一系列宝贵经验。

一、红色文化的人际传播：红色文艺与朋辈教育

人际传播是个体与个体之间、个体与群体之间、群体与群体之间进行直接信息沟通的交流活动。红色文艺作品以其独特的审美形式和感染力，通过小说、诗歌、戏剧、影视剧、歌曲、短视频等艺术形式传播红色文化，能够让听众、观众深入了解革命历史和英雄人物，在思想上与作品共鸣，在情感上与红色人物共情，增强其对红色精神和红色文化的认同感。朋辈教育则是一种通过同龄人的相互影响和互动交流来实现教育目标的方式。改革开放以来，红色文艺融入朋辈教育是红色文化人际传播的重要途径之一。

（一）红色文艺影视作品中人物形象的成功塑造，感染朋辈群体交流共享红色文艺作品

改革开放以来，我国涌现了大批脍炙人口的红色文艺影视作品，受众覆盖广泛，但是以中老年群体为主。近十年来，《智取威虎山》《战狼》《风筝》《伪装者》《叛逆者》《山海情》和《觉醒年代》等多部红色影视作品都获得了不错的口碑、票房和播放量，这些高质量红色影视作品的主要受众群体反而是年轻人。2021年，以具有良好教育背景的大学生及白领为核心用户群体的社区网站"豆瓣"发布了一个广受关注的小组讨论选题："谈一谈当代青年人为什么喜欢《山海情》和《觉醒年代》。"[①]引发了年轻朋辈群体对这几部"现象剧"成功"出圈"的广泛讨论。这些作品吸引年

---

① 马琳.2021国剧"出圈"：红色基因的审美表达——从《山海情》《觉醒年代》《叛逆者》等说开去[J].艺术广角，2021（5）：12-17.

轻人的原因在于塑造了众多血肉丰满、"非脸谱化"的红色人物形象，呈现了红色人物在革命斗争中遇到的各种困境与冲突，也正因为他们面临种种绝境而不改初心，经历了从幼稚走向成熟、从犹疑走向坚定的历程，红色人物的崇高选择才显得更加荡气回肠、惊心动魄、发人深省。

红色文艺影视作品中成功塑造了众多真实可信的红色人物形象，这是吸引年轻的朋辈群体观看红色影视作品的原因，从心理上、感情上与剧中人物共情，从而发自内心地理解红色人物在革命年代的选择与坚持的关键，也是红色文化在年青一代中传承的宝贵经验。只有在红色文艺影视作品创作中继续以充满审美意趣的方式塑造红色人物，讲述红色故事，才能吸引年轻人在欣赏艺术作品的同时，真正理解革命历史和英雄人物，增强对革命精神和红色文化的认同感，进而主动自觉地在朋辈群体中传播红色文化，使红色文艺作品所传递的红色基因和价值观，通过优秀影视作品润物细无声地通过朋辈之间的交流和分享，在年轻人中传承和发扬。这种传播方式借助同龄人的经验和视角，可以帮助年轻的朋辈群体在人际传播过程中自然地理解、体验和接受红色文化，促进红色文化成为他们价值体系的重要组成部分，使红色文化在年轻人心中扎根。

（二）红色文艺演出活动的精心策划，吸引朋辈积极参与

红色歌曲、红色歌谣、红色影视剧主题曲是典型的红色文艺作品形式，也是红色文艺表演舞台上的主旋律。一些经过精心策划的红色歌曲比赛、红色文艺表演通过电视节目或在大中小学校成功举办，在社会上产生了较大的反响。例如：赣南医学院举办了十三届"红歌会"比赛，参赛学生们在学校指导教师的组织下，在红歌排练的过程中，体会红歌创作者的创作时代背景、创作意图，理解红歌背后的革命精神。同时，参赛同学通过精心编排节目，将一首首红歌背后的创作背景、创新意图、精神内涵通过合唱前的朗诵或介绍传播给观众，让同学们浸润在红色文艺作品中，能

更自然地接受红色精神的熏陶。①

除了"红歌会"之外,"红色歌咏比赛""红色诗词朗诵会"等校园文艺表演活动的精心组织策划,不仅可以丰富校园文化生活,也充分展示当代大学生健康向上的精神风貌,促进充满青春活力的红色歌声响遍校园,还促使朋辈之间共同参加各种红色文艺活动,通过活动增强彼此之间的情感和文化认同,提高其审美情趣、文艺素养和思想觉悟。借助红色文艺作品传递健康积极向上的革命精神和价值观,使年轻的朋辈群体从红色文艺作品中充分感受红色文化的精神内涵,有助于使红色文化及其蕴含的精神力量代代相传。

(三)年轻一代成为红色文艺作品的宣传者和创作者,在朋辈群体中传播红色文化

21 世纪以来,随着高校开展思想政治教育的途径不断创新,全国各地高校纷纷成立了大学生"理论宣讲团"。理论宣讲团的大学生成员以预备党员和党员为代表,他们立足校园,以青年视角、青年话语、青年风格进行理论解读和传播,以朋辈的身份与同龄大学生沟通交流,传播先进文化和理论、社会主义核心价值观、党史知识等,引领朋辈,成为党的思想路线和方针政策的宣讲者和实践者。在进行理论宣传的实践中,大学生理论宣讲团中的朋辈讲师充分运用红色文艺作品增加传播内容的吸引力,例如:在讲解红色歌曲后,向同学们展示《黄河大合唱》歌曲片段,使同学们在激昂的歌曲旋律中感受中华民族顽强拼搏、永不言败的精神气势;在党史宣讲内容中融入《建党伟业》《觉醒年代》等红色影视剧片段,使同学们恍如回到往昔峥嵘岁月、身临其境,增加视觉冲击力。在观影后组织同龄人之间讨论交流,

---

① 王静雅,赖月月.高校深化大学生社会主义核心价值观教育的实践研究——基于高校红歌会的实践与运用[J].知识经济,2017(13):109–110.

让他们分享自己的看法和理解，相互学习和启发，以"宣讲＋互动"的方式引导大学生自觉感悟红色文化，传承红色文化，引领同学们树立坚定的理想信念，促进同学们自觉主动接受并传播正确价值观念，实现朋辈育人实效。除了大学生理论宣传团之外，朋辈之间还通过各种文艺社团活动来推广和传播红色文化，如红色主题话剧团、红色歌曲合唱团等，学生们通过社团活动进行红色文艺作品创作，成为红色文艺作品的创作者，在朋辈之间形成红色文化心理认同，共同传播和传承红色文化。

近十年来，由于众多网络视频平台的创立，为年轻用户提供高清流畅的视频娱乐观影体验，受到"90后""00后"的青睐，这些平台也成为年轻创作者们自由创作、自我表达的舞台，由年轻原创者们制作的网络短视频、动漫作品纷纷得以在各大平台上传播。例如，由国内军迷漫画家"逆光飞行"创作的军事题材动漫《那年那兔那些事儿》，将中国近现代历史上部分军事和外交的重大事件以 Q 版动物拟人演绎的形式展现出来，其中不乏抗日战争、长征、解放战争、抗美援朝等相关内容。从 2015~2019 年，这部动漫以每两周更新一集的频率在优酷网、腾讯视频、Bilibili、爱奇艺、搜狐视频等网络视频平台站点上播放。由于动漫的内容与形式契合年轻人的审美需求，得到了众多年轻群体的关注和喜爱，并且引发年轻群体持续地自觉自动在各种社交平台网络上转播。可见，年轻一代不仅是红色文化的受众，也成为了红色文化的主动创作者和积极传播者。

二、红色文化的代际传播：红色家风家教

学校、家庭和社会是个体社会化的主要机构，教师、家长和社会上的年长者都是对年轻一代进行社会文化传播的主体。改革开放以来，家校社协同在向少年儿童传播红色家风家教方面，形成了一系列行之有效的代际传播经验。

（一）红色家风家教融入中小学教材内容

改革开放以来，我国非常重视红色家风家教的传承和传播。2021年，在中国共产党建党100周年之际，为了更加充分地发挥红色革命文化铸魂育人的功能，教育部印发《革命传统进中小学课程教材指南》（以下简称《指南》)。《指南》提出了通过发挥革命文化和社会主义先进文化铸魂育人功能，在中小学生心中植入红色基因，实现革命传统教育整体化、系列化、长效化的重要举措。《指南》确定以道德与法治（思想政治）、语文、历史三科教材为主，艺术（音乐、美术等）学科有重点地纳入反映革命传统重要人物事迹、重大事件、伟大成就、重要论述作品、节日纪念日、故居遗址遗物、馆藏文物等适宜内容。被纳入中小学教材内容的作品中，有不少是关于红色家风家教的相关作品。其中比较有代表性的有小学语文教材中的革命先驱李大钊的女儿、中国现代作家李星华于1943年创作的散文《十六年前的回忆》，此文回忆了作为父亲的李大钊对家人和孩子的关怀、爱护和教导，也表达了作者对父亲的敬仰与深切的怀念；翻译家傅雷写给儿子的《傅雷家书》，此外，还有小学统编教材《道德与法治》三年级上册的《家庭的记忆》，高中语文教材中林觉民烈士牺牲前写的《与妻书》等。教师可通过在课堂引导学生学习相关内容，教会他们深刻体会红色革命精神，深入感受红色人物的爱国主义精神、不怕牺牲、无私奉献精神，体会英雄模范对家人的爱、对子女的关怀与教导，感悟红色人物的家风家教传统，感受红色革命人物"家国一体"的伟大情怀，理解他们"舍小家为大家"的高尚品格，树立正确的世界观、人生观和价值观。

（二）红色家风传承融入家校共育实践活动

红色家风家教的代际传承往往是在亲子间的日常互动中、在日积月累的家庭生活中、潜移默化中自然而然发生的。由于家长对红色文化内核的认知影响其对红色文化教育价值的理解，也影响家长传承红色文化精神的积极性。近年来，尤其是《中华人民共和国家庭教育促进法》颁布以来，增强家长对红色家风资源的了解，通过家校共育形成合力，向儿童青少年传播红色文化已经成为了中小学的普遍共识。[①]

中小学校通过家庭教育讲座、家长沙龙、空中家长课堂、家庭教育工作坊、家校合作微信公众号等途径，向家长宣传红色文化的教育价值及其蕴含的宝贵精神财富，解释红色文化的内涵和类型，介绍红色文化资源在本地区的分布及其教育价值等内容，推荐红色经典文学作品、红色歌曲、红色影视剧等教育资源，为家长进行家庭教育提供素材；学校通过开展"红色家书"亲子阅读活动，引导家长和孩子汲取红色人物的家庭教育养分，结合自身家庭的特点和需要，亲子共同谱写家风家训家规，助力家长传承红色家风和同时建设新时代良好家风。例如，为了让红色基因根植于家风中，广州市海珠区梅园西路小学积极推进"红色文化教育进家庭"活动。学校聘请了40位在红色家风传承中有经验的家长担任"志愿辅导员"，对其他家长进行榜样示范和现场培训，促进全体家长共同行动，在家庭中开展红色文化教育并传承红色家风。活动期间，学校通过微信公众号、家长群、班级群等多种途径宣传，引发了全校家长对该活动的高度关注和重视。又如，广州市番禺区新造职业技术学校组织学生在雷锋月爱心活动中帮助新造镇的老党员，并组织学生听老党员讲红色故事，使学生了解当地红色家史和红色家乡史[②]。

（三）红色家风家教融入家校社协同育人新模式

近十年来，许多地方政府注重挖掘具有本区域特色的优秀红色历史文

---

① 覃洁莹，陈国夏.红色文化融入家校共育的德育价值和实践路径［J］.基础教育研究,2023（24）：5-7.

② 广州市红色文化教育实证调查课题组，张钰迪.广州市红色文化教育的典型经验及启示［J］.教育导刊,2021（12）：5-13.

化资源，把红色名人故居、烈士纪念碑、革命遗址、革命纪念馆、展览馆、博物馆等打造成为爱国主义教育基地和家校社协同育人的重要阵地。尤其是党的十八大以来，习近平总书记多次强调要"注重家庭、注重家教、注重家风"，不少城市在建设爱国主义教育基地的基础上，以此作为红色家风家教传承的实践基地，积极探索并形成了一系列宝贵经验。

2018 年，天津市大沽口炮台遗址博物馆被设立为市级家教家风创新实践基地后，依托博物馆的红色旅游资源优势，积极探索线上线下相结合的好家教家风社会宣传内容与方式。在线下，博物馆面向全市机关和学校推出"树家庭文明新风"主题实践免费参观活动，举办"海上国门""家风耀中华"特色主题展览，举办"一封家书。见字如画""品读经典。传承文化"家教家风家训读书活动及母亲节献礼活动等；在线上，博物馆利用微信公众号、微博和网络平台，探索"互联网＋家教家风"的线上教育方式，通过开设家教家风教育平台，举办线上红色家风故事会、线上家教家风微展览、优秀家风的直播宣讲等系列主题实践活动，打造了线上线下相结合的优良家风多元化宣传教育形式。此外，博物馆还与中小学联合，共同策划和推介具有正确价值导向并且符合少年儿童德育原则和特点的家教家风系列文化宣讲产品。博物馆志愿服务站工作人员在中小学生中培养优秀"小家风宣讲员""小历史讲解员""小志愿者"，使少年儿童也成为红色家风家教的宣传者，推动作为中华民族优秀文化代表的红色家风家教在少年儿童心中生根发芽。[①] 使红色家风家教文化精神走进学生心间，实现文化育人、协同育人的效果。

例如，延安市妇联结合区域实际情况，建设和打造了延安税务家风馆、黄陵县仓村家风馆、甘泉县劳山乡杨庄科村家风馆、罗子山镇佛光村家风馆、余家坪家风馆、安塞区家风主题公园等十多所家风馆，并协同陕

---

① 全国妇联.家庭家教家风创新案例选编［C］.北京：中国妇女出版社，2021：6–8.

西省文明办对部分特色家风馆授予"陕西省家风培育体验示范基地"的称号，为红色优良家风提供了具象化的载体，让家庭文化建设有了活动阵地，让家长及其子女有了学习榜样。近年来，通过家风馆这一活动阵地，延安市妇联创新性地开展了"好家风、好家训"系列巡讲活动、"家风馆里话家风"典型宣传活动，将各级家风馆建设成为少年儿童的思想品德教育基地，推动红色文明家风家教在青少年中的传播。①红色家风家教的传播需要家长和社会各界的共同努力和关注，通过多种途径和方式进行有效的代际传播，让红色家风家教在新的时代背景下焕发出新的生机和活力，使少年儿童在学校里、在家庭中、在社会上感受到红色家风家教的魅力，理解红色家风家教的精神内涵，自觉自愿地传承并发扬红色家风家教。

---

① 全国妇联.家庭家教家风创新案例选编［C］.北京：中国妇女出版社，2021：300-301.

第七章

新时代红色文化大众传播的成就及策略

　　中国特色社会主义进入新时代，我们积极推进红色文化大众传播，让红色文化涵养时代精神，凝聚起实现"两个一百年"奋斗目标的实践伟力。习近平总书记要求"着力讲好党的故事、革命的故事、英雄的故事，厚植爱党、爱国、爱社会主义的情感，让红色基因、革命薪火代代传承"①。我们要在全面总结改革开放以来特别是党的十八大以来我国红色文化大众传播历史经验的基础上，分析红色文化大众传播取得的成就，提出红色文化大众传播成效提升的基本策略。

---

① 习近平.在党史学习教育动员大会上的讲话［M］.北京：人民出版社，2021：26.

第一节　党的十八大以来红色文化大众传播的成就和启示

一、红色文化大众传播的成就

（一）夯实了民众红色文化思想基础

党的十八大以来，红色文化在全国各地迅速传播，民众对红色文化大众传播意识不断增强，全国各地的红色文化资源得到较好发掘，红色文化传播手段得到迅速发展。随着人们对红色文化的深入理解，民众喜欢红色文化、保护红色文化、研究红色文化的自觉性显著提升，全国各地红色文化资源的知名度、美誉度显著提升。红色文化大众传播是一项融政治性、思想性、历史性与艺术性为一体的文化传承工作。在推进新时代中国特色社会主义文化建设的过程中，各地红色文化资源不断被挖掘出来，形成了一系列全国知名的红色资源旅游景点，加深了人民群众对红色文化的认识与理解，推动了社会主义精神文明的发展。近年来，随着全媒体对红色文化的传播越来越广泛，红色文化传播超越了时空和地域限制，影响力显著增强。党的十八大以来，党和政府高度重视红色文化的大众传播工作，红色文化蕴含的理想信念及无私奉献、对党忠诚、为民奋斗、艰苦创业等精神力量激励着广大民众乘风破浪、积极进取、砥砺前行。通过各种形式的宣传教育活动，广泛传播红色文化，增强了人民群众的文化自信和民族自豪感。正如党的十九大报告指出，文化自信是一个国家、一个民族发展中更基本、更深沉、更持久的力量。①红色文化传播手段日益丰富，推进红色文化入脑入心、自信自强，切实增强了广大民众对红色文化的深入理解和高度认同，进一步坚定了他们的文化自信。

（二）丰富了红色文化大众传播载体

从党的十八大开始，中国特色社会主义进入新时代，中华大地掀起了传播红色文化的热潮。传统的传播媒体与现代的数智媒体交相辉映，自媒体的多元化传播载体使红色文化得以更广泛更有效传播，满足了不同群体对红色文化的需求，提升了红色文化传播的覆盖面和影响力。在社会各界的共同努力下，红色电影电视剧、红色旅游线路、红色文艺歌曲、红色文化产业等蓬勃兴起，成为传播红色文化的重要载体。革命圣地、战斗遗址、烈士陵园、革命博物馆、纪念馆、党史馆等，是党和国家红色基因宝库，记录了革命英雄奋斗的足迹，成为红色文化所具有的革命精神的重要载体。党的百年奋斗历程中涌现出了一大批英雄，正是这千千万万个英雄成就了我们党的伟业，他们也是党的红色文化的具体创造者，他们所具有的革命品格就是伟大建党精神的生动体现。习近平总书记在党的二十大报告中强调：坚持创造性转化、创新性发展，以社会主义核心价值观为引领，发展社会主义先进文化，弘扬革命文化，传承中华优秀传统文化，满足人民日益增长的精神文化需求，巩固全党全国各族人民团结奋斗的共同思想基础，不断提升国家文化软实力和中华文化影响力。②当前红色文化价值得到充分尊重，红色文化资源得到有效开发和利用，红色文化大众传播载体日益丰富多彩，而其中的推动红色文化大众传播与红色文化资源有效开发相得益彰。

---

① 习近平谈治国理政（第三卷）［M］.北京：外文出版社，2020：18.

② 习近平.高举中国特色社会主义伟大旗帜 为全面建设社会主义现代化国家而团结奋斗——在中国共产党第二十次全国代表大会上的报告［M］.北京：人民出版社，2022：43.

（三）创新了红色文化大众传播机制

党的十八大以来，全国各地掀起红色文化开发、研究、学习、传播的高潮，大大促进了红色文化的有效传播，而且在此过程中，广大人民群众创新了传播机制。一方面，各级党委和政府出台了一系列政策和措施，为红色文化大众传播提供了政策支持和规划布局。另一方面，各种红色文化主题活动的频繁举办，也为传播机制的创新发展注入了活力，吸引了更多群众的参与和关注。红色基因是中国共产党人独有的精神特质，要想将其传承好，不能墨守成规、一成不变，要通过大众喜闻乐见的方式，激发起民众的参与热情和兴趣，必须创新红色文化的传播机制，如通过重走红军长征路等"沉浸式"体验教育，大大增强民众的现场感和体验感，使广大人民群众在寓教于乐中走进历史、了解历史、感悟历史，将红色基因深深根植于心，从而激发起民众强烈的爱党爱国爱社会主义热情，凝聚起亿万中国人奋进新时代新征程的强大伟力。

（四）优化了红色文化大众传播手段

党的十八大以来，红色文化大众传播形式多样、精彩纷呈。红色文化传播形式不断创新，如音频、视频、动漫等多种形式的运用，使红色文化大众传播更加生动形象、贴近人心。同时，对受众对象进行细分和精准定位，使得传播效果更加直接、高效，为红色文化大众传播的深入推进提供了强有力的支持。在广播电视、报纸、期刊等传统媒体有效传播的基础上，官方网站开展的红色纪念活动进行不间断宣传，大大优化了红色文化大众传播的路径和效果。特别是移动客户端的迅猛发展成为红色文化数字传播的新渠道，红色场馆活动、红色旅游资讯、红色感官体验变得更加简单易行。数字化平台、数字体验馆运用 3D、AR、VR、XR 等数字影像技术将革命遗迹与红色故事鲜活展现了出来，让红色文化栩栩如生，大大优化了红色文化传播的技术和手段，显著增强了红色文化的传播力、影响力。

概而言之，党的十八大以来红色文化大众传播的成就为未来红色文化传播奠基了坚实基础。在未来的发展中，我们应该继续加强红色文化大众传播研究，不断创新传播方式和手段，丰富传播内容，细化受众对象，以更高效、更全面的方式推动红色文化的传承和创新，为实现中华民族伟大复兴的中国梦提供更强大的精神动力。

二、红色文化大众传播的启示

党的十八大以来，红色文化大众传播在推动中国特色社会主义文化建设、激发人民群众的凝聚力和向心力方面发挥了重要作用。我们总结了以下几点启示：

（一）加强红色文化大众传播的组织领导，做强传播主流舆论

红色文化大众传播需要有强有力的组织领导，只有在党和政府的正确引领下，红色文化的精髓才能更好地传播给广大民众。党的十八大以来，党和政府加强了对红色文化传播工作的统筹规划和组织领导，建立健全组织机制，有效确保传播工作的系统性和连续性。传播红色文化，能够增强广大民众的文化自信。我们党在领导中国革命、建设和改革的实践过程中，始终坚持"两个结合"，持续推进实践基础上的理论创新，创造了马克思主义中国化时代化的系列理论成果。通过红色文化传播的有效组织领导，尽可能发挥以文化人、以文育人功能。同时，通过做好传播主流舆论的引导和塑造，引导社会舆论关注红色文化的价值功能，形成有利于红色文化传播的社会氛围。在信息化快速发展的新时代，通过巩固好我们党对意识形态工作的领导权，积极引导红色文化传播的良好氛围，创新红色文

化大众传播形态，引导群众了解红色文化的时代价值。

（二）整合红色文化传播资源，增强传播的参与性

在红色文化传播过程中，需要整合各方资源，发挥各方优势，形成协同合力。党的十八大以来，各级党委和政府加强对红色文化传播资源的整合和利用，鼓励社会各界积极参与红色文化传播活动，增强传播的参与性和互动性，改建和新建了一大批国家级和地方的红色文化基地，打造了一大批优秀红色文化精品，推出了一大批富有特色的红色旅游路线，形成了纵横交错极富影响力的红色文化传播平台，进一步提升红色文化知名度和影响力，为全国红色文化的传承和创新作出积极贡献。同时，通过注重培育和壮大红色文化传播的主体力量，打造一支具有强大传播能力和影响力的红色文化传播团队。创新红色文化传播手段，使红色文化大众传播变得更加高效和及时，大大增强了民众的参与性和影响力，从而开启了新时代红色文化大众传播的快车道，有效传承了红色基因，赓续红色血脉，弘扬革命传统。

（三）创新红色文化传播载体，增强传播的时代性

随着时代的发展，传播载体也需要不断创新。新时代红色文化传播应当充分利用现代科技手段，创新传播载体，打造符合时代潮流和受众需求的传播形式。通过建设红色文化数字展览馆、开发红色文化移动终端，提升传播的时代感和吸引力，使红色文化更好融入民众日常生活。党的十八大以来，为了让红色文化具有时代价值，更好地在民众中广泛传播，各级党委和政府不断探索红色文化传播的方式和手段，使红色文化传播更加高效便捷。各地文化机构通过红色文化信息的加工处理让广大民众快速接收红色文化，再经过对红色文化的广泛宣传，有效激发广大民众了解红色文化并自主传播红色文化，提高红色文化大众传播的力度、速度、效度，增

强了红色文化传播的时代感。

（四）拓展红色文化传播渠道，提高传播的实效性

党的十八大以来，我国红色文化大众传播开启了从专业化主体到多元化传播主体的变革，大大拓展了红色文化传播渠道。红色文化传播是带有一定政治性和教育性的文化教育活动，随着我国文化传播进入全媒体时代，红色文化传播的主体也出现了新变化，由过去单一的政府传播主体被多元主体协同作战取代。除了传统的传播渠道外，还需要不断拓展新的传播渠道，以提高传播的覆盖面和实效性。党的十八大以来，加强了红色文化在互联网、社交媒体上的传播力度，开展线上线下结合的传播活动，拓展了红色文化传播的广度和深度。同时，更加注重对红色文化传播效果的评估和监测，及时调整传播策略，确保传播工作取得实际成效。

党的十八大以来，红色文化大众传播渠道取得了长足发展，但也面临着新的挑战和机遇。只有不断总结经验，深化改革创新，才能更好地传承和弘扬红色文化，为实现中华民族伟大复兴的中国梦提供强大精神动力。

第二节　红色文化大众传播成效 提升的基本策略

新时代红色文化大众传播的成效提升，需要制定一系列基本策略，以应对新机遇和新挑战。我们应始终坚持"内容为王"的理念，来确保传播内容的质量和深度。需要深入挖掘红色文化的精髓，准确把握受众心理，确保传播内容具有感染力和吸引力。需要积极建设与新时代需求相适应的传播载体。在优化传播内容和创新传播手段的同时，要实现传播主体的协同联动。建立多渠道传播机制也是提升红色文化大众传播成效的重要策略。通过综合运用全媒体技术，实现新旧传播媒介有机融合，建立全媒体传播矩阵，可以进一步扩大红色文化的传播范围，增强传播效果。在全媒体传播矩阵中，注重红色文化品牌的建设，提升红色文化的知名度和影响力。

一、树立科学传播理念

（一）始终坚持"内容为王"的理念

在红色文化大众传播中，始终坚持"内容为王"的理念是至关重要的。内容作为传播的核心，直接影响着传播效果和影响力。只有通过优质的内容，才能真正触动受众的内心，引发共鸣，实现传播的最终目的。第一，内容的真实性和权威性是保证传播效果的基础。在红色文化大众传播过程中，必须严格把关内容的真实性，杜绝虚假信息和不实传闻的传播。只有通过真实的历史事实和权威数据，才能确保受众对红色文化的理解和认同是深入、全面的。第二，内容的多样性和立体性是提升传播效果的关键。红色文化具有丰富的内涵和多样的表现形式，应该充分挖掘和利用与丰富的内容相匹配的不同形式进行传播。除了传统的文字、图片外，还可以结合音频、视频、动画、虚拟现实等多种形式，使红色文化的传播更加生动有趣，吸引不同类型受众的关注。第三，内容的更新和创新是不断吸引受众的关键。随着时代的发展和社会的变迁，红色文化传播内容也需要不断更新和创新，使其与时俱进，与受众需求保持同步发展。可以通过创作新颖的红色文化作品、挖掘未被关注的历史故事、探索红色文化与当代生活的联系等方式，使红色文化传播更具有吸引力和感染力。第四，除了内容本身以外，传播方式和渠道也是影响传播效果的重要因素。在新时代，随着新媒体技术的不断发展，传播方式和渠道愈加多样化和便捷化。

可以通过微信、微博、抖音等平台，开展红色文化的传播，实现全民覆盖和全时段传播。同时，也可以利用线下的展览、演出等形式，丰富传播载体，吸引更多人参与。总的来说，在新时代红色文化大众传播中，坚持"内容为王"的理念至关重要，只有通过优质、真实、多样、更新的内容，结合多样化的传播方式和渠道，才能实现红色文化大众传播的效果和影响力的最大化。

（二）准确把握红色文化受众心理

我们要特别重视对红色文化大众传播中的受众研究。只有深入了解受众的需求、喜好和心理，才能更好地制定传播策略，提升传播效果和影响力。第一，需要对受众群体进行科学合理的划分，并进行详细的特征分析。受众群体的划分可以从年龄、性别、地域、教育背景、职业等多个维度进行，以确保传播内容和形式更贴近受众的需求。通过对不同受众群体的特征分析，可以更好地把握其心理需求和接受能力，为传播内容的制定和传播形式的选择提供指导。第二，需要深入了解受众的心理需求和情感共鸣点。红色文化具有独特的情感共鸣力量，能够触动人们内心深处的情感和共鸣。通过深入研究受众的情感需求，可以更好地挖掘红色文化的感人故事和精神内涵，从而实现与受众之间的情感共鸣，提升传播效果和影响力。第三，需要注重受众参与和互动体验。在新媒体时代，受众群体已不是被动接受者，而是积极主动的参与者和互动者。在红色文化大众传播过程中，应该积极倡导受众参与，提供互动体验，从而增强他们对红色文化的认同感和参与度。要借助数据分析工具，及时了解受众对红色文化传播的反馈和评价，发现问题并及时调整传播策略。同时，还可以根据数据分析结果，不断优化传播内容和形式，提升传播效果和用户体验，实现精准传播和有效互动。

深化红色文化大众传播的受众研究，准确把握红色文化受众心理非常重要。红色文化的传播对象涵盖了各个年龄段、不同职业和地域背景的人群，因此需要针对不同人群的心理特点进行精准分析，以确保传播效果最大化。对于青少年群体，他们通常具有好奇心强、求知欲旺盛的特点，因此可以通过丰富多彩的形式来呈现红色文化，如动漫、游戏等，以吸引他们的注意力。对于中年人群体，他们更注重实用性和情感共鸣，可以通过讲述真实的英雄故事或者身边人的感人事迹来引发共鸣。而对于老年人群体，则更偏向传统的口头讲述和讲座等形式，因为他们通常更喜欢通过文字和语言来获取信息。针对不同职业的受众，也需要根据其工作特点和需求进行精准传播。例如，针对教师群体，可以通过举办红色文化教育培训班或者编写红色文化教材来传播；对于企业家群体，则可以通过红色企业家的榜样故事来激励他们；而对于农民群体，则可以通过举办红色文化知识讲座或者农村文艺演出来传达红色精神。针对不同地域背景的受众，也需要根据其文化传统和地域特点来进行有针对性的传播。例如，针对中西部地区，可以突出宣传红色革命历史中形成的老区精神和英雄人物，以激励当地人民奋发向上；而对于东部地区，则可以突出红色文化对改革开放的启示和指引，引导人们积极投身现代化建设。只有深入了解不同人群的心理需求和特点，才能更好地制定传播策略，实现红色文化的有效传播和传承。

（三）积极拓展红色文化大众传播载体

红色文化传播载体的建设至关重要。随着全媒体技术的快速发展和传播方式的多样化拓展，如何建设与新时代需求相适应的红色文化传播载体，成为当前亟须解决的课题。第一，要积极开展红色文化大众传播的传统媒体优化升级。红色文化传播的传统媒体主要有报纸杂志、广播电视等，这些红色文化传统媒体仍具有广泛的覆盖面和较高的传播效果。因此，应当加大对传统媒体的支持力度，提升其传播质量和影响力。可以通过推出更多高质量的红色文化节目和栏目，吸引更多受众的关注和参与。

第二，要积极拓展新兴媒体平台的应用。随着移动互联网的快速发展，新兴媒体平台如微信、微博、抖音等已成为人们获取信息和娱乐的重要渠道。因此，应当充分利用这些平台开展红色文化传播活动。可以通过建立官方账号、发布红色文化短视频、举办线上直播活动等方式，吸引更多年轻人关注和参与，扩大红色文化的传播范围。随着数字技术的不断发展，建设红色文化数字化平台具有重要意义。这种平台可以整合各种形式的红色文化资源，如图片、文字、音频、视频等，为用户提供全方位、立体化的红色文化体验。同时，数字化平台还可以通过数据分析等手段，更好地了解受众需求，精准推送内容，提升传播效果。第三，要加强红色文化传播载体的创新。除了传统媒体和新兴媒体平台，还可以通过红色文化创意产业等途径，开发更多具有红色文化特色的产品和项目，如红色文化主题展览、演出、游戏等。这些创新载体不仅可以吸引更多人群参与，还可以提升红色文化的时尚感，增强其传播效果和影响力。总的来说，建设与新时代需求相适应的红色文化传播载体，需要多方面的努力和创新。只有不断提升传播载体的质量和水平，才能更好地传承和发展红色文化。

二、创新传播体系

（一）传播内容的优化

当前红色文化大众传播存在着传播内容同质化的倾向，如红色旅游以单一的观光旅游为主，缺少娱乐性、参与性的项目，一些讲解员的讲解方式僵硬老套，影响了红色文化的传播效果。因此要在红色文化大众传播的内容上下功夫，增强传播内容的吸引力。要在丰富的红色文化遗产上进行合理开发，不能简单地停留在物品展示、景区参观模式，要把红色革命精神放在整个中国近现代史的大背景中加以诠释，并将其深刻的精神内涵融入红色文化遗产的大开发大保护中去，努力挖掘红色文化独特的价值内涵，开发出形式多样、内容丰富而且参与性强的红色文化产业。这样既可以提高其趣味性和观赏性，也达到了寓教于乐的目的。同时，在景点讲解和陈列展示中，应改变现有的枯燥无味、形式陈旧的状况，将红色文化中的红色精神元素更多地融入解说中，增加陈列展示的生动性和形象性，从而引起受众的情感共鸣。第一，在传播内容的细化上下功夫。受众的需求是红色文化大众传播的起点，受众的需求其实就是一种精神上的需要，即满足受众追求崇高的心理需求、求知探索的心理需求以及娱乐缓释的心理需求。在媒介技术高度发达的今天，红色文化传播必须把握受众的选择性行为，把握受众在接受信息时的主动性选择行为和消费偏好，要结合实际分析受众不同的文化需求，精心设置红色文化传播内容。第二，在传播内容的亮化上下功夫。要在红色文化的传播内容中注入鲜明的特色元素，让其显得与众不同，从而产生品牌效应。要想遏制和改变红色文化大众传播内容的同质化倾向，必须要在其特色性上加以提炼。只有这样，才能增强传播内容对受众的吸引力，使红色文化内涵得到更广泛的传播。

（二）传播手段的创新

2018年习近平总书记在致首届数字中国建设峰会的贺信中指出：当今世界，信息技术创新日新月异，数字化、网络化、智能化深入发展，在推动经济社会发展、促进国家治理体系和治理能力现代化、满足人民日益增长的美好生活需要方面发挥着越来越重要的作用。[①]当前，随着数智技术发展，红色文化的内容和展示技术相互驱动、高度融合的趋势越来越明显。建设革命文物数字化平台，打造爱国主义教育基地数字展馆，构建沉浸式革命文化体验空间，不断提升革命文化传播效果。深入挖掘红色文化

---

① 朱基钗，黄鹏飞.以信息化培育新动能 用新动能推动新发展 以新发展创造新辉煌［N］.光明日报，2018-04-23（1）.

内涵，开发建设红色文化主题网站，开辟特色栏目、开展互动参与活动等，实现对红色文化的网络学习和交流。加强对微信、微博、手机社交软件、手机短视频、网络直播等各类微平台的应用，及时上传和推送与红色文化相关的文字和视音频信息。重视对自媒体平台传播红色文化相关信息的管控，使红色文化在引导公众更好地认同革命文化、增强文化自信方面发出好声音、释放正能量。

（三）传播主体的协同联动

在红色文化大众传播过程中，传播主体的协同联动至关重要。传播主体包括政府部门、传媒机构、社会组织、文化企业等，它们共同参与到红色文化传播的全过程中，相互协作、相互配合，形成了一个多元共生的传播生态系统。第一，政府在红色文化传播中扮演着重要角色。政府作为国家意识形态的主要管理者和引导者，应当加强对红色文化传播工作的领导和规划，制定相关政策和措施，推动红色文化传播工作向纵深发展。同时，政府还要加强对传播主体的指导和监督，确保传播活动的合法性和规范性。此外，政府还可以通过资金支持、项目扶持等方式，激励传媒机构、社会组织和文化企业积极参与到红色文化大众传播中来，形成政府主导的传播合力。第二，传媒机构在红色文化传播中具有引领作用。传媒机构作为信息传播的主要渠道和平台，承担着向社会传递红色文化内容的重要责任。传媒机构应当充分发挥自身优势，创新传播手段和形式，提高传播质量和效果。在新媒体时代，传媒机构还要积极拥抱互联网和应用移动互联网技术，开发适合不同受众群体的传播产品，提升传播的针对性和吸引力。第三，社会组织在红色文化大众传播中承担着桥梁和推动作用。社会组织作为连接政府、传媒和公众的纽带，可以发挥自身资源和优势，组织开展各种形式的红色文化传播活动，促进红色文化在社会各个领域的深入传播。社会组织还可以发挥舆论监督的作用，推动红色文化传播工作的规范化和健康发展。第四，文化企业在红色文化大众传播中应当发挥支持和助推作用。作为社会的重要组成部分，企业可以结合自身产业特点和市场需求，开发具有红色文化元素的产品和服务，拓展红色文化大众传播的渠道和方式。企业还可以加强内部员工的红色文化教育和培训，培养员工的家国情怀和责任意识，推动红色文化在企业内部的深入传播。总而言之，传播主体的协同联动是新时代红色文化大众传播的重要保障和推动力量。政府、传媒机构、社会组织和企业应当共同努力，形成合力，推动红色文化传播工作取得更大成效。只有传播主体密切合作，形成良性互动，才能实现红色文化大众传播的目标，让红色文化在新时代焕发出更加绚丽的光芒。

三、优化组织机制

（一）建立健全法律法规，保证红色文化大众传播良性发展

为了保证红色文化大众传播的良性发展，需要建立健全的法律法规来保证其良性循环。法律的制定和执行可以规范红色文化大众传播的秩序，促进其健康发展，同时也可以为科学合理地开发和利用红色文化资源提供可靠的法制保障。第一，需要加强对红色文化的立法工作，明确红色文化的内涵和外延，界定其范畴和特征，规范红色文化大众传播的行为。同时，还应该结合国家现实情况和红色文化大众传播的特点，制定出切实可行的法律条文，为红色文化大众传播提供有力的法律支持。第二，需要加强法律监管和执法力度。建立健全法律监管体系，明确红色文化大众传播的监管责任部门和监管措施，加大对红色文化大众传播活动的监督检查力度。要加强执法队伍建设，提高执法水平和效率，确保法律的有效实施。对于违法违规的红色文化大众传播行为，要依法严肃处理，维护红色文化大众传播的正常秩序。第三，需要强化知识产权保护。红色文化作为国家的精神财富，其知识产权应

该得到有效保护。建立健全知识产权保护制度，加强对红色文化作品的版权保护，严禁盗版和侵权行为。鼓励和支持有关单位和个人进行创作和研究，保护其合法权益，激发红色文化创作的活力和创新性。第四，需要加强对网络红色文化大众传播的监管。随着互联网的普及和发展，网络成为了红色文化大众传播的重要渠道。要加强对网络红色文化大众传播的监管，建立健全网络传播规范和管理机制，规范网络传播行为，净化网络文化环境。对于违法违规的网络红色文化大众传播行为，要依法予以处理，确保网络传播的健康有序。第五，需要加强对红色文化传播机构和从业人员的规范管理。建立健全红色文化传播机构的准入机制和退出机制，规范其经营行为，提高从业人员的职业道德和专业水准，促进红色文化传播事业的健康发展。

（二）创新融合发展机制，实现多渠道传播

融合发展机制需要从顶层设计、传播手段、内容形式、传播对象、市场运作和监督管理等方面实施具体策略，以期提升红色文化传播的效果和影响力。第一，在顶层设计和统筹协调方面，国家层面应该加强对红色文化传播工作的领导和规划，建立跨部门的协作机制。只有形成合力，共同推动红色文化的大众传播，才能实现红色文化价值观深入人心。同时，各级党委和政府也应该出台相关政策和措施，为红色文化大众传播提供更多的支持和保障。第二，在传播手段方面，创新传播手段和技术是提升红色文化传播效果的关键。充分利用新媒体技术和平台，如微信、微博、抖音等，开展红色文化大众传播，不仅可以扩大传播范围，还可以增加传播的针对性和时效性。此外，还应该研发适合不同人群需求的 App 和网站，满足不同层次、不同年龄段的观众对红色文化的需求，提升传播的多样性和趣味性。第三，在丰富传播内容和形式方面，可以通过小说、剧本、歌曲等形式，创作一批优秀的红色文化作品，使红色文化传播更加生动有趣，吸引更多的观众参与其中。第四，在传播对象选择方面，精准化传播是提

升红色文化传播效果的有效途径。根据不同传播对象的特征，采取有针对性的传播策略和方法，如对青少年群体可以通过动漫、游戏等方式来吸引他们的注意。只有针对不同对象的需求，才能实现传播效果的最大化。第五，在市场在运作方面，规范化市场运作是推动红色文化大众传播的重要保障。在利用市场机制推动红色文化大众传播的过程中，应坚持公益性和营利性相结合的原则，确保红色文化的意识形态属性和教育功能不受损害。同时，要防止商业化过度、低俗化倾向等问题的出现，保持红色文化大众传播的纯洁性和严肃性。第六，在监督管理方面，强化监督管理是确保红色文化大众传播健康发展的重要手段。建立健全网络舆情监控和预警机制，及时处理和删除有害信息和错误言论，净化网络空间，确保红色文化大众传播沿着正确的轨道前行。只有加强监督管理，才能有效防范和化解各种传播风险，确保红色文化传播的良性循环。总体而言，创新融合发展机制，实现多渠道传播，是提升新时代红色文化大众传播效果和影响力的关键。

（三）激发多元话语主体参与，构建红色文化舆论场

在红色文化大众传播中，激发多元话语主体参与，构建红色文化舆论场具有重要意义。多元话语主体的参与不仅可以丰富红色文化大众传播内容，还可以提升传播效果和影响力，增强社会凝聚力和向心力。多元话语主体的参与对于新时代红色文化大众传播具有重要意义。作为一种符号文化，红色文化具有开放性，需要不同社会主体参与推动其实现大众传播。各种话语主体包括政府部门、学术机构、传媒机构、文化团体、企业和个人等，他们在红色文化大众传播过程中扮演着不同角色，拥有不同资源和影响力。激发多元话语主体参与，可以打破传统的单一传播模式，促进红色文化大众传播的多样化和立体化，提升传播效果和感染力。构建红色文化舆论场的方式和方法至关重要。首先，要建立开放包容的传播平台，鼓

励各类话语主体参与。政府部门应该加强对红色文化大众传播的引导和监管，为各类话语主体提供公平的传播机会。其次，要加强红色文化大众传播内容的研究和创新，挖掘红色文化的深层内涵和时代价值，为话语主体提供丰富多样的传播素材。此外，要加强红色文化大众传播的互动性和参与性，积极倡导公众参与，促进红色文化大众传播与社会现实的互动融合。最后，要加强红色文化大众传播的评估和反馈机制，及时总结经验，优化传播策略，不断提升传播效果和社会影响力。构建红色文化舆论场要解决好话语主体参与的不平衡和不充分问题，建立健全激励机制，引导更多社会主体积极参与红色文化大众传播。要规范红色文化大众传播行为，加强舆论引导，防范虚假信息和不良内容的传播。要加强红色文化大众传播的创新能力和竞争力，推动红色文化产业的发展，实现经济效益和社会效益的双赢。总体而言，激发多元话语主体参与，构建红色文化舆论场是新时代红色文化大众传播的重要任务。

四、加强传播人才队伍建设

在红色文化大众传播过程中，传播人才队伍建设至关重要。只有拥有高素质的传播人才，才能更好地传承和弘扬红色文化，推动红色文化在大众中入脑入心。

（一）加强传播人才队伍的培养

传播人才的培养是红色文化大众传播的基础和关键。应当建立健全红色文化传播相关专业课程体系，拓宽传播人才的知识面和技能范围。要注重传播人才队伍实践能力的培养。红色文化大众传播人才需要具备一定实践经验和能力。应当通过实习实训、参与项目实践等方式，提升传播人才的实际操作能力和应变能力，使其能够在实际工作中灵活应对各种情况，提升传播效果。要重视传播人才队伍的道德素养培养。红色文化大众传播是一项具有高度责任感和使命感的工作，传播人才需要具备高度的道德修养和社会责任感。应当通过道德教育、职业操守培训等方式，强化传播人才队伍的道德素养，使他们成为红色文化大众传播的行为规范者和价值引领者。

（二）要建立健全传播人才队伍的激励机制

激励机制是吸引和留住优秀传播人才的重要保障。应当根据传播人才的贡献和表现，建立多层次、多形式的激励政策，激发传播人才的工作热情和创造力，提升他们的工作积极性和主动性。要采取物质激励和精神激励相结合"双管齐下"的机制，让红色文化传播人才队伍有强烈的成就感、获得感、使命感，真心热爱和自觉投身到红色文化传播事业之中。

（三）要加强传播人才队伍的学习与交流

红色文化大众传播是一个不断发展和创新的过程，传播人才需要不断学习和积累经验。应当建立定期的培训和学习机制，组织传播人才参加各类学术交流活动，促进传播人才之间的互相学习和交流，不断提升传播人才队伍的整体水平和素质。

总而言之，只有不断加强传播人才队伍建设，培养出更多高素质、专业化的传播人才，才能更好地传承和发展红色文化。

五、善用先进传播手段

（一）运用数字技术创新红色文化产品

数字技术的快速发展为红色文化大众传播提供了全新的机遇和挑战。运用数字技术创新红色文化产品，不仅可以丰富传播形式，提升传播效果，还可以拓展受众群体，增强传播互动性，促进红色文化的传承和发展。第一，数字技术为红色文化产品的创新提供了广阔空间。通过虚拟现实（VR）、增强现实（AR）、人工智能（AI）等技术，可以打造沉浸式的红色文化体验，让受众身临其境地感受革命历史的壮丽场景。比如，利用 VR 技术，可以重现红色旧址的风采，让观众仿佛穿越时空，亲历革命先辈的英勇事迹。同时，AR 技术可以将红色文化元素融入日常生活中，如通过扫描二维码或 AR 应用，触发红色文化故事的展示，让人们在生活中随时感受红色文化的魅力。第二，数字技术的应用丰富了红色文化产品的表现形式。传统的红色文化产品主要以文字、图片、视频等形式呈现，而数字技术的引入为其注入了新的活力。例如，可以利用人工智能技术创作红色文化的虚拟人物，通过与用户的互动，生动展现红色文化的精神内涵。又如，利用区块链技术确保红色文化作品的版权和真实性，防止篡改和盗版，提升红色文化产品的品质和信誉。第三，数字技术的普及拓展了红色文化产品的传播渠道。随着移动互联网的普及，人们可以随时随地通过手机、平板电脑等设备获取红色文化产品，打破了时间和空间的限制。社交媒体平台的兴起为红色文化产品的推广提供了便利，通过微博、微信、抖音等平台，可以快速传播红色文化内容，吸引更多年轻人关注和参与。第四，数字技术的创新为红色文化产品的个性化定制提供了可能。通过大数据分析和人工智能算法，可以根据用户的偏好和需求，量身定制红色文化产品，提升用户体验和参与度。比如，根据用户的浏览历史和点赞记录推荐相关红色文化内容，增加用户的粘性和参与度。又如，利用智能推送技术，将红色文化产品精准推送给感兴趣的用户群体，提升传播效果和影响力。未来，我们应不断探索创新，充分利用数字技术的优势，打造更加丰富多样、个性化定制的红色文化产品，让红色文化的光芒在数字时代发扬光大。

（二）综合运用全媒体传播技术

随着信息技术的飞速发展和全媒体传播的兴起，全媒体技术在红色文化大众传播中发挥着越来越重要的作用。全媒体技术具有多样化、立体化、互动性强等特点，可以有效提升红色文化大众传播的效果和影响力。因此，综合运用全媒体技术成为新时代红色文化大众传播的重要策略之一。第一，全媒体技术的多样化特点为红色文化传播提供了丰富的选择。传统的报纸、广播电视虽然仍是重要的传播渠道，但随着新兴媒体如网络媒体、社交媒体、移动端应用等的兴起，红色文化可以通过不同形式的内容呈现和传播，满足不同人群的需求。例如，可以通过微信公众号、微博等社交媒体平台传播红色文化知识，通过短视频、直播等形式呈现红色文化活动，使传播内容更加生动、形式更加多样化。第二，全媒体技术的立体化特点有助于增强红色文化大众传播的深度和广度。通过结合文字、图片、音频、视频等多种形式，可以使红色文化大众传播更加立体化和全面化。例如，可以利用虚拟现实技术展示红色文化场景，通过音频讲故事、视频讲历史，让受众身临其境地感受红色文化的魅力。通过立体化的传播方式，可以更好地吸引受众的注意力，增强他们对红色文化的认知和理解。第三，全媒体技术的互动性特点可以促进红色文化大众传播与受众之间的互动与共融。在当今的新媒体时代，通过互动式的传播形式，如在线讨论、投票互动、内容分享等，可以拉近红色文化与受众之间的距离，建立更加紧密的联系。受众的参与感和体验感会进一步提升，使红色文化大众传播更加生动有趣、具有感染力。综合运用全媒体技术传播红色文化，不仅可以更好地满足不同受众群体的需求，提升传播效果，还可以拓展传播渠道，增加传播覆盖面，实现红色文化大众传播的全方位、多角度展示。但值得注意的是，全媒体技术的运用需要与红色文化的特点相结合，避免过度商业化、低俗化等问题的出现，保持红色文化大众传播的纯洁性和严肃性。综合运用全媒体技术传播红色文化，需要不断探索创新，结合新技术、新平台，为红色文化的传承和发展注入新的活力与动力。

六、建强主流媒体阵地

（一）新旧传播媒介有机融合

随着信息技术的快速发展，新旧传播媒介的融合已成为新时代红色文化大众传播的必然趋势。报纸、广播电视等传统媒介仍然扮演着重要角色，但随着数智技术的快速发展，移动互联网、新兴融媒体、网络虚拟馆等也逐渐成为红色文化大众传播的重要渠道。在这种背景下，如何实现新旧传播媒介的有机融合，将对红色文化大众传播效果产生重要影响。在新旧传播媒介有机融合的过程中，需要充分利用传统媒介的优势。传统媒介具有信息传播和深度分析的双重优势，能够为受众提供更为专业、深入的红色文化内容。传统媒介在报道红色文化事件、传播红色文化精神方面具有独特的价值，应当继续加大对传统媒介的支持和培育，使其在红色文化大众传播中发挥更大作用。新媒体正逐渐成为红色文化大众传播的重要媒介。通过微信、微博、抖音等新兴平台，可以实现对红色文化的快速传播和互动交流，吸引更多年轻人的关注和参与。新媒体平台的特点是传播速度快、覆盖面广，能够迅速传递红色文化的核心价值观，激发受众的情感共鸣。因此，在新旧传播媒介融合的过程中，要充分发挥新媒体的优势，拓展传播渠道，提升传播效果。数字化技术的应用也是新旧传播媒介有机融合的重要方向。通过虚拟现实（VR）、增强现实（AR）等数字化技术，可以创造更加生动、沉浸式的红色文化体验，拉近受众与红色文化的距离。数字化技术的应用不仅可以提升传播内容的形式感和趣味性，还可以为受众提供更为个性化、多样化的体验，增强传播的吸引力和影响力。在新旧传播媒介有机融合的过程中，还需要加强传播内容的策划和创新。除了传统的文字、图片形式外，还可以通过音频、视频、动画等多种形式呈现红色文化内容，丰富传播形式，增强受众的体验感。同时，注重挖掘红色文化的时代内涵，结合当下社会热点和受众需求，创作更具有现代感和时代感的红色文化作品，使其更好地融入当代社会生活，引起受众共鸣。

（二）建立全媒体传播矩阵

建立全媒体传播矩阵是提升红色文化大众传播效果和影响力的重要举措之一。全媒体传播矩阵是指通过多种传播渠道和载体，将红色文化内容以多样化、立体化的方式传递给受众，实现全方位、多层次的传播覆盖。在建立全媒体传播矩阵的过程中，需要充分利用传统媒体和新兴媒体，整合资源，创新内容和形式，提升传播效果。全媒体传播矩阵需要充分发挥传统媒体的作用。传统媒体如电视、广播、报纸等在红色文化大众传播中具有较强的影响力和传播渠道优势。通过传统媒体，可以将红色文化内容传递给更广泛的受众群体，特别是那些习惯于传统媒体的中老年人群体。同时，传统媒体也可以通过深度报道、专题节目等形式，展现红色文化的丰富内涵，引导受众深入了解和思考。新兴媒体在建立全媒体传播矩阵中扮演着至关重要的角色。随着互联网技术的飞速发展，新兴媒体如社交媒体、短视频平台、移动应用客户端等成为了人们获取信息和知识的重要途径。通过新兴媒体，可以实现对红色文化内容的快速传播和个性化定制，吸引年轻群体的关注和参与。新兴媒体还可以通过互动性强、传播速度快的特点，促进红色文化与受众之间的互动和交流，增强传播效果的实时性和互动性。在建立全媒体传播矩阵的过程中，内容创新至关重要。因此，在传播过程中，需要不断创新红色文化内容，挖掘历史故事、英雄人物、先进事迹等元素，使之符合不同受众群体的需求和口味。还可以结合当下热点话题和流行文化元素，增加红色文化的时尚感和吸引力，提升传播效果和影响力。此外，传播形式的多样化也是建立全媒体传播矩阵的重要策略之一。

（三）注重红色文化品牌发展

红色文化品牌打造可以提升红色文化大众传播的效果和影响力。要注重红色文化品牌打造，需要准确定位红色文化品牌的核心理念和精神内涵。红色文化品牌应秉持爱国主义、集体主义、社会主义核心价值观等理念，强调对先烈的敬仰和对革命传统的传承。同时，红色文化品牌要与时代相契合，注重与当代价值观相融合，使其在当今社会具有现实意义和引领作用。只有准确定位红色文化品牌，才能更好地传播其核心理念，树立品牌形象，赢得受众认可。强化红色文化品牌建设还需要加大对红色文化品牌形象的塑造力度，打造具有影响力和吸引力的品牌形象。可以通过举办红色文化主题活动、推出优秀的红色文化作品、开展红色文化教育培训等方式，提升红色文化品牌的知名度和美誉度。同时，还应加强对红色文化品牌的宣传推广，利用多种传播渠道和形式，让更多人了解和认同红色文化品牌，形成品牌忠诚度。为了提升红色文化品牌的传播效果，需要优化红色文化品牌传播策略。可以通过建立全媒体传播矩阵，整合传统媒体和新兴媒体资源，拓展传播渠道，提高传播覆盖面和影响力。注重传播效果的评估和监测，及时调整传播策略，确保红色文化品牌传播的有效性和持续性。要注重红色文化品牌发展，还需要建设红色文化品牌生态，包括构建红色文化产业体系，培育红色文化创意产业，推动红色文化产品向市场化、产业化方向发展。加强红色文化品牌的法律保护，建立完善的知识产权保护体系，防止侵权行为损害红色文化品牌权益等。

结束语

　　红色文化大众传播是中国特色社会主义文化建设的重要内容，是党的意识形态建设的重要任务。红色文化作为中国共产党带领人民群众在波澜壮阔的奋斗征程中创造的具有鲜明马克思主义意识形态特征的文化样态，凝聚着中华民族百折不挠、艰苦奋斗、奋发图强等精神品质。全面把握马克思主义精神文化相关思想和理论，有助于深化对红色文化大众传播经验、特点和规律的理解。改革开放以来红色文化大众传播大体经历了思想大解放和经济社会发展转型时期、世纪之交全球化信息化迅猛发展时期、中国特色社会主义进入新时代几个阶段，体现了传播对象的差异化、传播方式和路径的多样化、传播载体的灵活运用等特点。

　　改革开放以来，红色文化大众传播的基本经验包括充分发挥党对红色文化大众传播的领导作用，红色文化大众传播与思政教育相融合，红色文化大众传播与红色旅游相结合，充分利用现代科技手段赋能红色文化大众传播，重视红色文化的人际和代际传播等。所有这些经验弥足珍贵，值得我们在新发展阶段对之进行运用、传承和发展。

　　在新时代，我们应准确把握红色文化大众传播现状，明确所面临的新机遇和新挑战，以史为鉴，从树立科学传播理念、创新传播体系、优化组织机制、强化传播人才队伍建设、善用先进传播手段、建强主流媒体阵地等方面着力提升红色文化大众传播成效。

　　红色文化大众传播是一项长期的系统工程，是推进中华民族现代文明建设的重要抓手。因此，一方面要高度重视做好这项具有特殊意义的工程，另一方面又要不断深化对这项工程的研究，尤其是要进一步推动对红色文化发展和传播规律的研究、对红色文化不同受众心理特点和接受能力的研究、对红色文化传播新手段新载体新平台的研究、对构建红色文化传播效果评价指标体系的研究等。

参考文献

一、图书类

［1］马克思恩格斯选集（第一至四卷）［M］.北京：人民出版社，1995，2012.

［2］马克思恩格斯文集（第一、三、四、八、九卷）［M］.北京：人民出版社，2009.

［3］列宁选集（第一至四卷）［M］.北京：人民出版社，1995，2012.

［4］毛泽东选集（第一至四卷）［M］.北京：人民出版社，1991.

［5］邓小平文选（第一至三卷）［M］.北京：人民出版社，1993，1994.

［6］江泽民文选（第一至三卷）［M］.北京：人民出版社，2006.

［7］胡锦涛文选（第一至三卷）［M］.北京：人民出版社，2016.

［8］习近平谈治国理政（第一至四卷）［M］.北京：外文出版社，2014，2017，2018，2020，2022.

［9］习近平著作选读（第一至二卷）［M］.北京：人民出版社，2023.

［10］习近平.高举中国特色社会主义伟大旗帜 为全面建设社会主义现代化国家而团结奋斗——在中国共产党第二十次全国代表大会上的报告［M］.北京：人民出版社，2022.

［11］习近平.论中国共产党历史［M］.北京：人民出版社，2021.

［12］中国共产党中央委员会关于建国以来党的若干历史问题的决议［M］.北京：人民出版社，2009.

［13］中共中央关于党的百年奋斗重大成就和历史经验的决议［M］. 北京：人民出版社，2021.

［14］中共中央党史和文献研究院. 中国共产党的一百年：改革开放和社会主义现代化建设新时期［M］. 北京：中共党史出版社，2021.

［15］陈立丹. 精神交往论：马克思恩格斯的传播观［M］. 北京：开明出版社，1993.

［16］郭剑敏. 新世纪红色影视剧与红色文化的打造及传播［M］. 杭州：浙江工商大学出版社，2012.

［17］韩延明. 红色文化与社会主义核心价值体系建设研究［M］. 北京：人民出版社，2013.

［18］马静. 红色文化教育理论与实践研究［M］. 天津：南开大学出版社，2015.

［19］全家悦. 崛起与重构——大众文化影响下中国共产党意识形态传播路径研究［M］. 北京：人民出版社，2016.

［20］刘红梅. 红色旅游与红色文化传承研究［M］. 北京：人民出版社，2017.

［21］李水弟. 红色文化与传承［M］. 南昌：江西人民出版社，2009.

［22］许志新，刘清生. 红色文化［M］. 广州：广州出版社，2011.

［23］渠长根. 红色文化概论［M］. 北京：红旗出版社，2017.

［24］黄中平. 红色文化［M］. 北京：中国文史出版社，2014.

［25］杨献珺，乔继明. 红色文化［M］. 郑州：河南人民出版社，2020.

［26］俞银先. 红色文化［M］. 南昌：江西美术出版社，2021.

［27］童本勤等. 传承与彰显——南京红色文化资源空间保护利用［M］. 南京：东南大学出版社，2021.

［28］肖灵. 当代大学生红色文化传播研究［M］. 北京：中国社会科

学出版社，2015.

［29］张龙．新媒体时代红安红色文化传播研究［M］．武汉：武汉大学出版社，2021.

［30］金文斌，方伟，崔龙健．红色文化融入高校思想政治理论课教学研究：以"中国近现代史纲要"课为例［M］．芜湖：安徽师范大学出版社，2021.

［31］李方祥．福建红色文化实践教学指南［M］．福州：福建人民出版社，2018

［32］舒醒．江西红色文化［M］．南昌：百花洲文艺出版社，2019.

［33］王家楼．河东红色文化［M］．济南：济南出版社，2019.

［34］陈旭光．红色文化的感召［M］．北京：中国文联出版社，2015.

［35］张文．媒介融合背景下的红色文化大众化研究［M］．北京：中国社会出版社，2020.

［36］黄家周．民族地区马克思主义大众化路径研究：基于中共领导广西文化建设史的考察［M］．北京：中国社会科学出版社，2018.

［37］中共中央宣传部、中共中央文献研究室．论文化建设：重要论述摘编［M］．北京：学习出版社，中央文献出版社，2012.

［38］欧阳雪梅．中华人民共和国文化史（1949—2019)(第二版)［M］．北京：当代中国出版社，2019.

［39］渠长根．红色文化研究与实践［M］．北京：红旗出版社，2020.

［40］迟海波．红色文化资源［M］．长春：吉林人民出版社，2011.

［41］朱钦胜，程小强，邱小云．中国红色文化研究文集［M］．广州：广东人民出版社，2018.

［42］临沂市民政局．临沂红色文化［M］．北京：中央文献出版社，2013.

［43］中共福建省委党史研究室．福建红色文化［M］．北京：中共党

史出版社，2012.

　　［44］穆升凡.怀仁红色文化［M］.北京：中国文史出版社，2015.

　　［45］［英］丹尼斯·麦奎尔，［瑞典］斯文·温德尔.大众传播模式论
［M］.祝建华，武伟译，上海：上海译文出版社，1987.

　　［46］［美］欧文·贾尼斯等.传播与劝服［M］.张建中等译，北京：
中国人民大学出版社，2015.

　　［47］W. R. Neuman. The Future of The Mass Audience［M］.
Cambridge：Cambridge University Press，1991.

　　［48］Cairncross F. The Death of Distance，How the Communications
Revolution Will Change Our Live［M］. London：Harvard Business School
Press，1997.

二、期刊论文类

　　［1］习近平.用好红色资源，传承好红色基因　把红色江山世世代代
传下去［J］.求是，2021（10）.

　　［2］张泰城，张旭坤，陈刚.论红色文化资源育人的三个转化［J］.
中国井冈山干部学院学报，2023（6）.

　　［3］朱伟.红色文化传播现状、问题与对策研究——基于济青枣三地
的调查与思考［D］.山东大学博士学位论文，2014.

　　［4］洪芳.红色文化传播中的受众研究［J］.新闻界，2011（2）.

　　［5］张志松.红色文化传播的实证研究［J］.中国纪念馆研究,2013(6).

　　［6］孙平.新时期红色文化的意义表达与传播机制探析［J］.现代传播,
2015（5）.

　　［7］毕耕.全媒体时代红色文化传播的媒介策略［J］.红旗文稿，
2016（5）.

［8］李霞.论红色文化传播发展的历史经验与现实策略［J］.红色文化资源研究，2017（2）.

［9］骆郁廷.论红色文化的微传播［J］.江淮论坛，2017（3）.

［10］何克祥.红色文化与马克思主义中国化要论［J］.中共南昌市委党校学报，2007（1）.

［11］上官酒瑞.中国共产党精神谱系构建：历史传承与适应性变迁——基于系列精神的图谱分析［J］.理论与改革，2021（6）.

［12］张楠.马克思恩格斯的交往理论及其当代价值［J］.文化创新比较研究，2018（18）.

［13］白苡凡.马克思恩格斯交往理论及其当代价值［J］.现代商贸工业，2022（21）.

［14］李秋梅.马克思、恩格斯《德意志意识形态》交往理论探究［J］.南方论刊，2017（6）.

［15］王易，田雨晴.论红色基因的生成条件、核心内容及时代价值［J］.南开大学学报（哲学社会科学版），2022（1）.

［16］刘仓，岳骁.习近平总书记关于赓续红色血脉的重要论述探析［J］.中国井冈山干部学院学报，2022（2）.

［17］朱志明，孔庆霞.新时代红色文化大众化传播的机遇、困境与对策［J］.江西科技师范大学学报，2023（2）.

［18］张珊.思想政治教育红色文化资源研究［D］.西南大学博士学位论文，2021.

［19］于明雪.改革开放以来中国共产党红色文化传承的历史考察和基本经验［D］.山东师范大学硕士学位论文，2019.

［20］刘天媛.中国共产党红色文化传播动力研究［D］.哈尔滨师范大学硕士学位论文，2023.